Walther Rohdich

Das Hitler-Attentat vom 20. Juli 1944
„Wenn es gelungen wäre ...“

Walther Rohdich

Das Hitler-Attentat vom 20. Juli 1944

„Wenn es gelungen wäre ...“

Rediroma-Verlag

Bibliografische Information der Deutschen Nationalbibliothek:
Die Deutsche Nationalbibliothek verzeichnet diese Publikation in der Deutschen Nationalbibliografie; detaillierte bibliografische Daten sind im Internet über http://dnb.ddb.de abrufbar.

ISBN 978-3-96103-134-4

www.rediroma-verlag.de
24,95 Euro (D)

Inhalt

Vorwort

Das „unglückliche“ Attentat auf Adolf Hitler im Sommer 1944 hat viele Menschenleben gekostet, am eingeleiteten Lauf der Geschichte aber wenig geändert. Deutschland und seine Bevölkerung mussten den von Hitler angezettelten Krieg in voller Neige auskosten. Was aber wäre geschehen, „wenn's geklappt hätte“? Was planten die zahlreichen Verantwortlichen des Anschlags? Was hätten sie, zur Macht gekommen, getan? Hätte irgendetwas besser, für Deutschland günstiger verlaufen können?

Wir weisen hier in unserer Darstellung einen Weg, wie es hätte laufen können, wäre Hitler ein Opfer und mitsamt einigen seiner Machthaber ausgeschaltet worden. Ist es eine Utopie, dass dann das Dritte Reich augenblicklich zusammengebrochen wäre? Wir glauben es nicht. Denn wir wissen ja heute, dass viele Menschen mitgemacht hätten, wenn Hitler ins ostpreußische Gras hätte beißen müssen. Die meisten seiner Vasallen waren nämlich ausgemachte Feiglinge, ja Memmen und Drückeberger, groß geworden und gehorsam im Dunstkreis der Macht, sie brauchten nur angestoßen zu werden, um zu fallen.

Verfolgen wir also aus dem sicheren Lesesessel heraus ein Geschehen, erfunden zwar, aber gerade darum dramatischer als die Realität, und kommentieren wir am Schluss: „Schade...“

„Warum lebt Adolf Hitler noch immer?“

Das ist eine berechtigte Frage für alle heutigen Menschen, die verfolgt haben, dass es an Attentaten auf ihn nicht mangelte. Von den vielen ihm zugedachten Anschlägen ist Hitler bisher nur eines bekannt geworden: jenes vom 8. November 1939 durch den Einzelgänger Georg Elser. Versuche gab es seit 1933 einige, die in den Anfängen stecken blieben oder aufflogen. Elser, ein genialer Techniker, Tüftler und ausdauernder Arbeiter, hatte das Pech, dass der Adressat seines Anschlags seine Planung änderte, eine Rede kürzte und den Raum vor der Explosion der Bombe verließ – andere starben für ihn. Hitler, so kurz nach dem Sieg über Polen, war konsterniert und zitierte zum ersten Mal die Vorsehung. Niemand konnte und wollte damals glauben, dass es ein Ein-Mann-Attentat gewesen sei. Verständlich, dass man den gefassten und dem Tod geweihten Attentäter bis zum Ende eines siegreichen Krieges aufsparen wollte.

Das nächste Attentat, das hätte gelingen müssen, wurde Hitler bei seiner Abreise aus Feldmarschall Kluges Hauptquartier bei Smolensk am 13. März 1943 zugedacht. Oberst Henning von Treskow, auch später mit von der Partie, ließ ein Sprengstoffpaket in Hitlers Flugzeug schmuggeln, das dreißig Minuten nach dem Start explodieren sollte. Man beachte hierbei, dass die Beteiligten bewusst den Tod weiterer Menschen in Kauf nahmen. Die Zündung funktionierte nicht – erst nach dem Krieg erfuhr die Öffentlichkeit von diesem Versuch.

Unverdrossen machten die Verschwörer weiter. Am 21. des Monats erklärte sich Oberst von Gersdorff zur Opferung bereit, nämlich mit dem Diktator in den Tod zu gehen: Indem er, den Sprengstoff bei sich tragend, bei einer Veranstaltung im Berliner Zeughaus in unmittelbarer Nähe Hitlers bleiben wollte. Doch dieser schien wieder einmal von Ahnungen besessen zu sein, hielt die geplante Rede nicht und kürzte so die Besichtigung. Just hatte Gersdorff Zeit, den Zehnminutenzünder abzuschalten. Hitler erfuhr wieder nichts. Er wurde immer verdrießlicher und scheuer in der Öffentlichkeit, die doch früher für ihn ein erfrischendes Bad bedeutete.

So stellte sich den Attentätern das Problem, wie an Hitler heran zu kommen sei. Bis zum 20. Juli 1944, unserem Stichtag, wuchs eine beachtliche Widerstandsbewegung von Soldaten und Zivilisten, womit die Gefahr der Entdeckung stieg, denn dass Hitlers Schergen nicht tatenlos sein würden, war allen klar. Unter den vielen Verschwörern gab es nur wenige, die folgende Qualitäten und Voraussetzungen aufzuweisen hatten: Mut, Opferwille, Tatkraft, Intelligenz und die Möglichkeit, mit Hitler ganz normal, auf dem Dienstweg sozusagen, zusammentreffen konnten. In dem abgeriegelten Hauptquartier der Wolfsschanze zu Ostpreußen herrschte jene Atmosphäre des Argwohns und Misstrauens, die im Dunstkreis von Diktatoren üblich ist. Hitler war stets bewaffnet und ein guter Pistolenschütze. Besucher mussten im inneren Sperrkreis ihre Waffen ablegen, so blieb nur das Einschmuggeln einer Bombe übrig, die entweder vom Täter sogleich in Gegenwart Hitlers gezündet oder als Zeitzünder entsprechend platziert werden musste.

Die militärische Lage im Schreckenssommer 1944

Durch Adolf Hitlers politischen Werdegang zieht sich wie ein roter Faden die Lüge. Es sind nicht jene Lügen, die Politikern seit der Geschichte der Menschheit leicht und locker über die Lippen zu gehen pflegen, die man gewöhnlich Diplomatie nennt, nein, es sind markige Versicherungen, Versprechungen und Zusagen, ans eigene Volk und an Politiker des Auslands gerichtet, so dass beinahe jeder Mensch sie für bare Münze nimmt.

Uns interessieren hier nur diejenigen, die sich auf die gegenwärtige Kriegslage beziehen. Entgegen Hitlers sicheren Versprechungen vom Herbst 1939, „einen Zweifrontenkrieg wie 1914 wird es nicht geben“, kämpfte er nun tatsächlich an fünf Fronten: an allen Himmelsrichtungen und am Himmel selbst. Während Scharen metallener Racheengel über Deutschland ihre Bombenlasten abluden, arbeiteten sich die Armeen seiner Feinde methodisch, wenig strategisch kilometerweise an ihn selbst heran, salopp formuliert. Einst äußerst aktive und erfolgreiche Waffengattungen haben sozusagen bereits versagt oder die Waffen gestreckt: die U-Boote und Überwassermarine, die Luftwaffe, die braven Fallschirmjäger, Gebirgsjäger, für die es jetzt keine Berge mehr zu erklettern gibt. Dagegen sind neue Waffen im Gespräch, welche die Feinde das Fürchten sondergleichen lehren sollten.

Greifen wir zuerst den Luftkrieg heraus. Deutschland hatte ihn einmal offensiv geführt, nun ist er ihm, Mitte 1944, praktisch wehrlos ausgeliefert, die in den OKW-Berichten übertriebenen und meist sehr hochgepriesenen Abschüsse „Angelsächsischer Terrorbomber" erwähnen die eigenen Verluste an Jägern nicht. Zwar unterliegen die Engländer und Amerikaner dem Irrtum, durch ihre Angriffe die deutsche Rüstung und Moral lahm zu legen und zu brechen, aber dennoch bindet der Luftkrieg deutsche Soldaten, Geschütze und Munition, die an den Fronten gut zu gebrauchen wären.

Der Seekrieg. Deutsche Großkampfschiffe dürfen sich nicht mehr hinauswagen, und die wenigen veralteten U-Boote sind zur Bedeutungslosigkeit dezimiert, die Versenkungserfolge gegen alliierte Transportflotten sind nichts mehr als Nadelstiche. Neue, angekündigte U-Boote werden nicht mehr in großer Anzahl zur Verfügung stehen können.

Die Italienfront. Sie zog sich nördlich Roms quer von Meer zu Meer durch den Stiefel. Sie war für die Alliierten nur ein Nebenschauplatz zwecks Bindung deutscher Truppen und hatte sich mühsam nordwärts geschoben. Die Deutschen hatten keine Kräfte mehr, diesen Vormarsch ernstlich aufzuhalten, so dass es nur eine Frage von wenigen Monaten war, bis die Alpen Kriegsschauplatz sein würden. Kreta, einst von den Deutschen unter verheerenden Verlusten erobert, ist aufgegeben, der Rückzug aus dem Balkan ist in vollem Gang, einstige Partisanen sind zu offiziellen Kriegsgegnern geworden.

Die Nordfront. Dänemark und Norwegen sind nur noch zur Ausbeutung etwas wert, sie binden jedoch militärische Kräfte, die sich ausruhen und mitten im Krieg einen schönen Tag machen können. Und Adolf Hitlers Überzeugung, gegen den Generalstab gehegt, die Alliierten würden in Norwegen statt in Frankreich landen, hatte sich als Hirngespinst erwiesen.

Die Westfront. Groß- und vollmundig hatte Minister Goebbels' Propaganda getönt, „Kommt doch rüber und holt euch blutige Köpfe am Atlantikwall!", nun waren sie seit über einem Monat da, hatten festen Fuß gefasst und alle Mühen, sie ins Meer zurückzuwerfen, waren bisher gescheitert; bald würden sie gegen Osten marschieren und Hitlers Reich direkt bedrohen. Der Atlantikwall als wirksames Bollwerk hat nie bestanden – eine der größten Lügen Adolf Hitlers seinem Volk gegenüber.

Die Ostfront. Alle Schrecken, die dieses Volk bisher durch den Krieg erleiden musste, waren nichts im Vergleich zu der Vorstellung, die Russen könnten die deutsche Grenze erreichen und sie seien gar nicht mehr aufzuhalten. Im Osten war die Götterdämmerung des Dritten Reichs auch für jene Laien erkennbar, die keine Nadeln in Landkarten Osteuropas steckten – mit denen sie früher den deutschen Vormarsch dort verfolgten. Alle Eroberungen seit 1941 waren verloren, der deutsche Soldat, der nach Hitlers Worten „niemals weicht, wo er einmal steht", muss nun bereits die Reichsgrenze in Ostpreußen verteidigen. Kurz vor unserem hier zu behandelnden Zeitraum hat eine russische Großoffensive die deutsche Ostfront zertrümmert.

Die Rüstung. Sie gab Adolf Hitler seine einzigen Lichtblicke. Mit Albert Speer als Rüstungsminister hatte er einen guten Griff getan, denn dieser Architekt mauserte sich nun zu einem Organisator ersten Ranges. Hier ein deutlicher Vergleich dafür: 1944 hat Speer 40.593 Flugzeuge bauen lassen, gegenüber nur 15.409 im Kriegsjahr 1942. Trotz gesteigerter alliierter Bombardierungen erringt die deutsche Produktion von Waffen 1944 Rekordhöhe – jedoch sind das alles Amateurzahlen gegenüber denen der Gegner.

Adolf Hitlers Fehler. Gibt es eine Steigerung des Begriffs „Kardinalfehler“? Wie dem auch sei, Hitlers Fehler bilden eine ununterbrochene Kette und sind die Ursache der momentanen Lage. Aber niemand wird behaupten können, dass nach diesen Kriegsjahren die Lage besser wäre, hätte Hitler seinen Generalen mehr freie Hand gelassen. Denn eines ist eindeutig: Wie neutrale Experten bei Beginn des ersten Krieges 1914 dessen Ausgang richtig prophezeiten, so war ihren Nachfolgern am 3. September 1939 klar, wer unterliegen müsste. Es ist ja auch überliefert, dass Hitler, Göring, von Ribbentrop und andere NS-Größen mit dem Eingang der britischen und französischen Kriegserklärungen bereits ihre braunen und feldgrauen Hosen voll hatten. Adolf Hitlers Trotzbemerkung dieses Tages, „er habe immer vabanque gespielt“, sagt doch alles über seine abenteuerliche Denkweise und seine Unbildung aus.

Ein Abenteuer – das war die Anzettelung des Krieges! Adolf Hitler brüstete sich mit seinen Erfahrungen aus dem Ersten Weltkrieg, warum hat er sie nicht verwertet! Und als der Krieg dann da war, führte er ihn nicht mit allen Konsequenzen, sondern er verteilte, ja zersplitterte die schwachen Kräfte in Unternehmungen, die nur den Krieg ausweiteten. Hier nur das Beispiel „Sowjetunion“: Statt 1941 und 1942 alle Kräfte zur Niederringung dieses bereits ziemlich stark schwankenden Staates zusammenzufassen, zwackte er viele Männer und große Kapazitäten für jene Vernichtungsaktionen hinter der Front ab, die dann als Völkermord bekannt wurden. Wir wissen, dass die deutschen Soldaten von der einfachen Bevölkerung in vielen Gegenden Russlands als Befreier begrüßt wurden, hätte man diese nicht enttäuscht, sie wäre voll und ganz in deutsche Dienste getreten und hätte das Moskauer Regime tatsächlich an den Rand des nahen Untergangs gebracht. Hitlers Generale verschweigen nicht, dass sein starres Fest- und Durchhalten im ersten Winter die Lage gerettet habe. Doch was hatte Hitler volltönend und lauthals orakelt:

„Fällt dieses Russland nicht im ersten Ansturm, ist der Krieg für uns verloren."

Wie recht er gesprochen hat! Und schon der Feldzug von 1942 tief nach Russland hinein war eine einzige Fehlkalkulation des Feldherrn Hitler.

Wir wollen hier nicht alle Fehler Hitlers bis Mitte 1944 auflisten. In der Generalität setzte sich immer mehr die Überzeugung durch, dass etwas gegen Hitler geschehen müsste, um nicht blind in den Untergang zu schliddern. Dass Hitler freiwillig den Oberbefehl abgeben und sich mehr der Politik widmen würde, war ganz unvorstellbar. Genauso undenkbar war, dass er mehr auf seine versierten Militärs hören würde. Zwar stimmt es nicht, dass er Fachleuten nicht zuhörte, aber wenn sie permanent nicht seiner Meinung waren, wurde er unwirsch und ungeduldig und ließ sie abblitzen. Auf jeden Fall beurteilten viele Militärs die Lage so, dass bald etwas geschehen müsste, wo nach ihrer Meinung noch die Chance bestand, dann zu einem etwas annehmbaren Kriegsende zu kommen. Utopien, Fantastereien das alles?

Das Opfer

Es erscheint hier angebracht, das potentielle Attentatsopfer vorzustellen, wie es sich jetzt in seinen letzten Tagen darbietet. Wer es heute aus dienstlichen Gründen besuchen musste, weil er herbestellt ist, und es einige Monate lang nicht mehr gesehen hat, fällt sozusagen aus allen Wolken: Aus dem großmäuligen Diktator, der alle seine Besucher mit seinem permanenten Optimismus anzustecken pflegt, ist ein äußerst körperliches und seelisches Wrack geworden, erhalten und gepäppelt von Leib- und Magenärzten mit obskuren Arzneien, Medikamenten und Anwendungen. „Eigentlich", raten diese klugen Medizinmänner, „bedarf unser Patient einer Auszeit von Monaten". Aber das ist unmöglich, „denn wer soll mich ersetzen?" Ersetzen im Entsetzen – dramatische Ereignisse brechen über den Feldherrn Adolf Hitler herein, die er selbst einst losgetreten hat. Obwohl er eigentlich immer bequem und faul war, jedenfalls zu geordneter

Arbeit unfähig, kennt er von Jugend an weder Ruhe noch Erholung noch Entspannung, selbst seine unverhofften Erfolge bis 1939 haben seinen verklemmten Charakter nicht lockern können. Seit dem ersten Russlandwinter weiß er, dass er mitsamt seinem Krieg verloren ist und der Tod unvermeidbar mit jedem Tag ein wenig näher rückt – es gilt nur, ihm die Verlängerung abzutrotzen. Er selbst glaubt nicht mehr an Wunder, kennt er doch seine eigenen Zahlen von Rüstung und Kriegspersonal genau, aber seinen Besuchern verspricht er Wunder. Nichts mehr hellt die düsteren Tage und die verkrampfte Stimmung Adolf Hitlers auf: Keine Siegesmeldungen mehr, immer nur Rückzüge, und private Entspannung hat dieser Mann nie gekannt. Weil Familie nie etwas für ihn bedeutet hat, Frauen mochte er nie fest an sich binden, Kinder machten ihn verlegen, mit seiner spärlichen Verwandtschaft hat er nichts im Sinn. Er, der sich alles leisten könnte, - und Diktatoren pflegen in dieser Beziehung nicht zurückhaltend zu sein -, lebt wie ein Asket, mümmelt bei Tisch seine vegetarische Pampe und macht die Nächte zu Tagen und umgekehrt.

Gebückt, zitternde Hände auf dem Rücken verkrampft, wegen massiver Verdauungsbeschwerden verhalten pupend, wandert er auf den Kiefernwegen Rastenburgs dahin, monologisierend und von Speichelleckern begleitet. Es ist nicht so, dass niemand an ihn zwecks Attentat herankäme, nur: Diese Attentäter gibt es hier nicht! Der militärische Eid, in Deutschland eine heilige Einrichtung, verhindert ein Vorgehen gegen den Obersten Befehlshaber auch dann, wenn durch einen Verrat Millionen Menschen gerettet und das eigene Land vor Verwüstung bewahrt werden kann. Was fehlt, ist also vollkommen klar: Eine Persönlichkeit, die sich über solche moralischen Skrupel hinwegsetzen kann...

Die Attentäter

Eine beträchtliche Anzahl von Menschen, meist Soldaten, diskutierte unverhohlen die Notwendigkeit eines Anschlags auf Adolf Hitler: „Wenn aber jetzt nicht – wann denn dann!“ Diese

Widerstandsbewegung war groß, die Zahl ihrer zur Gewalt bereiten Mitglieder jedoch klein. Sie saßen hauptsächlich in Berlin und waren mit sich ins Reine gekommen: Beim Scheitern eines Anschlags auf Adolf Hitler würden sie verloren sein. Wenn wir heute ihre ganze Planung einigermaßen amateurhaft finden, so mögen wir die Situation bedenken: Deutsche sind selten Umstürzler, ein Generalstäbler wie Ludwig Beck mag ja gekonnt Armeen dirigieren können, aber keine Mannschaft von Individualisten.

Wir wollen hier nicht die Verschwörermannschaft von Beck bis Witzleben auflisten; sie ist weithin bekannt und war ziemlich passiv. Wie aber bereits erwähnt: „Wer hatte Zugang zum Hauptquartier in Ostpreußen, kam nah genug an Hitler heran, nahm vielleicht sogar an den täglichen Lagebesprechungen in einem der Bunker oder einer der Baracken teil?“ Die Pläne der Attentäter sahen vor, nachdem die Nachricht vom Ableben Hitlers nach Berlin gedrungen sei, sofort einen Umsturz zu organisieren. Man rechnete damit, dass die wie ein Blitz umlaufende Nachricht vom Tod Hitlers Kräfte freisetzen würde, die bisher nur im Versteckten schlummerten, dass Menschen mitgerissen würden, die sich sonst nicht getraut hätten.

Schließlich kristallisierte sich heraus, dass ein bisher den Generalen unbekannter Soldat sich als einziger zum Attentäter eignete: Oberst im Generalstab Claus Graf Schenk von Stauffenberg. Diese neue Situation kam dadurch zustande, dass Generaloberst Friedrich Fromm, Leiter des Ersatzheeres, ihn zu seinem Chef des Stabes anforderte und erhielt. von Stauffenberg hatte Hitler, den er ursprünglich durchaus akzeptierte, bereits Kriegsopfer gebracht: einen Arm, ein Auge und sieben Finger, wodurch er als kriegsuntauglich eingestuft wurde. Fromm, ein bereits Schwankender, hörte sich zwar an, was sein neuer lebhafter Chef des Stabes gegen Hitler vorzubringen hatte, nämlich „Hitler allein treffe die Schuld an der miserablen Kriegslage“, konnte sich aber nicht vorstellen, wie entschlossen und konsequent diese Bemerkung gemeint war.

Stauffenberg, Beck und viele andere Verschwörer sondierten seit langem Möglichkeiten eines Zugangs zum Hauptquartier, jetzt war sie plötzlich da! In seiner neuen Position würde Stauffenberg über kurz oder lang aufgefordert werden, die Ersatzlage dem Obersten Kriegsherrn persönlich vorzutragen – dann oder nie musste etwas geschehen!

Wie Fromm und Stauffenberg wussten, würde einer von ihnen im Rhythmus von vier Wochen nach Rastenburg gerufen werden, um vorzutragen, was bedeutete, dass jede nicht ergriffene Gelegenheit ein Attentat um weitere vier Wochen verschieben ließ: August, September, Oktober... Dann könnte es zu spät, das Attentat sinnlos geworden sein. Denn die Lage an der Ostfront spitzte sich dramatisch zu, seit ihr Mittelabschnitt unter wuchtigen russischen Angriffen zusammenbrach. In Frankreich waren die Alliierten zwar noch auf der Stelle gebannt, aber Rommels Schreckensmeldungen ließen keinen Zweifel daran, dass Ausbrüche bevorstanden und dann Frankreich den alliierten Armeen offen lag.

Im Lauf des 19. Juli erreichte das Berliner Amt die erlösende Nachricht: Morgen gegen 12 Uhr Vortrag des Chef des Stabes in Rastenburg, „vor dem Führer persönlich“ und während der wie stets routinemäßigen Lagebesprechung. Man hatte die Umstände im Hauptquartier recherchiert, die Lagebesprechungen fanden in einem der Betonbunker im inneren Sperrkreis statt. Solch ein Bunker, versicherte ein Experte, sei geradezu ideal geeignet für eine Druckbombe der vorgesehenen Art. Dieser Bunker, der Luftangriffen oder auch Angriffen von Land her standhalten würde, „bleibt unerschütterlich stehen, während sein Inhalt und seine Insassen bis zur Unkenntlichkeit zerrissen würden. Man wird nach der Explosion von den betroffenen Personen Einzelteile nicht zuordnen können“. Nun, Schicksal, nimm jetzt deinen Lauf! Die Planung sah vor, dass Stauffenberg sofort nach dem Gelingen des Attentats nach Berlin zurückkehren solle, um dort alle weiteren Maßnahmen zum Sturz des braunen Regimes zu leiten.

Die Gegenseite schläft nicht ...

Wie konnte, fragte sich mancher schlaue Zeitgenosse später, diese ganze Attentatsplanerei stattfinden, schließlich gar zur Ausführung gelangen, ohne dass „die Abwehr“ rechtzeitig und rasch zuschlug?

„Herr Reichsführer!“, mahnte Ernst Kaltenbrunner.

Dieser oberste SS-Mann Heinrich Himmler, Geflügel- und Menschenzüchter, Massenmörder und Inhaber anderer Funktionen, schob jetzt seine unkleidsame Brille ins unattraktive Gesicht und fixierte seinen Adepten.

„Reichsführer, diese Leute haben etwas vor“, wiederholte Ernst Kaltenbrunner, Untermörder und Nachfolger Reinhard Heydrichs, „es gibt einen aktiven Widerstand, nicht nur diese Schwätzer des Kreisauer Kreises. Sie haben vor, unseren Führer umzubringen.“

Heinrich Himmler, meist das generelle Abbild kaltblütiger Ruhe darstellend, behielt diese auch jetzt bei und befahl:

„Berichten Sie, Kaltenbrunner!“

Dieser wusste einiges: Auch in militärischen Kreisen, von den zivilen wolle er schweigen, rühre es sich bei den alten Knackern wie General Beck und Feldmarschall von Witzleben, der spleenige Altoberbürgermeister von Leipzig Goerdeler reise verdächtig viel im Land umher, es finden andauernd obskure Untergrundversammlungen statt.

„Mit diesen Männern“, versicherte Himmler, „werden wir rasch fertig, da bekommen unsere flinken Henker hier in Berlin viel zu tun.“

„Wann, Reichsführer, sollen wir zuschlagen?“

„Warten Sie meine Befehle ab. Für morgen, den 20., habe ich Order erhalten, für einen Flug nach Rastenburg bereit zu bleiben.“

Heinrich Himmler beschloss, heute früher als sonst zu Bett zu gehen und sehr tief zu schlafen, sofern diese verdammten britischen Bomber ihm dies gestatten würden. Hier unsere erste Vision: In gar keiner Weise dachte Himmler daran, dass diese Nacht vom 19. auf den 20. Juli 1944 seine letzte sein könnte. Ab hier basiert unsere Schilderung der Ereignisse auf Visionen und Fantasie – leider, wie man gestehen muss...

Der 20. Juli 1944 in Adolf Hitlers Hauptquartier – die Vision beginnt ...

Während des Fluges von Berlin nach Rastenburg, die mit Bomben und Butterstullen gefüllte Aktentasche unter den Arm geklemmt, ging unser Attentäter noch einmal in sich. War dies ein Flug ohne Wiederkehr? Würde er, wenn alles klappte, als Mörder weiterleben, anderen Menschen ins Gesicht sehen, ihre Blicke ertragen können? Was würde später die so genannte Geschichte über ihn schreiben? Wie würde man seinen Grabstein, sofern sein Körper nicht in ostpreußischer Erde verscharrt würde, dereinst beschriften?

Der Oberst rekapitulierte den ihm bekannten Tageslauf im Hauptquartier, wo sein Arbeitspensum gegen 11 Uhr zu beginnen hatte. Dann um 12 Uhr begann die eigentliche Lagebesprechung im Bunker, bei der meist wechselnde Personen anwesend sein würden: auch „Unschuldige", Kameraden und Nichtverschwörer!

„Ein Risiko", sagte Beck heute morgen noch in Berlin, „das jeder eingeht, der sich im Weichbild eines Tyrannen aufhält."

Kurz vor 12 Uhr hatte von Stauffenberg nach langwierigen und strengen Ausweiskontrollen die drei Sperrkreise hinter sich und befahl seinem Fahrer, sich ab 13 Uhr für die Rückfahrt zum Flugplatz bereit zu halten. Zu seinen Bedenken und seiner Überraschung erfuhr er, dass die Besprechung nicht im Bunker, sondern in einer leichter gebauten Baracke stattfinden sollte. Bei der Anmeldung und Abgabe seiner Dienstpistole fühlte er den Blick des Generals Erich Fellgiebel auf sich ruhen – ein Blitzblickkontakt zweier Männer fand hier statt, die „unter einer Decke standen": Fellgiebel war eingeweiht und hatte die Telefonverbindungen nach und von Berlin unter seinem Befehl. Stauffenbergs zweite Überraschung war die Anwesenheit der Militärs von Manstein und Guderian, die er für ewig kaltgestellt wähnte. Sie begrüßten sich mit belanglosen Worten. Manstein, wusste Stauffenberg, war von seinem Chef des Stabes Tresckow zwar nicht eingeweiht, aber doch um Mithilfe angegangen worden. Guderians Anwesenheit war nur damit zu erklären, dass Hitler es noch einmal mit dessen Panzern versuchen wollte.

Generalfeldmarschall Wilhelm Keitel, ein Tausendsassa der Bürokratie, lief wie ein subalterner Büroinspektor hin und her, während Martin Bormann den Regisseur spielte. Um beide, dachte Stauffenberg sachlich, wird es nicht schade sein. Im Hintergrund sah er den obskuren aber wohl zu Unrecht scheel angesehenen Leibarzt Morell, der für Hitlers wertvolles Wohlergehen verantwortlich war. Von den weiteren Teilnehmern der Konferenz kannte Stauffenberg die meisten nur dem Namen nach, sie bildeten das fachliche Umfeld dieser Machtzentrale. Wie üblich war ein Stenograf dabei, „damit mir die Generale nicht das Wort im Mund umdrehen können“. Man begab sich allmählich in die erstickend heiße Baracke, in der alle Fenster geöffnet waren.

„Wenn das der Führer aushält“, gab einer zu bedenken.

Stauffenberg jedoch wurde bedenklich um die errechnete Sprengwirkung seiner beiden Bomben: Wie, wenn die Masse der Explosion zu den Fenstern hinausging? Alle Teilnehmer standen schon bereit, als Hitler in Begleitung Keitels und Bormanns angeschlurft kam. So war’s: Ein Wrack war der Führer des Dritten Reichs, dem Tod verschrieben wie dieses. Nach ein paar Schritten in die Baracke blieb Hitler stehen, schnüffelte die Luft ein, fasste sich an die Schläfe, zog grollende Stirnfalten und schimpfte heiser:

„Keitel, warum in diese Sauna hier! Haben wir keine kühlen Bunker mehr zur Verfügung?“

„Mein Führer“, antwortete stattdessen Bormann, „der Bunker nebenan ist nicht ganz fertig.“

Hitler marschierte schnurstracks dorthin und entschied, die „Lage“ hier im kühlen Bunker stattfinden zu lassen. Rasch wurden alle Stühle und der große Kartentisch herbeigeschafft, Keitel breitete die großen Karten auf dem Tisch aus, die Teilnehmer drängten langsam in den Raum – noch waren Stauffenbergs Bomben nicht scharf! Aber es konnte nun sofort losgehen.

Aber das tat es nicht! Denn Hitler fasste sich ans Herz, setzte sich und zischte Bormann wütend mit „Morell muss her!“ an. Eine herrische Handbewegung scheuchte den größten Teil der Männer ins Freie, Stauffenberg nahm sich noch die Zeit, seine Aktentasche abzustellen, ihr Butterbrote zu entnehmen und die Bomben scharf zu machen. Ein (letztes) Lächeln huschte über Hitlers Gesicht, als er die derben Brotschnitten und Stauffenbergs einäugiges Gesicht sah – Unattraktives war diesem Künstler-Ästheten unheimlich, aber Verdacht kam natürlich nicht auf.

Bormann und Keitel blieben auf Hitlers Wunsch im Raum, während Morell soeben eintrat. Er ließ sogleich die stabilen Läden schließen, „weil der Führer Helligkeit nicht mag“. Stauffenberg fing noch einmal Fellgiebels suchenden Blick auf: Ja, es ging los! Er gesellte sich kauend zu Manstein und Guderian, die mit anderen Generalen fünfzehn Meter abseits standen. Er dachte an den armen Dr. Morell, der nun ein Opfer unglücklicher Umstände werden würde. Aber dessen Schicksal wollte es anders...

Geben wir nun den Aufzeichnungen des Attentäters den ihnen gebührenden Raum:

„Während ich mein Butterbrot mampfte, das mein letztes sein konnte, schlug mein Herz vor Angst wie rasend – Angst vor dem möglichen Misslingen des Vorhabens. Ginge es daneben, dann käme ich ganz gewiss auf die Streckbänke und andere SS-Foltereinrichtungen des Regimes, der Gestapo, und würde wohl nicht die Kraft haben, nicht zum Verräter zu werden. Ich bin Frontsoldat gewesen und habe mich nie vor einem Kopfschuss oder ähnlich Endgültigem gefürchtet. Ich bemühte mich, nicht zu neugierig auf den Bunker zu starren, als die Laufzeit des Zünders der Bomben nahte, auch durfte ich nicht voreilig in Deckung gehen. Da stürzte Dr. Morell aus dem Bunker und lief, so schnell wie sein fetter Körper sich bewegen konnte, zu seiner Unterkunft, „Arzneien und Instrumente zu holen“, wie er rief.

„Der hat’s aber verdammt eilig“, sagte Guderian, „da heraus zu kommen.“

„Was da drinnen wohl passiert“, mutmaßte Manstein zynisch, „vielleicht können wir zur Totenfeier gleich hier bleiben.“

Da **sah** ich den Anfang: Wie von Geisterhand geöffnet flogen die gesamten hölzernen Fensterläden nach draußen, einen Sekundenbruchteil danach dröhnte der Knall einer ungeheuren Explosion ins Freie. Der Bunker hüpfte sozusagen, sein Kalkstaub trübte die Sicht. Ich sah sowieso nichts mehr, denn ein Feldmarschall wurde gegen mich geschleudert und warf mich zu Boden, wo sich Guderian bereits aufhielt. Mein Aufrappeln dauerte eine Weile, da ich ja nur einen Arm besaß, Guderian half mir. Ich sah, dass ringsum alle Personen, auch der zurück gekommene Morell, sich am Boden wälzten oder just im Aufstehen begriffen waren. Über dem Bunker, dessen Tür aus den Angeln gerissen war, waberte eine Rauch-, Qualm- und Staubwolke, kein Schreien war zu hören, und General Fellgiebel war der erste, der einen Blick hinein wagte. Als er wieder ins Freie trat, hustete er vernehmlich und zündete sich eine Zigarette an – ein erstes Zeichen kommender Götterdämmerung!“

Diese kurze Schilderung Stauffenbergs stimmt mit Angaben anderer Augenzeugen überein. Der Schock der Explosion, deren Ursache nur einer Person bekannt war, lähmte sekunden- und minutenlang alle Beteiligten, viele weitere Zigaretten wurden angezündet, niemand schien den Drang zu verspüren, nähere Bekanntschaft mit den Zuständen im Bunker zu machen. Als von Manstein sich erhoben, den Staub vom Uniformrock geschüttelt und seine Orden gerichtet hatte, da ließ er seinen in Russland bewährten Offensivgeist aufblitzen:

„Als ranghöchster Offizier“, sagte er, „übernehme ich hier das Kommando!“

Niemand protestierte, seine Befehle flogen sogleich in alle Richtungen. Zu Fellgiebel:

„Sie sperren alle Leitungen, General! Geht ein Gespräch ohne meinen ausdrücklichen Befehl nach draußen, werden Sie erschossen."

Fellgiebel gehorchte, diese Maßnahme war ja sowieso vorgesehen. Die vorhandenen Wachmannschaften erhielten den Befehl, niemanden aus dem Sperrgebiet heraus zu lassen.

„Ich muss nach Berlin zurück", bat Stauffenberg.

„Was wollen Sie dort? Sie sind hier wichtiger."

Stauffenberg musste sich fügen.

„Kommen Sie", befahl jetzt Manstein Guderian und Stauffenberg, „denn wir müssen uns doch wenigstens vergewissern."

Sie holten sich ihre Pistolen zurück und betraten den Bunker. Stauffenberg rätselte über dieses „Wir", was bedeutete es, warum fragte niemand nach einem etwaigen Täter?

Auch General von Fellgiebel hat Aufzeichnungen gemacht: „Als ich den noch schwelenden Bunker betrat, schaute ich vergebens nach den drei Insassen aus. Im ersten Augenblick glaubte ich, sie seien durch die Fenster ins Freie geschleudert worden, aber sie befanden sich noch im Raum. An einer Wand sah ich das angeschmetterte Abziehbild eines Mannes, der Keitel gewesen sein kann, in einer Ecke lag etwas, das wie eine Lumpensammlung aussah, aber eine Mischung von Kleidern, Stuhl, Aktentasche und Menschenfleisch der Herren Hitler und Bormann war. Unversehrt allein war die Führermütze, die wohl auf dem Tisch gelegen hatte, und ein verschmortes goldenes Parteiabzeichen. Es roch kannibalisch nach gebratenem Fleisch. Ich trollte mich schleunigst an die frische Luft..." Hier war nichts zu identifizieren und für die Nachwelt zu erhalten. Manstein verbot Fotoaufnahmen und ordnete „eine Beisetzung irgendwo dort zwischen der Kiefern" an. Da hockte Dr. Morell völlig aufgelöst und haderte nicht mit dem Schicksal, „nur eine Minute nicht bei seinem Patienten gewesen zu sein". Er spürte angstvoll die vorwurfsvollen Blicke der Anwesenden, so, als hielten sie ihn für den Schuldigen am Tod Adolf Hitlers. Eine Stunde später packte er seine Sachen, „habe hier doch nichts mehr zu tun", und durfte am nächsten Tag das Hauptquartier verlassen – er verlässt uns auch hier für immer...

„Unsere drei Militärs“ marschierten nun in eine freie Baracke, wo Manstein sich bemühte, lautes Lachen zu unterdrücken:

„Denken Sie sich, die Wochenschau würde zeigen, wie wir am Boden lagen!“

„Herr Feldmarschall“, mahnte Stauffenberg, „ich muss nach Berlin.“

Unterschwellig schien Manstein ja zu wissen, warum Stauffenberg so schnell fort wollte, vielleicht sogar alle Zusammenhänge zu kennen, aber er hatte eigene Pläne:

„Warten Sie, bis wir hier fertig sind.“

Guderian, der an Herzfehlern und an leichter Erregbarkeit litt, ließ sich in einen Stuhl plumpsen und versuchte sich mit einer Zigarre zu beruhigen.

„Hitler, unser unsterblicher, unverwundbarer Führer, hat sich aufgelöst“, sagte Manstein, „das Reich wird dieses auch tun, wenn wir es nicht verhindern. Sein Reich mag untergehen, ich weine ihm keine Träne nach, aber wir sollten ein neues gestalten.“

Die Zuhörer nickten, ohne selbst auch nur eine Art von Vorstellung dazu zu haben.

„Wir drei übernehmen“, erklärte Manstein jetzt, „wie ein Triumvirat die Macht und sorgen strikt dafür, dass es keinen Zusammenbruch gibt, weder militärisch noch politisch. Das Ereignis darf vorerst nicht durchsickern. Sind Sie einverstanden, mich zu unterstützen?“

Draußen herrschten Disziplin und Ruhe, nur Blondi, Hitlers Hausköter, befand sich auf hektischer Suche nach Herrchen. Lockere Gruppen standen beieinander und diskutierten, es fiel Stauffenberg besonders auf, dass keine Spur von Mitleid und Anteilnahme auszumachen war. Nur denjenigen, die eigentlich hätten tot sein müssen, wenn Hitler nicht von seinem Unwohlsein heimgesucht worden wäre, schlotterten sichtbar die Hosenbeine. Manstein teilte der versammelten Mannschaft mit, dass ein Triumvirat alle militärische und zivile Macht übernehme und Gefolgschaft und Gehorsam fordere, damit nicht ungeeigneten Kräften Vorschub geleistet würde.

„Der dem Führer geleistete Eid geht unverzüglich auf die neue Regierung über."

Niemand murrte, auch die gefürchteten SS-Soldaten nicht, sie mochten bereits ahnen, dass des Führers Untergang auch ihrer sein würde.

Nun wurde es für Stauffenberg doch Zeit, an seine Mitverschwörer zu denken.

„Herr Feldmarschall, Berlin!"

„Telefonieren Sie, aber kein Wort über das Geschehen hier!"

So blieb Stauffenberg nichts anderes übrig, als Beck zu veranlassen, dass in Berlin, Paris und anderswo nichts passieren dürfe, „keine Aktion Walküre, nichts, gar nichts. Ich melde mich so schnell wie möglich wieder."

Damit saßen die fieberhaft wartenden Herrschaften im Hause Fromms wahrhaftig auf glühenden Kohlen, sie mussten fürchten, entweder bald auf ihnen geröstet oder zu Helden erhoben zu werden. Klar, dass von Berlin und den bedrängten Fronten her Anrufe in Rastenburg aufliefen, aber viele Anrufer wie Goebbels, Himmler, Göring, Speer und die frontnahen Feldmarschälle wussten vom Chaos, das um Hitler herum üblich geworden war.

„Der Krieg muss so bald wie möglich beendet werden."

Manstein forderte dies zwischen einem Happen Kartoffelsalat und einem Bissen Wiener Würstchen, die dem Triumvirat in der Kantine serviert wurden.

„Der vegetarische Koch hier kann entlassen werden", empfahl Guderian nach einem Schluck Bier.

„Vorerst muss die SS-Clique weg", sagte Stauffenberg beim Apfelessen.

Unheilvoll schwebte jedoch über allem gelassenen Humor die alliierte Forderung von Casablanca nach „bedingungsloser Kapitulation". Soldaten, die noch nicht ganz geschlagen sind, haben für solche Forderungen wenig übrig. Es konnte nicht angehen, jetzt zu kapitulieren, weil dann alle an den Fronten stehenden Soldaten in Gefangenschaft gehen müssten.

„Das würde man uns nie verzeihen."

„Ja, natürlich", riet Stauffenberg aufgeregt, „wir sollten mit den Kriegsgegnern ein Übereinkommen hinkriegen, das von der ganzen Nation, die den Frieden ersehnt, akzeptiert wird – sonst geht's den Deutschen wieder wie nach 1918."

Nach Stunden, noch vor dem Abendessen, das im großen Kreis „ohne Vorsitz des Führers" stattfand, hatte unser Triumvirat folgende Beschlüsse und Vorschläge ins Unreine schreiben lassen:

1.) Das alte Amt des Reichspräsidenten ist wieder zu beleben. 2.) Alle von ihren Trägern diskriminierten Ministerien sind zu erneuern. 3.) Die NSDAP ist mit allen ihr angeschlossenen Unternehmen aufzulösen. 4.) Ebenso Heinrich Himmlers Riesenapparat mit allen Organisationen. 5.) Sämtliche Konzentrations- und Vernichtungslager haben ihre Tätigkeit einzustellen und ihre Auflösung vorzubereiten. 6.) Todesurteile, ob von Gerichten oder Militärtribunalen ausgesprochen, die meist von Feldmarschall Keitel im Auftrag Hitler gegengezeichnet wurden, „sind auf Eis zu legen". 7.) Das aus diesen Maßnahmen frei werdende Personal ist sogleich dem Krieg oder der Kriegswirtschaft zur Verfügung zu stellen.

Nach diesen mehr zivilen Maßnahmen schlug Manstein, der jetzt oberster und wohl fähigster Stratege war, folgende militärische Notwendigkeiten vor:

„Das Grundprinzip unserer Neuerungen muss sein, die Front im Osten zu halten, damit die Russen nichts ins Reich einbrechen. Um im Osten halten zu können, müssen woanders Abstriche gemacht werden, zum Beispiel in Dänemark, Norwegen, Italien, auf dem Balkan. Im Westen kontrollierter langsamer Rückzug vorerst bis zum Rhein, später bis nach Berlin. Ein paar schwere Schläge sollten wir gegen den alliierten Luftkrieg zu führen versuchen, Minister Speer hat mir versichert, dass hierzu Chancen bestehen, die Hitler bisher alle vereitelt habe."

„Schon morgen", riet Guderian, „müssen wir hier mit allen wichtigen Ministern und Generalen der Front eine Konferenz abhalten, um die Weichen für die Zukunft zu stellen."

So bekam Fellgiebel noch reichlich zu tun, um Einladungen, die Befehlen gleich kamen, an jene Männer des Regimes heraus gehen zu lassen, die an der morgigen Konferenz teilzunehmen hatten. Dann fand bis Mitternacht eine Zusammenkunft der Männer statt, die auch an der mittäglichen Lagebesprechung dabei gewesen wären. Sie besaßen nun keine neuesten Meldungen von den Fronten und forderten Aufhebung der Telefonsperre, aber sie wurden belehrt, dass man Leute wie Goebbels und Himmler nicht herzitieren könne, wenn man sie vorher von dem heutigen Ereignisse informiere.

„Dann kommen sie nicht und richten in Berlin Unheil an."

Nach Mitternacht, als der 21. Juli 1944 anbrach, schliefen alle Persönlichkeiten, die es sich leisten konnten, den Schlaf der Gerechten, nur Wachen streiften umher, ebenso Blondi auf der Suche nach Herrchen. Und siehe da: Er fand die Stelle, wo die Überreste der Verblichenen verscharrt worden waren, bezog Stellung und heulte nach Wolfsart in die ostpreußische Nacht hinein – so weinte immerhin einer dem Diktator nach.

Der 21. Juli 1944 in der Wolfsschanze

Von den Herzitierten traf Rüstungsminister und Zivilist Albert Speer als erster ein. Er war gewohnt, seinem Herrn und Meister Auskünfte über den Stand der Rüstung und die Entwicklung neuer Waffen zu erteilen. Als er nach der Landung mit dem Auto durch die Sperrkreise gefahren wurde, fiel ihm sogleich das Fehlen martialischer SS-Männer auf. Und als er hier den ersten Raucher sah, stiegen gewisse Bedenken in ihm auf: „Hier stimmt etwas nicht!" Guderian, den er kannte, empfing ihn in gelöster Atmosphäre, weder Keitel noch Bormann, obligate Empfänger prominenter Besucher, ließen sich sehen. „Hier stimmt überhaupt nichts!" Das Triumvirat nahm sich Speer sofort vor:

„Hitler ist tot.“

„Was ist passiert?“

„Eine Explosion, mit ihm starben Keitel und Bormann.“

Speer stellte keine weiteren Fragen und Guderian schilderte kurz den Vorgang, kam danach zum Thema:

„In der heutigen Ministerbesprechung brauchen wir Ihre Stellungnahme zur Fortsetzung des Krieges in bezug auf Rüstung und Reserven.“

Ministerbesprechung – seit zehn Jahren, dachte Speer, hat es keine Kabinettsetzung mehr gegeben! Er sagte:

„Ich würde den Krieg beenden.“

„Tun wir auch, aber nicht augenblicklich.“

Dann legte ihm das Triumvirat in groben Zügen die neue Politik vor, die ihn beeindruckte und der er sich zu verschreiben versprach. Sollte für Deutschland noch etwas zu retten sein, dann war Hitler zur rechten Zeit beseitigt worden.

Sie waren nun also nach Rastenburg unterwegs, jene ahnungslosen Repräsentanten des in Agonie liegenden Dritten Reichs, einer von ihnen sollte nicht in sein Amt zurückkehren. Nehmen wir sie uns vor in der Reihenfolge ihres Eintreffens.

Hermann Göring, Reichsmarschall und Inhaber anderer obskurer Titel wie Reichsjägermeister, der fetteste Gefolgsmann Hitlers und sein designierter Nachfolger im Fall eines Falles. Gestern hatte er in Rastenburg rückzurufen versucht, war aber nicht, wir wissen es, durchgekommen und kochte nun, dass sein Bauch gluckerte wie ein Bierfass. Und auch das noch: Die Wachen der Kontrollpunkte grüßten nur mit Antippen der rechten Hand an die Mütze. Unerhört – wenn das der Führer wüsste! Als sein Wagen das Ziel erreichte und er sich aus der Tür würgte, fiel ihm auf, dass es das gewohnte allgemeine Strammstehen und zackige Salutieren nicht mehr gab.

„Möchte wissen, was hier vorgeht.“

Manchmal war Adolf Hitler ihm sogar beim Aussteigen entgegen gekommen.

„Sehen Sie mal“, maulte Göring seinem Begleiter Feldmarschall Milch zu, „dort hinten wird geraucht.“

Man geleitete die Ankömmlinge ins Haus der so genannten Gästestadt, obwohl es ein „Göringhaus“ in der Anlage gab.

„Herr Reichsmarschall, die Regierung erwartet Sie um 14 Uhr im Kartenhaus.“

„Die Regierung? Können Sie mir sagen, Milch, was hier los ist?“

Sie schauten missmutig aus dem Fenster und den neuen Ankömmlingen zu.

Heinrich Himmler, den näher zu beschreiben und vorzustellen der Anstand verbietet, erschien in Begleitung seines Spionagechefs Walter Schellenberg. Beide waren, was sonst, misstrauische Zeitgenossen und registrierten sofort die Veränderungen. Wo waren seine getreuen Schwarzuniformierten? Was bedeutet das mulmige Gefühl in meinen Gedärmen?, dachte Himmler heimlich. Er wurde ebenfalls im Gästehaus untergebracht und zu 14 Uhr bestellt.

Joachim von Ribbentrop war Außenminister eines Reiches, das keine Außenpolitik mehr pflegte. Er siechte, seit der Krieg seine fatalen Wendungen nahm, in seinem Amt dahin und sehnte die Zeiten herbei, wo er erfolgreicher Sekthändler gewesen war. So wunderte er sich sehr, zu einer Zeit eingeladen worden zu sein, wo die Fronten wankten und Friedensvorfühler mehr angebracht waren als zu spät kommende neue Waffen. Verbündete des Reiches brachen ab wie morsche Äste vom Stamm – Hitler schien dies wenig zu stören. Auch er hatte natürlich gestern nach Rastenburg zu telefonieren versucht, aufgebracht darüber, beim Besuch Mussolinis dort nicht anwesend sein zu sollen, - (den man kurzerhand ausgeladen hatte) -, und war nicht durchgekommen. Er kam nun als Einzelgänger und konnte niemanden fragen „Was ist hier los?“.

Doktor Joseph Goebbels war im Reich bekannter als der bunteste Berliner Hund und wunderte sich, diese lange Reise ins heiße Ostpreußen antreten zu müssen. Mehr noch als nach der

Niederlage bei Stalingrad befand das Reich sich in Not und sein Volk bedurfte des tröstenden aufrichtenden Zuspruchs mehr als der Minister selbst, der vom unabwendbaren Ende besser Bescheid wusste als mancher General.

„Allerdings“, sagte er bei der Ankunft zum begleitenden Staatssekretär Naumann, „muss man den Führer darauf aufmerksam machen, dass die Disziplin im Hauptquartier nicht mehr die alte ist. Wenn ein Reichsminister kommt, hat man nicht zu rauchen sondern stramm zu stehen. Sie wagen gar, mir missfallende Blicke zuzusenden.“

Goebbels, der wie alle Nazis in den Anfängen der Bewegung ein bescheidenes Bürschchen war, lernte Eitelkeit in Zeiten des Jubels kennen und lieben.

„Ich werde gleich beim Führer Dampf machen...“

Alfred Rosenberg war noch immer Minister für die besetzten Ostgebiete, obwohl diese nun verloren waren. Erbbiologe, Autor und Rassehygieniker zugleich teilte er mit vielen Schreiberlingen das Los, dass sein Buch zwar verkauft, aber nicht gelesen wurde. Die Zeiten waren auch allzu ärgerlich: „Seine“ Ostgebiete von der Wehrmacht verspielt, alle Arbeit wohl umsonst, die er, der Balte Rosenberg, zur Aufnordung des Ostens geleistet hatte! Dieser Führerbesuch sollte ihm Trost und Zuversicht vermitteln.

Die anderen Fachminister alle? Sie nahmen in Hitlers Reich untergeordnete Befehlsempfängerstellungen ein, waren stets gehorsam und wurden nicht geladen. Aber Großadmiral Karl Dönitz war notwendig. Die Karriere dieses Seemanns verlief gradlinig wie die Spuren der vielen Torpedos, die er in diesem Krieg losließ. Mit seinen Uboot-Erfolgen freilich war es nichts mehr und auch die „Großen Pötte“ hatten auf den Ozeanen nichts mehr zu bestellen. Das Schicksal des Schlachtschiffs „Scharnhorst“ betraf sein Minuskonto, denn er hatte es im Dezember 1943 ohne Radar und andere Sicherungen in die Dunkelheit der Nordischen Nacht auslaufen lassen. Aber er war Hitlers Musterknabe, forsch, gut aussehend, schnarrend, meist gehorsam, oft kritisierend. Sein scharfes Seemannsauge bemerkte sogleich bei der Ankunft die Veränderungen: kein Deutscher Gruß, auffällige Männer mit sichtbaren Ärmelstreifen wie „Großdeutschland“ oder „Leibstandarte“ waren wohl alle im Urlaub, Blondi lief ziellos durch die Anlage und jaulte jeden Neuankömmling an in der Hoffnung, Herrchen erscheine nun endlich. Hitler schien ernsthaft erkrankt zu sein, deshalb wohl schleiften die Zügel.

Für den nächsten Tag waren die Einladungen schon heraus. Für Militärs, deren Rat man für wichtige Entscheidungen einholen musste: Henning von Tresckow, Chef des Stabes der Heeresgruppe Mitte der Ostfront; der zur Westfront versetzte Feldmarschall Hans Günther von Kluge; Feldmarschall Gerd von Rundstedt; Generaloberst Alfred Jodl; Feldmarschall Ferdinand Schörner; Feldmarschall Walther Model.

Mit Hermann Göring hatte das Triumvirat vor der Sitzung noch zu sprechen, war er doch als Mitglied einer „Regierung der nationalen Not“ vorgesehen. Manstein und Guderian waren ihm bekannt und unsympathisch, Stauffenberg nur unsympathisch wegen seines entstellten Äußeren. Was hatten sie ihn hier anzuleiten? Warum knallte er, der Reichsmarschall, nicht seine Pistole auf den Tisch? Gab es hier einen Militärputsch?

„Setzen Sie sich doch, Herr Minister. – Etwas zu trinken?“

Göring schwitzte.

„Wir müssen Sie“, sagte Manstein verbindlich, „über die gestern begonnene neue Entwicklung aufklären: Adolf Hitler ist tot, bei einer Explosion in der Baracke umgekommen. Außerdem Keitel und Bormann.“

Na, dachte Göring, von drei Meldungen wenigstens zwei ziemlich gute.

„Wir drei“, sagte Manstein und stellte vor, „haben die Macht übernommen und bauen auf Ihre Hilfe.“

„Ich bin Hitlers Stellvertreter“, behauptete Göring.

„Das zählt nicht, wie nichts mehr zählt, was Hitler angeordnet hat.“

Durch Görings flinken Verstand huschte eine Fata Morgana: Der Krieg war verloren und ihm drohte, von den Siegern als so genannter Hauptkriegsverbrecher am Wickel genommen zu werden. Wenn er sich nun als Friedensmacher und Apostel der Menschlichkeit profilieren könnte, müsste aufgerechnet werden – hier war eine einmalige Chance dazu!

„Die wichtigsten Minister sind geladen", sagte Manstein, „einige werden wir abservieren."

„Himmler, Goebbels?"

„Die gewiss. Es geht darum, dass Sie als designierter Reichspräsident die heutige Sitzung leiten."

Göring begeisterte sich, und gemeinsam besprachen die Männer ihre Taktik. Dazu gehörte bei Göring auch, alle Hitlerorden abzutun und in die Schublade der Geschichte zu legen – außer freilich des Kaisers Orden, den Pour le merite.

Nur eine Viertelstunde zur Aussprache hatten die Freunde und Verschwörer Stauffenberg und Tresckow für sich, beim hastigen Essen, das auf keinen Vegetarier mehr Rücksicht nehmen musste.

„Hier ist überhaupt nicht von einem Attentat die Rede", wunderte sich Tresckow, „nur von einer Explosion. Wie kommt das? Bist du außer Verdacht?"

Stauffenberg berichtete von der ganz wunderlichen Situation im Hauptquartier, wo offensichtlich noch niemand recht wusste, wie und wo er sich einzuordnen habe. Überleben bedeutete alles, nur hier nicht in den Strudel der Verfolgungen geraten, die Himmler in Gang setzen konnte. Heinrich Himmler! Ironie der Geschichte: Er erging sich kurz vor der entscheidenden Sitzung, allein und brütend, genau an der Stelle der Anlage, die in Kürze sein endgültiger Aufenthaltsort werden sollte...

Der Tagungssaal war innen und außen schwer von Heeressoldaten bewacht. Nachdem sie Platz genommen hatten, mussten die Minister feststellen, dass hinter ihren Sesseln je ein Soldat Posten bezogen hatte. „Wie in Stalins Kreml", murrte Ribbentrop stumm vor sich hin, die Atmosphäre war in der Tat beklemmend, es zeigte sich, dass Hitler allein die Persönlichkeit war, die bisher Ordnung und auch Optimismus repräsentiert hatte. Da traten die vier entscheidenden Männer in den Raum, gefolgt vom Stenografen. Während die Besucher noch im Glanz ihrer Orden und Parteiabzeichen funkelten, hatten, wie schon angedeutet, Triumvirat und Göring in dieser Beziehung abgespeckt. Auch im Raum war alles von Wänden, Ablagen und Schränken entfernt worden, was auf den ehemaligen Hauptmieter und seine Organisationen hindeuten konnte – „Dämmerung fürs Hakenkreuz!" Göring wirkte in seiner beleibten Schlichtheit irgendwie restauriert und demokratisch, und er nutzte heute seine Fähigkeit aus, Konferenzen zu leiten. Seinen gefürchteten, protzenden und schnarrenden Sprechton hatte er mit den Orden abgelegt. Sein harter Blick jedoch, der seine Kollegen streifte, war der eines NKWD- oder Gestapovorsitzenden. Man setzte sich, keine Begrüßung, nichts Verbindliches, das die Stimmung hätte auflockern können.

„Ich spreche zu Ihnen als vorläufiges Staatsoberhaupt des vorläufigen Neuen Reiches und stelle Ihnen die drei Herren hier neben mir als vorläufige Regierung vor. Wir sind für alle militärischen und zivilen Fragen verantwortlich."

Göring machte eine Kunstpause. Erinnern wir uns: Er war einmal Reichstagspräsident!

„Adolf Hitler ist gestern infolge einer Explosion im Lagebunker mit Bormann und Keitel umgekommen. Sie sind bereits formlos beigesetzt worden."

Nicht diese, sondern die nächste Bekanntmachung betrachtete Göring als Hammerschlag gegen die Köpfe seiner bereits schwitzenden und schnaufenden Zuhörer. Dönitz nahm seine Admiralsmütze ab, Rosenberg sackte wie ein Schneemann in der Sonne zusammen und Ribbentrop griff gierig in seine goldene Pillendose.

„Mit Adolf Hitler wurde der Nationalsozialismus geboren, mit ihm ist er nun untergegangen. Wollen wir Deutschland vor dem drohenden Ruin retten, muss der Nationalsozialismus mit allen seinen Metastasen ausgerottet werden."

Brillant formuliert! Heinrich Himmlers Brille beschlug, Rosenberg kaute Nägel, die finsteren Blicke Goebbels' bohrten sich auf seinen Rivalen Göring, der Rotanteil in Ribbentrops Gesicht müsste eigentlich ärztlich behandelt werden. Hermann Göring rezitierte nun alle sieben Hauptbeschlüsse, die wir bereits kennen, die einige der Anwesenden zu Normalbürgern reduzierten. Bei Punkt 7 blickten alle Augen fasziniert auf Heinrich Himmler, der in der Innentasche seiner schwarzen Uniformjacke kramte, eine kleine Ampulle aus dem Zigarettenetui nahm, diese in den Mund steckte und knirschend zerbiss. Im Nu verdrehte er die Augen, sein Kopf knallte auf die Tischplatte, der Körper rutschte aus dem Sessel und breitete sich unterm Tisch aus, während ein intensives Blausäurearoma den Raum füllte. Niemand half, jeder wusste um die Nutzlosigkeit solcher Bemühungen. Ein Wachposten schleifte den Leblosen hinaus, Göring machte sein unerbittlichstes Gesicht:

„Wenn wir's recht überlegen, tat er heute seine einzig gute Tat seines verkorksten Lebens."

Goebbels, der natürlich ebenfalls sein Lebenswerk in Geschichtslosigkeit verdämmern sah, besaß auch eine Giftampulle, dachte jedoch jetzt vorrangig an Frau, Kinder, Liebchen Lida Barova und andere Damen, denen er sich und seine Pension als Minister erhalten musste. Zum Zeichen beginnender Jovialität ließ Göring ostpreußischen Bienenstich, Tee, Kaffee, Zigaretten und Zigarren reichen.

„Die Ministerien", fuhr er dann fort, „des Äußeren, der Ostgebiete und für Volksaufklärung und Propaganda sind ab sofort aufgelöst.

„Ich kann dann wohl gehen, Herr Reichspräsident?", fragte Goebbels.

Göring nickte und forderte Ribbentrop und Rosenberg auf, sich Goebbels anzuschließen:

„Sie sind ab sofort normale Privatpersonen, sonst nichts, und dürfen Ihre Amtsräume nicht mehr betreten. Für Ihre Rückfahrt per Eisenbahn ab Königsberg nach Berlin ist gesorgt. Wer zu Hause oder woanders irgendwelche Intrigen anzettelt wird erschossen!“

Zweifellos: Göring gefiel sich in seiner neuen Rolle, einerseits Machthaber wie bisher, andererseits jovialer Kumpel und Kamerad zu sein. Stauffenberg jedoch dachte schon weiter: Dass man Görings Vergangenheit kannte, seine äußerst zynische Behandlung der Juden Deutschlands, im Ausland vielleicht mehr als hier, und dass es wohl, will man mit den Kriegsgegnern in der nächsten Zeit zu einem erträglichen Abkommen, gelangen, Göring bestimmt nicht von diesen akzeptiert werden würde – stand er doch auf der keineswegs geheimen Liste der Kriegsverbrecher obenan!

Mit dem Abgang der drei Abservierten war der erste Teil der Konferenz beendet, das tiefe Luftholen aller im Raum verbliebenen Personen war deutlich zu hören. Man verspürte den Drang nach frischer ostpreußischer Kieferwaldluft und trat ins Freie. Die nächste Besprechung war auf 20 Uhr anberaumt.

„Wir sollten“, sagte Göring, mit dem Triumvirat und Speer auf einem Baumstamm sitzend, und er machte eine Rundumarmbewegung dabei, „wir sollten diesen ganzen Klumpatsch hier auflösen und das Hauptquartier nach Zossen verlegen.“

Man ist einverstanden, Albert Speer erhält den Auftrag, Adolf Hitlers Wohnung schon vorher ebenfalls aufzulösen und nach Dingen zu untersuchen, die der Nachwelt erhalten bleiben sollen. Jetzt kommt auch zur Sprache, dass man morgen, am 22. Juli, „das Volk über die neue Lage aufzuklären habe“. Der Vorschlag, Hitler von Standesbeamten aus Rastenburg für tot erklären zu lassen, wird mehrheitlich abgelehnt:

„Wir sollten“, schlägt Stauffenberg vor, „ihn so schnell und spurlos wie möglich aus der deutschen Geschichte verabschieden: keine Todesanzeige, kein Nachruf, kein Grabstein – ein historischer Unfall eben.“

„Er hatte noch etwas wie eine Familie“, sagt Speer, „eine Geliebte sogar. Was geschieht mit diesen Leuten?“

„Wir ignorieren sie.“

Dann wurde noch beschlossen, dass die ganze Anlage hier, alle Räume, Bunker und Häuser, beim Verlassen nicht gesprengt werden sollten.

Wir greifen jetzt ein wenig vor, nämlich in Speers Tätigkeit als „Testamentsvollstrecker“ Hitlers. Wohl kaum, erkannte er sogleich, hat ein Gewaltiger der Geschichte karger und sparsamer gelebt als Adolf Hitler – ein Junggeselle halt, dem kein sorgendes und liebendes Familienmitglied zur Seite stand. Bücher im Regal, darunter natürlich „Mein Kampf“, viel Militärisches und das Judentum Betreffendes, Uniformen, kein Zivilanzug mehr, Bilder von Eva Braun und Blondi, Privates von seinen Eltern und Verwandten. Intimere Unterlagen und seine ganzen Ausweise und Pässe sowie Nachweise seiner Finanzen, Konten und Steuern fanden sich in Martin Bormanns privaten Räumen. Dort auch dessen Liebesbriefe mit Ehefrau und Geliebter; nach kurzem Studium beschloss Speer ihre Vernichtung. Wir brauchen hier nicht näher auf Speers weitere Tätigkeit einzugehen, sie gestaltete sich so gründlich, dass für Andenkenjäger nichts übrig blieb. Einzig eine Person wollen wir später besuchen. Eva Braun...

Nachdem alle nachfolgend interessanten Personen ein knappes Mahl zu sich genommen hatten, trafen sie sich gegen 20 Uhr im Kartenhaus: Göring, das Triumvirat, Stenograf Berger, Milch, Schellenberg, Dönitz, die Feldmarschälle von Kluge, von Rundstedt, Schörner und Model, Generaloberst Jodl und Minister Albert Speer. Göring war sich bewusste, ihnen gegenüber einen kameradschaftlichen Ton anschlagen zu müssen, schließlich sollten sie nicht kalt gestellt, sondern für den neuen Kurs gewonnen werden.

„Wie geht’s Rommel?“

Dieser war vor vier Tagen in einen Überfall von Tieffliegern geraten und schwer verletzt worden, worüber Hitler in Rage geraten war.

„Er wird durchkommen."

Görings neuer Stil hatte sich unter diesen Männern bereits herumgesprochen. Prompt hatten sie ihre Marschallstäbe und Naziorden in den Unterkünften zurückgelassen. Am zackigsten hielt sich Karl Dönitz, weil ja Marineuniformen, jeder Jugendliche träumt von ihnen, auch Kaspers zu Männern zu machen pflegen. Alfred Jodl fühlte sich geehrt, hier eingeladen worden zu sein.

Göring winkte zum Platznehmen und eröffnete die Sitzung mit der offiziellen Mitteilung von Hitlers Ableben. Diese Frontmilitärs zeigten deutlich mehr Betroffenheit als ihre zivilen Kollegen, obwohl sie die Hauptkritiker der Hitlerschen Kriegführung waren. Kluge zum Beispiel war als Mitattentäter von Tresckow seit einiger Zeit umworben worden, hatte aber abgelehnt. Nach den Formalitäten kam Göring auf den Zweck der Versammlung:

„Es gilt, zwei Grundsatzentscheidungen zu treffen: Sollen und können wir den Krieg fortführen oder sollen und müssen wir in so schnell wie möglich beenden? Herr Speer, die erste Frage an Sie: Können wir den Krieg, aus Ihrer rein technischen Sicht betrachtet, fortführen oder nicht?"

Speer brauchte nicht lange zu überlegen, lief doch seine Rüstung auf Hochtouren wie noch nie in diesem Krieg.

„Ja, können wir, ob es aber sinnvoll...?"

„Darüber urteilen wir später. Berichten Sie uns von Panzern, Flugzeugen, Munition und neuen Waffen, deren Fertigung Hitler behindert haben soll."

Speers Angaben der Fertigungszahlen imponierten allen Anwesenden, und auch seine Mitteilungen zu neuen Waffen klangen überzeugend:

„Die neue V1 läuft schon gegen Großbritannien, mit mäßigem Erfolg zwar, weil sie abgewehrt werden kann. Demnächst folgt die V 2, die nicht abgeschossen werden kann, V3 ist in kleinen

Stückzahlen fertig und kann Fernziele wie Murmansk und Archangelsk erreichen. Etwa eintausend Düsenflugzeuge, die schneller als jeder Jäger sind, stehen zur Verfügung. Ich weise darauf hin, dass die Luftwaffe diese Flugzeuge gegen die Tagesangriffe der Amerikaner konzipiert, Hitler aber ihren Einsatz als Bomber befohlen hat."

„Können sie umgebaut werden?"

„Ohne weiteres. Als wichtigste Chance, dem Krieg eine Wende zu geben, uns wenigstens die Tagesangriffe der Amerikaner zu ersparen, möchte ich eine neue Klein- und Mittelrakete erwähnen, die durch Wärmeerkennung ins Ziel findet und mit einer Mischung aus Napalm und Phosphor geladen werden kann. Wo sie aufschlägt, wächst kein Gras mehr. Hitler untersagte ihre Fertigung, weil er mehr Wert auf Explosiv- als Feuerwirkung legte."

„Kann diese Mischung auch?", fragte von Kluge, „in Granaten genutzt werden?"

„Auch für Schiffsartillerie?", fragte Dönitz zugleich.

„Mit allen Geschossen, auch in V-Waffen. Um Ihre erste Frage, Herr Reichspräsident, zu beantworten: Gelingt es, den Feind vom Betreten deutschen Bodens abzuhalten, kann der Krieg aus Sicht der Rüstung noch länger als ein Jahr geführt werden."

Jetzt wurden die Experten der Westfront befragt. Sie sagten klipp und klar den Zusammenbruch in Frankreich voraus, wenn sie nicht Verstärkung erhielten. Göring fragte Schörner und Model nach den Chancen, die Rote Armee vom Reichsgebiet fernzuhalten.

„Wir können nur taktisch manövrieren, mehr nicht, so dass wir sie eines Tages doch in Berlin haben werden."

Welch eine klare Offenheit der Sprache! In Hitlers Anwesenheit hätte nie jemand derartig gesprochen. Model wies auf die Gefahr eines polnischen Aufstands hin, jetzt, wo die Rote Armee an der Weichsel verhielt.

„Herr Dönitz", lenkte Göring das Gespräch weiter, „kann der Krieg der U-Boote wieder aufgenommen werden?"

„Mit tausend neuen Booten, ja."

Kurz kamen noch die militärischen Verhältnisse in Italien und auf dem Balkan zur Sprache: Man war sich einig, dass diese Fronten, ganz klar, so weit wie möglich zurückgenommen werden sollten.

In den Abendstunden, vorm Zubettgehen, stöberten die Männer des Triumvirats interessiert noch ein wenig in Hitlers beschlagnahmten Unterlagen herum und wurden fündig: Sie fanden Rommels Fernschreiben vom 15. Juli, das er von der Invasionsfront an Hitler persönlich geschickt hatte. Rommel war vielen Personen des Widerstands nie ganz koscher vorgekommen: Wie sollte er sich in wenigen Monaten vom Bewunderer zum Kritiker Hitlers gemausert haben! In dem Fernschreiben jedoch legt er seinem Führer unerschrocken und beinahe todesmutig die Lage an der Westfront dar. Hier nur ein ganz kurzes Zitat:

„...Die Truppe kämpft allerorts heldenmütig, jedoch der ungleiche Kampf neigt sich dem Ende entgegen. Ich muss Sie bitten, die Folgerungen aus der Lage unverzüglich zu ziehen..."

Nun, das ist doch ein mutiges Schreiben! Wäre das Attentat auf Hitler nicht geglückt, Erwin Rommel hätte wohl nicht mehr lange seinen Marschallstab schwenken können. Das Triumvirat beschloss, Rommel das Amt des Oberbefehlshabers der Wehrmacht anzutragen.

„Er ist", argumentierte Stauffenberg, „noch immer eine legendäre Figur auch im Ausland, obwohl er mehr Niederlagen einstecken musste als Siege kassieren konnte. Wir dürfen glauben, dass die Wehrmacht mit dieser Wahl einverstanden sein und auch das Volk sie gutheißen wird."

Sogleich rief Stauffenberg zu Hause bei Rommels an und erhielt die Bestätigung, dass der Feldmarschall mit dem Leben davonkommen und in ein paar Wochen einsatzbereit sein würde. Frau Rommel, die natürlich Hitler noch lebendig wähnte, fiel aus allen Wolken, da sie von der Abneigung ihres Mannes gegen Hitler wusste.

Tage nach Hitler

Während der Hauch des Abschiednehmens über der Wolfsschanze schwebte und erste Kisten und Koffer gepackt wurden, ging von aus hier die Sensationsnachricht in die Öffentlichkeit hinaus, ungesteuert und ohne Einschaltung des Propagandaministeriums. Wir kommen später noch einmal zum Hauptquartier zurück und wenden uns zunächst jenen Nebensächlichkeiten zu, die den Alltag des 22. Juli bestimmten und besuchen zuerst eine junge Dame, die am 20. Witwe wurde, ohne verheiratet zu sein. Sie war es am Morgen des 22. leid, zur Wolfsschanze telefonisch nicht durchzukommen und auch andere Persönlichkeiten, die ihr Nachrichten zuzustecken pflegten, nicht zu erreichen. Also ab in den Zug nach Rastenburg! Gerade trat sie aus ihrer Münchner Wohnung auf die Straße, stürzte eine Nachbarin auf sie zu und schrie, ehe sie zusammenklappte:

„Der Führer! Er ist tot, mausetot!“

Daraufhin klappte auch Eva Braun zusammen. Man schaffte sie in ihre Wohnung zurück, wo sie nur langsam zu sich fand:

„Adolf tot! – Man hat ihn umgebracht.“

Sie und er, sie hatten schon oft darüber gesprochen, ob er gefährdet sei oder nicht, ob er sich genügend schützte und nicht leichtfertig in diese gefährlichen Tage hineinlebte. Seit diesem Sommer war Eva Braun das Licht aufgegangen, dass ihr Adolf sein Volk täusche, der Krieg verloren und ihr beider Ende nur eine Frage der Zeit sei: irgendwo in 1945 herum. Seitdem Hitlers sexuelle Begierden zu ihr mit der Katastrophe von Stalingrad erloschen waren, trieb und bewegte sie nur noch ein Wunsch: Frau Eva Hitler zu werden – wenn auch nur für Wochen, Tage oder Stunden. Nun war dieser trübe Traum dahin. Was sollte sie tun? Finanziell war sie durch Hitlers lebenslängliche Monatsrente von 1.000 RM abgesichert, doch würde sein Nachfolger, würden seine Nachfolger sich an diese Verpflichtung halten? Aus diesem Leben scheiden? Das war eine ihr durchaus bekannte Alternative. Wir verlassen Eva Braun und wenden uns anderen Opfern und Nutznießern der neuen Lage zu.

Norwegens deutscher Gauleiter Terboeven bekam schon am 22. die Todesnachricht des Führers und seine eigene Absetzung telefonisch derartig ins Ohr gebellt, dass es für ihn nur eine Konsequenz gab. Diese hatte er bereits in ziemlich finsterer Voraussicht vorbereitet: Es hieß Abschied nehmen von jenen herrlichen Zeiten, die Hitler prophezeit hatte. Als er seinen Abschied vorbereitete, erschien Besuch: Vidkun Quisling, ein verräterischer Norweger, der auch aufs falsche Pferd gesetzt und soeben die Nachricht von Hitlers Tod erhalten hatte.

„Was ist zu tun, Parteigenosse Gauleiter?“

Sie saßen gemütlich in Terboevens bunkerartigen Räumen und knabberten an norwegischem Streuselkuchen.

„Ich habe keine neuen Nachrichten und Anweisungen“, antwortete Terboeven, „wer eine neue Regierung stellt und was diese vorhat. Soll mir auch schnurz sein, ich habe meine Vorbereitungen getroffen...“

Sie nahmen jeder ihren vorletzten Schluck Tee.

„...und mag ohne Adolf Hitler nicht leben.“

„Was soll das heißen?“

Quisling bekam ein mulmiges Gefühl im Bauch und nippte am letzten Schluck.

„Ganz einfach“, verkündete Terboeven und schaute zur Uhr, „es ist jetzt genau 15 Uhr 59. Um 16 Uhr fliegen Sie mit mir in die Luft.“

Die angebrochene letzte Minute brauchte der Norweger, um seine Kinnlade wieder hochzuklappen, aufzuspringen und zur Tür zu eilen; sie war verrammelt. Die Explosion war mehr eine Implosion, denn der starke Bunker hielt stand, so dass es nur Schäden im Inneren gab. Nur wenige Osloer spürten eine Erschütterung und erfuhren erst später vom Tod ihres deutschen Reichskommissars. Dass sie nun, nach dem Abzug der Deutschen, keine Rache mehr an Vidkun Quisling nehmen konnten, schmerzte sie allerdings sehr.

Studienrat Dr. Konrad Nickerbocker war im Juni durch eine leichtsinnige Äußerung vor seiner Klasse über den Invasionsverlauf denunziert worden und in die Fänge der Gestapo in der Berliner Albrechtstraße geraten. Verhöre, mittelschwere Folterungen, Drohungen mit KZ-Aufenthalt, gar Kopf ab – es war die übliche Tortur solcher Opfer. Heute, am 22. Juli, sollte er ein Geständnis ablegen, könne „dann vielleicht nach Hause gehen“. Verhörbeamter und mittippende Sekretärin schauten ihn herausfordernd an, da stürzte ein weiterer Gestapomann in den Raum und schrie:

„Hitler ist tot, mausetot!“

Totenstille. Nickerbocker trat an den Schreibtisch und nahm seine Personalpapiere aus der Aktenhülle, steckte sie ein und sagte höflich aber bestimmt:

„Ich kann dann wohl gehen, oder?“

Keine Antworten, Nickerbocker war einer der ersten Nutznießer von Hitlers Tod.

Viele seiner gebildeten Kollegen, - erinnern wir uns der starken Anziehungskraft des Nationalsozialismus auf die deutsche Lehrerschaft! -, verfuhren an diesem Tag und an späteren umgekehrt: Sie zündeten beim traulichen Mittagessen im Kreis der Familie unterm Tisch eine für alle Fälle bereit gehaltene Handgranate; sie zerbissen eine der zahlreichen von Himmlers Zyankalikapseln; sie gingen in den sommerlichen Wald und erschossen sich; bauten unauffällige Unfälle, damit die seit Jahren ungenutzte Unfallversicherung einspringe; banden sich Steine ans Bein und sprangen in Gewässer; suchten, sehr romantisch, ihre Geliebten auf und beförderten sich gemeinsam ins Jenseits – nicht alle diese unappetitlichen Ereignisse sollen hier aufgezählt werden.

Im KZ Dachau bei München, das eines der ältesten Lager und kein Vernichtungsbetrieb im Sinn von Auschwitz war, trieb die Nachricht von Hitlers Tod alle Häftlinge auf die Plätze und Lagerstraßen, während die Wachmannschaften sich angst- und ahnungsvoll in ihre Behausungen zurückzogen. Allein die bürokratischen Kräfte der Verwaltung taten Dienst wie zuvor:

„Hitler hin – Hitler her – Dienst ist Dienst."

Da trat Georg Elser, Hitlerattentäter von 1939, ins Büro und forderte seine Entlassungs- und Personalpapiere und bekam sie nach Rücksprache mit dem Lagerleiter prompt ausgehändigt. Entsprechend seiner bescheidenen Art wollte er das Lager ohne Aufheben verlassen, aber es hatte sich bereits eine städtische Dachauer Volksmenge eingefunden, die jeden Entlassenen begrüßte, mit Butterbroten beschenkte und zur Erholung nach Hause einlud. Bevor der 22. Juli zu Ende war, konnte man das Lager als aufgelöst betrachten. So hatte hier Generaloberst Jodl, KZ-Beauftragter der neuen Regierung, den wir bald begleiten werden, nichts mehr zu tun.

Den rabiaten Herrn Roland Freisler, Staatssekretär und Richter am Volksgerichtshof, riss die Nachricht von Hitlers Tod tatsächlich von den Socken, die er eben anziehen wollte. Er war etwas später dran heute mit dem Aufstehen, weil er die ganze Nacht an einem Vorgang gearbeitet hatte, der sich auf Himmlers Nachricht vom 15. Juli bezog: Dass nämlich eine Verschwörung gegen den Führer im Gange sei und er, Freisler, bald eine Menge zur Aburteilung zu tun bekäme.

„Mit Stumpf und Stiel", hatte Himmler geraten, „haben Sie diese Leute, wenn ich sie Ihnen anliefere, bis in die zweite und dritte Generation auszurotten!"

Im Lauf des Tages aber erfuhr Freisler zu seinem Entsetzen, dass er sich vergeblich abgemüht habe und vorläufig suspensiert sei. Vergeblich auch mühte er sich um Kontakte zu Kollegen und zum Justizminister – sie alle ließen ihn abblitzen und fallen wie einen faulen Apfel.

Noch nie, teilweise zwischen alliierten Luftangriffen, war auf Deutschlands Straßen so viel los wie am 22. Juli. Fast jeder Bürger, der die Nachricht von Hitlers Tod durch das Radio erfuhr, fühlte sich verpflichtet, sie auf der Straße weiterzugeben. Entsetzen und heftige Weinkrämpfe überwogen, freilich wohl deswegen, weil kaum jemand jetzt schon Freude und Genugtuung zu äußern wagte: Spitzel, Denunzianten und Verräter fühlten sich noch obenauf, aber nicht die veränderte Lage zu deuten. Pflichbewusste Gestapobeamte gingen wie gewohnt zum Dienst, verschoben allerdings die für den 22. geplanten Verhaftungen und Verhöre auf später. Am 23. gab es herbe Schlagzeilen der Zeitungen unterschiedlichster Aufmachung, denn auch die Redakteure hielten sich zurück. Es ging von kurz und knapp wie „Hitler tot", „Der Führer gestorben", „Jetzt erst recht!" bis „Unser Führer ist im heldenhaften Kampf gegen Bolschewismus und Judentum gefallen". Noch war Lügenzeit und noch war das Wort „Attentat" nicht gedruckt, doch gefallen in Luftschutzkellern, hinter hohlen Händen. „Tränen für den Führer" flossen reichlich, keine für seinen „treuen" Heinrich Himmler.

„Was soll aus Deutschland werden?"

Fragte Julius Streicher in der letzten Ausgabe seines „Stürmers" – der dann schon am 24. Juli sein Erscheinen einstellen musste.

Hier können nur einige ausländische Reaktionen auf Hitlers Ableben gemeldet werden. Winston Churchill rieb sich die Hände, meinte aber, Hitlers Militärs und „Parteifritzen" würden den Krieg erbittert weiterführen, weil sie nichts anderes gelernt hätten und nur Gehorsam kennen würden.

„Die machen nie Frieden, wir müssen sie schlagen, dass ihnen die Schwarte kracht, und dann allesamt vors Gericht stellen!"

Der alte Querkopf sollte sich aber schwer täuschen. Der amerikanische Präsident Roosevelt war immerhin konzilianter und meinte, man solle abwarten, schließlich habe man den Krieg gegen den Hitlerismus geführt. Sterbe dieser jetzt mit seinem Namensgeber, müsse man flexibel sein. Stalin sprach und kalkulierte ebenfalls nüchtern:

„Hitler war ein miserabler Heerführer, haben jetzt aber seine fähigen Feldmarschälle das volle Sagen, kann der Kampf gegen die Deutschen viel aufwendiger und verlustreicher werden."

Stalin war der einzige Gegner, der für Leute wie Hitler, da gleich gesonnen und wesensverwandt, ein gewisses Verständnis aufbringen konnte. Er hasste ihn nur aus einem Grund:

„Weil er uns am 22. Juni 1941 feige überfallen hat. Wir haben ihm dafür nicht einen einzigen Anlass gegeben."

Im neutralen Ausland wurden mit den Zeitungen vom 23. Juli Stimmen laut, die sofortige Friedensbemühungen forderten:

„Der Hauptübeltäter, dem wir diesen Krieg zu verdanken haben, ist tot. Das deutsche Volk war nicht kriegslustig und sehnt den Frieden herbei wie alle anderen modernen Menschen auch. Man mag später Hauptschuldige anklagen, jetzt muss das Morden ein Ende haben!"

Das meinten auch die jetzt Verantwortlichen in Ostpreußen. Nachdem sie schon um 6 Uhr des 22. Juli gefrühstückt und dabei die große Linie des Tages festgelegt hatten, gaben sie nun um 8 Uhr die ersten Anordnungen und Befehle heraus.

„Herr Generaloberst!"

Alfred Jodl zuckte zusammen wie unter Hitler, obwohl Göring sich um einen kollegialen Ton bemühte und im übrigen, fand das gesamte Personal rundherum, nicht wiederzuerkennen sei, so wenig war er mit Lametta behangen. Er hatte in der Nacht mit seiner Gemahlin Emmy Sonnemann, Exmimin und designierte Reichspräsidentengattin, telefoniert und grünes Licht für die weitere Karriere bekommen:

„Denk an nachher, dass sie dich nicht hängen. Tu was für Frieden und Menschlichkeit."

Er war dabei, sogar ehrlich und unbeirrbar.

„Herr Jodl, wir haben Sie ja für die Aufgabe bestimmt, den gesamten Komplex der Lager aufzulösen. Stellen Sie sich eine bewaffnete Eskorte zusammen, schnappen Sie sich Dienstwagen und machen Sie sich an die Arbeit. Alle Insassen der Lager außer den Kriminellen sind freizulassen und mit den üblichen Formalitäten, Geld und Verpflegung zu versehen. Sie können nach Hause und, wenn möglich, in ihre Heimatländer zurückkehren."

Alfred Jodl wollte sogar im Sitzen die Hacken zusammenschlagen, so freute er sich.

„Schlagen Sie Ihr Hauptquartier in Zossen auf", fügte Göring hinzu, „wohin wir alle umziehen werden. Sie haben unsere totale Vollmacht, jeden Widerstand der Lagerverwaltungen mit sofortigen Verhaftungen und Erschießungen zu brechen."

Das gewohnheitsmäßige „Heilhitler" konnte Jodl soeben noch unterdrücken.

„Herr Großadmiral!"

Karl Dönitz, innerlich aufgewühlt wie das Meer, das er schon im Ersten Weltkrieg befahren hatte, tat abgeklärt und schaute von seinen Notizen auf.

„Herr Dönitz, Sie werden mit der Räumung Norwegens und Dänemarks betraut, die um jeden Preis in aller Ruhe und Friedfertigkeit durchgeführt werden muss. Setzen Sie sich mit Herrn Speer auseinander, ob die Artillerie Ihrer schweren Schiffe, die in die Ostsee verlegt werden sollen, mit der neuen Brandmunition ausgerüstet werden kann. Auch Sie müssen mit Ihrem Stab nach Zossen umziehen. Wir betonen noch einmal, dass der U-Bootkrieg gegen die Westalliierten einzustellen ist. Holen Sie alle Boote aus Frankreich zurück."

Karl Dönitz grüßte militärisch knapp und verließ den Raum.

„Herr von Kluge, Herr von Rundstedt! Für Sie haben wir gute und schlechte Nachrichten. Die gute: Seit heute ist Ihr verwundeter Kollege Feldmarschall Erwin Rommel Oberbefehlshaber der Wehrmacht, die schlechte, wir haben beschlossen, den See- und Landkrieg gegen die Westalliierten einzustellen."

Die beiden Marschälle schauten drein wie bei Weltwundern.

„Das bedeutet für Sie, dass sich alle Truppen der Invasionsfront langsam aber sicher vom Feind bis zur Reichsgrenze lösen. Geben Sie sofort Befehl, dass die sich noch im Raum Calais befindliche Panzerarmee an die Ostfront in Marsch gesetzt wird. Sind Sie?", fragte Göring sehr konziliant und kollegial, „mit unseren Maßnahmen einverstanden?"

„Sind wir. Das war es ja, was Rommel dem Führer vorschlug."

„In Italien", fuhr Göring fort, „wird Kesselring genauso verfahren, und auf dem Balkan streben wir ein Übereinkommen mit Partisanenführer Tito an. Den Bombenkrieg über dem Reich werden wir mit den von Herrn Speer benannten neuen Waffen einzudämmen versuchen."

„Soll an der Ostfront?", fragte von Kluge, der von dort kam, „weitergekämpft werden?"

„Ja, mit allen möglichen Mitteln, die wir zusammenkratzen werden."

Nun hieß es, die beiden schwierigen Gesellen Schörner und Model sinnvoll einzusetzen. Diese Aufgabe wurde dem Ostfrontexperten Oberst von Tresckow übertragen. Diese Ostfront! Sie musste jeden deutschen Soldaten, der vor Moskau, in Stalingrad und im Kaukasus gestanden hatte, in Panik versetzen. Die deutsche Armee verharrte praktisch auf ihren Ausgangsstellungen vom 22. Juni 1941, besaß aber im Gegensatz zu damals jetzt völlig ruinierte Einheiten. Wie sollten sie Hitlers Befehl ausführen, den übermächtigen Feind vom Betreten des Reiches abzuhalten!

„Herr Schörner?", fragte von Tresckow, „was halten Sie davon, wenn wir erst einmal Ihre Kurland-Armee heraushauen?"

„Viel. Das habe ich dem Führer immer vorgeschlagen, aber er wollte nicht."

„Gut“, sagte Tresckow, „ich werde Ihr neuer Chef des Stabes sein, wir unterhalten uns darüber. Kollege Dönitz wird uns hierfür ein paar schwere Schiffe zur Verfügung stellen, immerhin ist die Tirpitz darunter, sie werden von See her einen vorbereitenden Feuerüberfall ausführen, möglichst bereits mit den neuen Brandgranaten. Um Ihren Ausbruch abzulenken und zu verschleiern wird Kollege Model einen Angriff im Raum Warschau unternehmen.“

Das Triumvirat und die Marschälle berieten darüber und legten einen Zeitplan fest. Speer versprach, die V 1, V 2 und die neue V 3 nun nur noch gegen Moskau, Leningrad, Archangelsk und Murmansk einzusetzen:

„Wenn wir den britischen und amerikanischen Nachschub in Murmansk und Archangelsk mit der V 3 treffen können, erzielen wir mehr und leichter Wirkung als mit dem U-Bootkrieg im Nordmeer.“

Inzwischen war es Mittagszeit geworden. Auch in solche Kleinig- und Nebensächlichkeiten kam nun eine Ordnung hinein, die es unter Hitler nie gegeben hatte. Viel Personal der Bewachung und Bedienung fuhr in diesen Tagen heim, um verdienten Urlaub zu nehmen und dann einberufen zu werden.

„Ganze Divisionen“, spottete Göring, „können wir neu aufstellen, wenn wir konsequent den ganzen Partei- und Naziapparat auflösen und die Männer zur Wehrmacht verpflichten.“

„Ja“, bestätigte Speer aus eigener Erfahrung, „Hitlers Dualsystem hat ja, hier zum Beispiel, Gauleitungen und Regionalregierungen in ganz und gar unnötigen zweifachen Besetzungen nebenher laufen lassen.“

Dann brachte Speer zur Sprache, was mit den vielen Zwangsarbeitern zu geschehen habe, die in Fabriken und Werkstätten unter miserablen Verhältnissen schuften müssen.

„Können wir sie entlassen?“

Man war der Meinung, das ginge von heute auf morgen nicht, aber sie sollten ab sofort wie normale Arbeiter behandelt, beköstigt und bezahlt werden – Hitlers unmenschliches System begann sich allenthalben aufzulösen...

Die Nachmittags- und Abendsitzungen befassten sich sowohl mit politischen als auch mit militärischen Themen. Noch nie waren Männer wie Model und Schörner, Hitlers Militärs überhaupt, um politische, zivile und wirtschaftliche Fragen angegangen worden. Stauffenberg erklärte den Anwesenden im Auftrag des Triumvirats, dass man den Krieg verloren gebe, aber die Chance nutzen wollte, die Alliierten gegeneinander auszuspielen oder zumindest eines zu erreichen:

„Die russische Armee davon abzuhalten, kriegerisch in Deutschland einzumarschieren. Das können wir unserer ost- und mitteldeutschen Bevölkerung nicht zumuten."

Also sei es besser, die Russen noch einmal in einer großen Offensive in ihr Land zurückzutreiben:

„Dann stehen die Westalliierten in Berlin oder an der Oder."

„Darum erwarten wir von Ihnen", sagte Stauffenberg zu Model und Schörner, „dass Sie die an der Weichsel stehenden und haltenden Russen angreifen. Sie erhalten alle jetzt verfügbaren Waffen, alle Flakgeschütze mit Mannschaften, die aus der Luftabwehr des Reichs zurückgezogen werden, frei werdende Verbände der Luftwaffe und in der Ostsee alle Verbände der Kriegsmarine. Über die neue Bedrohung des russischen Hinterlandes haben wir schon gesprochen. Stalin muss erneut, wie schon 1941, in Angst und Schrecken versetzt werden. Diesmal folgen unseren kämpfenden Truppen keine Verbrecher, Judenverfolger, und Partisanen werden keine Gründe haben, wenn sich unsere Soldaten anständig benehmen."

Model brannte das Problem eines polnischen Aufstands in Warschau auf den Nägeln.

„Deutschland wird morgen", erklärte Tresckow, „in einer Rede Görings ein Freies Polen proklamieren. Dieser Versuch muss gewagt werden, ehe Stalins Kommunisten sich hier breit machen. Sollte in Warschau ein Aufstand ausbrechen, Model, riegeln Sie die Stadt vom Umfeld ab und lassen die Bevölkerung in Ruhe. Wer jedoch gegen Ihre Truppen vorgeht, muss bekämpft werden."

Damit waren beide Marschälle nach Terminabsprachen entlassen.

Das nächste Thema war die Bekämpfung der feindlichen Bomberströme. Feldmarschall Milch erhielt den Oberbefehl über die Luftwaffe. Speer sagte einige Maschinen He 111 zu, die auf lange Flüge und Raketenbeschuss von Bombern eingerichtet seien, dazu weitere hundert Maschinen in einer Woche:

„Die Erprobung der neuen Raketen mit Brennmitteln ist abgeschlossen, ihre Treffsicherheit liegt bei hundert Prozent."

„Wie ist die Möglichkeit", fragte Göring, „für solche Einsätze bei Nacht gegen die Briten?"

„Besser als am Tag. Bei Nacht können unsere Flugzeuge näher an feindliche Maschinen heran, und da die neuen Raketen auf den Wärmeausstoß der Motoren ansprechen, finden sie ihre Ziele besser."

Göring selbst, der vorher zugestimmt hatte, äußerte jetzt Bedenken gegen den Abzug aller Flakabwehr von deutschen Städten.

„Die durchschnittliche Abschussquote der Flak", erklärte der Zahlenkenner Albert Speer, „liegt bei 35.000 Granaten je Flugzeugabschuss. Wenn wir unsere 8,8-Geschütze aber gegen Panzer einsetzen, ist fast jeder Schuss ein Treffer."

Dem hatte niemand etwas entgegen zu setzen. Feierabend!

Den Rest des Tages widmeten die Männer der Rede ans polnische Volk.

„Nach meiner Meinung", sagte Tresckow, „wird ein großer Teil der Polen unseren Vorschlägen zustimmen. Und auch Mister Churchill, Mentor Polens, wird's tun müssen, wenn die polnische Exilregierung in London es tut."

Man arbeitete nun eine Rede aus, die Polen vollkommene Selbständigkeit, also den Zustand von 1939 garantierte. Göring, zukünftiger Redner, war in seinem Element: reden und Reden halten! Außerdem war er dabei, Gutes zu tun und alle vorherigen Sünden zu bereuen. Er telefonierte noch mit Ehefrau Emma und Tochter Edda, las ihnen Teile der Rede vor und freute sich über ihre Freude.

„Na, Hermann, dann Gutenacht!“

Spionage hin und her

Admiral Wilhelm Canaris, Seemann ohne Schiffe, stand am Fenster und beobachtete versonnen das Trümmerfeld Berlin.

„Dass ich noch lebe! – Habe ich wohl nur dem Tod Himmlers und jener Tat in Rastenburg zu danken.“

Stimmte! Noch vor einer Woche hatte Himmlers Adept Kaltenbrunner bei ihm vorgesprochen und mit zynischen Worten erklärt, „wir wissen von Verschwörungen und Anschlagplänen, nicht nur beim Militär, sondern auch in Ämtern und Behörden und von Zivilisten, auch von solchen Bürgern, die sich hitlertreu gebärden“. Canaris bemerkte am Tonfall, dass auch er und sein Amt gemeint waren. Er war zwar nicht in die Pläne der Gruppe um Stauffenberg eingeweiht, wusste aber um Aktivitäten, die unmittelbar bevorzustehen schienen.

Nun war’s geschehen. Canaris war bescheiden genug sich einzugestehen, dass er als Spion, aus Hitlers Sicht gesehen, vollkommen versagt hatte: Nichts wirklich Wichtiges hatte er in der Vorkriegszeit und während des Krieges ausspionieren und melden können, es kam einfach nichts herein.

„Unser ganzes Gewerbe“, sagte er zu Verschwörer Hans Oster, „ist durch und durch unmoralisch und im Großen und Ganzen sinnlos. Nichts haben unsere Gegner vom Überfall auf Polen, Holland, Belgien, Luxemburg und Russland gewusst, auch kannten sie den Termin unseres Angriffs auf Frankreich nicht. Im Gegenzug wussten wir nichts von Japans Kriegbeginn, den

Landungen der Alliierten in Nordafrika, Sizilien und Frankreich."

Stattdessen, er wusste es, verstrickten sich einige seiner Mitarbeiter in den so genannten Widerstand, von dem er wenig hielt – es würden Köpfe rollen, so oder so! „Ich sollte mich pensionieren lassen", überlegte er.

„Es kommen wieder Meldungen herein, hier Herr Admiral, lesen sie!"

Da war die höchst interessante Meldung aus England über geplante gewaltige Bombenangriffe der Alliierten und die deutschen Stellungen an der Invasionsfront bei Avranches. Außerdem wurde zugesagt, Ziele und Uhrzeiten von Luftangriffen auf deutsche Städte bekannt zu geben, zum Beispiel auf Königsberg in Ostpreußen, das bisher wegen der weiten Entfernung von England her nicht angegriffen worden war. Eine Meldung „aus dem Osten" war besonders interessant:

„Am 1. August wird sich die polnische Nationalarmee in Warschau erheben. Stalin wird zuschauen und erst eingreifen, wenn die Deutschen diesen Aufstand niedergeschlagen haben. Beginn der russischen Großoffensive über die Weichsel ist am 8. August morgens um 5 Uhr."

Das war tatsächlich ungeheuerlich! Noch nie war es den deutschen Diensten geglückt, auch Reinhard Gehlens „Fremde Heere Ost" nicht, derartige Informationen zu erhalten. Diese gingen naturlich auf schnellstem Weg nach Rastenburg ab.

„Diese positive Wendung", sagte Canaris, „haben wir dem Abgang Hitlers zu verdanken."

Zu gleicher Zeit hockten britische Spionageexperten vor ihren Geräten und klagten, keine Nachrichten aus dem Reich mehr zu erhalten.

„Unsere Leute melden sich nicht mehr. Sie scheinen nun, da Hitler hopsgegangen ist, keine Motive für Landesverrat mehr zu haben."

Richtig erkannt: Einige Männer des Widerstands sahen in einem Kontakt zu Feindmächten nur einen Verrat an Hitler, nicht an Deutschland. Jetzt war die Lage anders, jetzt musste man helfen, Deutschland einen akzeptablen Ausstieg aus dem Krieg zu ermöglichen. Wir werden im folgenden einige Fälle schildern, die zu enormen Erfolgen nur dadurch führten, weil die Deutschen gut unterrichtet waren...

Noch ist Polen nicht verloren

Hans Frank, Rechtsanwalt, Gouverneur, Bieder- und Lebemann, fleißiger Ausrotter polnischer Juden und Intelligenzler, ein Nazikarrieremacher also, schwante Missliches, als er von Hermann Göring ans Telefon zitiert wurde. Seine inzwischen trübe Ahnung trog ihn auch heute nicht. Zwar gab er, die Russen nur wenige Kilometer vor der Haustür, für seine Zukunft keine müde Reichsmark mehr, aber „ausgerechnet mit dem Fettwanst Göring“ telefonieren! Auch waren zu ihm Gerüchte über Unannehmlichkeiten in der Wolfsschanze gedrungen.

„Ich bin der neue Reichspräsident“, bellte Göring denn auch, „Sie sind aller vielen Ihrer Ämter enthoben, alle Ihre Mitarbeiter auch, und haben sich sofort nach Hause zu begeben!“

Aufgelegt! Frank schluckte ein paar Mal, da stürzte eine Ordonnanz herein:

„Chef, der Rundfunk meldet für 10 Uhr eine Rede Görings an das polnische Volk.“

„Lassen Sie packen“, antwortete Frank, „wir hauen ab.“

Tadeusz Komorowski, genannt Bór, Oberbefehlshaber der polnischen Heimatarmee, traute seinen Ohren nicht, als er die Ankündigung der Rede vernahm. Wenn er an deutsche Grausamkeiten dachte, fiel ihm zwar der Name Göring nicht ein, aber akzeptable Deutsche gab es für ihn überhaupt nicht. Was war los? Er selbst, Komorowski, richtete seine Blicke seit Tagen nach Osten, wo die Rote Armee jenseits der Weichsel verharrte und den polnischen Brüdern gewiss helfen würde. Doch das Verdienst, Warschau befreit zu haben, sollte allein den Polen vorbehalten bleiben. Neben dem General versammelten sich natürlich alle, die Ohren und Radioapparate besaßen, zu besagter Stunde in Stuben, Verstecken und Hinterhöfen. Es gab Kreise, die prompt mit den Deutschen sympathisierten, seitdem Hitler nicht mehr lebte.

Hermann Göring hatte seine Stimme geschmeidig gemacht und sprach in jenem Tonfall, mit dem er einst seine erste Frau Karin erfolgreich bezirzt hatte:

„Bürger und Bürgerinnen Polens..."

Mehrere Dolmetscher übersetzten schnell. Nanu, eine zivile Ansprache? Moderat und für Besatzer ungewöhnlich.

„...ich spreche zu Ihnen als Präsident des Reiches. Deutschland hat eine neue Regierung gebildet, und diese Regierung der Nationalen Not sieht es als ihre Verpflichtung an, begangenes Unrecht sofort und so gerecht wie möglich gutzumachen. Sie, die Polen und wir, die Deutschen, leben in einer schweren Zeit, über die Verursacher derselben wird bald die Strafe hereinbrechen."

Göring kannte die Technik wohl angebrachter Pausen.

„Polen! Deutschland gibt Ihnen hiermit die volle Unanhängigkeit und erklärt den Kriegszustand zwischen beiden Ländern als beendet. Hiermit biete ich sofortige Friedensverhandlungen auf dem Status von 1939 an, Danzig wird dabei kein Streitpunkt sein. Die zivile Verwaltung geht ab sofort in Ihre Hand über, die deutsche Verwaltung des Gouvernements ist bereits abberufen. Die Verfolgung polnischer Bürger ist ausgesetzt, Ghettos und Lager werden aufgelöst, Jedermann darf sich wieder auf die Straße trauen, polnische Zwangsarbeiter und Kriegsgefangene werden auf Wunsch repatriiert..."

Pause zum Verdauen des Gehörten. Man hatte rote und heiße Köpfe in Polen bekommen, während die russischen Marschälle jenseits der Weichsel sich konsterniert anschauten und telefonische Verbindung mit Stalin suchten.

„...Bürger und Bürgerinnen des freien Polens! Ich appelliere an Ihre Vernunft! Seien Sie einig und lassen Sie sich nicht von falschen Propheten beeinflussen, die etwas anderes im Sinn haben als Ihr Wohlergehen. Keine Ruinen sind so geschaffen, dass man sich nicht aus ihnen erheben kann. Deutschland hat 1939 den ersten Schritt zum Bösen getan, es will jetzt auch den ersten Schritt ins Gute tun..."

Bis hierher hatte Göring zweifellos den größten Teil seiner Zuhörer für sich gewonnen. In London bekam Wladyslaw Raszkiewicz, Präsident der polnischen Exilregierung, richtig feuchte Augen. Ist es notwendig, fragte er sein Mitzuhörer, die Deutschen vollständig niederzuwerfen? Aber es meldeten sich alte Begierden, wie immer, wenn jemand einen kleinen Finger reicht: Sie, die Deutschen, würden außer dem Angekündigten nichts hergeben wollen, Ostpreußen nicht, weder Pommern noch Schlesien noch alles rechts der Oder. War nicht schon durchgesickert, dass Stalin auch auf der russisch-polnischen Grenze von 1939 bis 1941 bestehen würde? „Polen solle sich gefälligst im Westen, an Deutschlands Osten bedienen!", hatte Stalin verlangt. Göring kam zum Schluss seiner Rede:

„...Eine gute deutsch-polnische Nachbarschaft wird das Ende aller Rivalitäten in Mitteleuropa bedeuten. Lassen Sie sie uns beschließen und einrichten!"

Es ist müßig, über die Qualität dieser Rede zu disputieren. Denn, das sei vorweggenommen, sie brachte nichts ein. Keine Friedensfühler reckten sich in den Kriegshimmel, auch von London her nicht. Ein paar Tage später, er machte sich noch immer Hoffnungen, besichtigte Göring den Abbau einiger Vernichtungslager in Polen.

„Ich wusste wohl", gab er hier zu, „dass Verbrechen geschehen sind, aber ich hätte mir niemals träumen lassen, dass so etwas wie hier möglich ist. Jetzt weiß ich, dass nichts uns in der Geschichte entschuldigen wird."

Er wurde stiller, bescheidener...

Das Ende der Lager und der Judenverfolgung

Rudolf Höß, Lagerkommandant und sein Lagerarzt Dr. Mengele, Forscher an lebenden und toten Zwillingen, standen in echter und eindeutiger Manier von rüden Herrenmenschen an der

Lagerrampe und begutachteten neue „Materialtransporte“ aus Ungarn.

„Wieder keine Zwillinge dabei“, maulte der Doktor, „da kann ich hier ja bald zumachen.“

Rudolf Höß wurde von seinem Büroleiter angesprochen und ans Telefon verlangt, „Generaloberst Jodl ist am Apparat!“.

Bleich und beinahe entseelt kehrte er zurück:

„Es ist alles aus, wir müssen hier dichtmachen.“

Er kippte einige Schnäpse in sich hinein und befahl dann den Wachmannschaften und Hilfskräften., sofort alle Aktivitäten einzustellen und die in Reihe und Glied angetretenen Opfer in die Waggons zurückkehren zu lassen und mit Nahrung zu versorgen.

„Alle Vergasungen sind einzustellen!“

Dr. Mengele trollte sich von dannen, nachdem ihm Höß die neue Lage, den Tod Hitlers und Himmlers mit allem Drum und Dran erklärt hatte. Es wird Zeit, sinnierte er im Abgang, die Verbindungen zu Südamerika nun spielen zu lassen.

Adolf Eichmann, SS-Obersturmbannführer, ohne je geführt zu haben, Leiter des Judenreferats im Reichssicherheitshauptamt, fühlte sich sicherer als Dr. Mengele, denn er war offiziell nur ein kleines Würstchen im Vernichtungsapparat des Dritten Reiches, immer gehorsam und kriecherisch gegenüber Vorgesetzten. Jetzt klingelte auch beim ihm das Telefon und Kumpel Rudolf Höß teilte ihm seinen Kummer mit:

„Ich muss all die Menschen loswerden, die Sie mir geschickt haben. Darf keinen von ihnen mehr vergasen.“

„Das geht in Ordnung“, sagte Eichmann zu, „ich lasse sie abholen und heimschicken nach Ungarn oder wohin sie wollen. Soll meine letzte Amtshandlung sein.“

Ihn wurmte das alles sehr, war doch nun sein ganzer funktionierender Apparat zusammengebrochen. Auch er besaß Verbindungen nach Argentinien. (Nur wie nebenbei und vorauseilend wollen wir mitteilen, dass Höß und Eichmann Kollegen blieben: Beide wurden gehängt!)

Als Alfred Jodl das Lager Auschwitz aufsuchte, war hier schon alles in Auflösung begriffen. Er hatte mit Widerständen von Lagerleitungen und SS-Mannschaften gerechnet, nicht mit Entgegenkommen und freiwilliger Mitarbeit – aber diese geschah überall! Es war, als wenn mit dem Tod des Obermörders Hitler dessen Geist aus den benebelten Gehirnen der Menschen spontan verschwunden sei.

„Kaum ist die eiserne Klammer gelockert“, berichtete Jodl pünktlich dem Triumvirat, „da kommen verschüttete menschliche Züge zutage – mein Gott, was haben wir getan?!“

Wenn wir die gesamte Reise Jodls, die er durch die Lager unternahm, schildern wollten, müsste ein eigenes Buch angelegt werden. Begleiten wir ihn also nur noch nach Buchenwald, wo ein KZ von Ilse Koch geleitet wurde. Sie herrschte dort.

„Schauen Sie, Herr Generaloberst“, sagte ein Büromann in Vertretung Ilse Kochs, die im Lagergelände unterwegs war, „sehen Sie sich das einmal richtig an! Aus Häftlingshaut gemacht.“

Er zeigte auf einen Lampenschirm mit Tätowierungen.

„Aus Haut von Häftlingen, die sie selbst totgepeitscht hat, Herr General.“

In diesem dramatischen Augenblick kam Ilse Koch in halbmilitärischem Aufzug ins Zimmer und wurde sofort in Handschellen gelegt. Jodl ließ beim Triumvirat anfragen, ob er sie sofort erschießen dürfe, sie habe das Lager trotz Befehl in bisherigem Zustand weitergeführt. Abgelehnt:

„Wir wollen nicht in alter Manier weitermachen, sie kommt wohl sowieso untern Galgen.“

Jodl, der am liebsten Zivilkleidung getragen hätte, dies aber wegen der Autorität einer Generalsuniform unterließ, unternahm mit bewaffneter Begleitung einen Rundgang durchs Lager. Bald drängelten sich Häftlinge um ihn, Reichsdeutsche, Juden und

Nichtjuden, die wissen wollten, ob sie nun frei seien und ihre Papiere bekämen.

„Wer eine Familie und sein Zuhause hat“, antwortete Jodl, „sollte sofort gehen. Reisegeld gibt’s an der Lagerkasse.“

Fassen wir zusammen: Jodl hat sich in hervorragender Manier seiner schwierigen Aufgabe entledigt, so wie sie im Gang des laufenden Krieges möglich war.

Denn das neue drängende Problem hieß: Heimkehr der deutschen Juden in ihre Städte, Dörfer und Gemeinden. Als sie „fortgingen“, wurde ihr Besitz enteignet und so genannten verdienten Volksgenossen zu Spott- und Zwangspreisen übereignet. Mancher jüdischer Bürger wurde nur deswegen verraten, weil man, zum Beispiel, auf seinen Laden oder Betrieb scharf war. „Arische“ Berliner Ärzte beispielsweise waren sehr erbaut, als ihre tüchtige jüdische Konkurrenz sang- und klaglos verschwand. Und warum war das Problem der Heimkehr der Geschädigten akut und brennend? Weil es sich die neue Regierung in der Notlage des Krieges nicht leisten konnte, den Prozess der Wiedergutmachung sofort anlaufen zu lassen.

Hermann Göring und seine liebe Gemahlin Emmy wagten Ungeheuerliches: Sie machten eine „Reise des guten Willens“ durchs Reich und besuchten auch die in Auflösung befindlichen KL und KZ. Nicht weit von Görings Eigenheim Karinhall lag das KL Ravensbrück. Ein Frauen-KL, in dem viele Politische einsaßen und „bevorzugt“ in Einzelhaft genommen wurden. (Häftling Margarete Buber-Neumann hat ein Buch darüber geschrieben.) Aus seinem Kleiderschrank, der mehr einem Theaterfundus glich, suchte sich Göring das Schlichtete aus, was er besaß, einen normalen Berliner Geburtstagsfeieranzug, und Emmy kleidete sich betont landesmütterlich – wenn das der Führer noch sähe! Während beide durchs Lager gingen, waren Bomberverbände über Berlin zu hören.

„Denen werden wir’s bald zeigen“, grollte Göring.

Häftlinge standen locker herum, teils erwartungsvoll, grimmig oder locker lächelnd.

„Warum sind Sie hier, junge Frau?“, fragte Göring eine hochaufgeschossene Blondine finnischen Typs.

„Weil ich Jüdin bin.“

„Was hat Sie in dieses Lager gebracht?“, fragte Emmy eine professoral aussehende Frau.

„Ein Witz, gnädige Frau.“

„Einer über Hitler?“

„Nein, über Ihren Mann.“

„Dürfen wir ihn hören?“

Sie druckste herum, ermutigte sich aber:

„Also: Was ist der gravierende Unterschied zwischen einem Reichsjägermeister und einem Jägermeister?“

Göring suchte zu raten, lächelte süffisant.

„Nun, und?“, drängte Emmy, „die Pointe?“

„Sage ich nicht, für sie habe ich zehn Jahre gekriegt.“

Von hinten schrie eine Frau:

„Ganz einfach: Beide sind Flaschen, eine groß, eine klein!“

Göring unterließ daraufhin weitere persönliche Befragungen und erkundigte sich nach der Versorgung der Häftlinge mit Verpflegung, Arzneien, Kleidung und Geld. Noch steckte die Befreiung in den Anfängen.

Nach mehreren solcher Besuche, die ihm und seiner Frau viel Sympathien einbrachten, erhielt das Ehepaar viele Briefe, in denen ehemalige Häftlinge Anzeige gegen Lagerleute, Verwalter, ihre Aufseher und Kommandanten einbrachten, „deren Verfolgung bis nach dem Krieg aufzuschieben“ sei, wie Göring empfahl. In vielen Großstädten mit eigenen Gauleitungen wurden die Pracht- und Luxusgebäude, die sich die Gauleiter einst hatten errichten lassen, die jetzt leer standen, nun mit Heimkehrern aus den Lagern belegt, um sie überhaupt unterzubringen.

Zu den Nutznießern der Wende im echten wirtschaftlichen Sinn gehörten die Porträtfotografen. Da die heimkehrenden jüdischen Bürger neue Ausweise brauchten, - denn ihre alten mit dem J darin wollten sie natürlich nicht behalten -, mussten sie neu fotografiert werden. Beim Antragstellen auf den Ämtern gab es manch peinliches Wiedersehen, denn die gemeindlichen Beamten oder Beamtinnen, die den vorigen Ausweis mit zynischen und hämischen Bemerkungen ausgestellt hatten, mussten nun normale Freundlichkeit zeigen:

„Wo waren Sie denn solange, Frau Hirschfeld? Wie geht's Ihrem Gatten?"

Opportunismus blüht eben unter jeder Sonne, in jedem Garten – und die Deutschen gelten als gute Gärtner.

Eine andere Gruppe von Zeit- oder Volksgenossen lernte nun das, was sie vor wenigen Tagen noch gelehrt hatte: das Fürchten. Es waren die vielen Vor-, Mit- und Nachläufer des Nationalsozialismus, kleine, mittlere und große, der ohne sie nie Bestand gehabt hätte. Plötzlich standen jene Männer und Frauen vor ihnen, die sie in die Lager verfrachtet, denen sie das Eigentum genommen hatten. Zum Beispiel Exortsgruppenleiter Johannes Niggemann, der soeben seine Uniform im hintersten Schrankwinkel deponierte. Da klingelte es an der Tür. Er öffnete beklommen in der Gewissheit, Gutes könne nicht geschehen und sah sich einem Bekannten gegenüber. Blitzschnell schaltete sein Tätergehirn: Diesen Mann namens Lukas Blumenthal, Doktor der Medizin und angesehener Arzt seines Stadtteils, hatte er noch vor der Pogromnacht von 1938 der Gestapo ans Messer geliefert. Blumenthal hatte sich absolut sicher gefühlt als Weltkriegsteilnehmer mit zwei Eisernen Kreuzen.

„Kennen Sie mich noch, Herr Niggemann?"

Eine drohend formulierte Frage. Der Befragte nickte, als habe er einen Königsberger Klops im Hals, und machte eine einladende Geste.

„Danke, ich wollte nur kommen, um Ihnen eins in die Fresse zu knallen, aber Ihre volle Hose, die Sie eindeutig zur Schau stellen, genügt mir."

Sprach's und machte sich gewaltlos fort. Nicht alle braunen Funktionsträger kamen in diesen Tagen so glimpflich davon.

Einige verschwanden sogar für immer, werden später vielleicht einmal von Archäologen in Mooren ausgegraben oder aus Kanälen gefischt – ihnen allen ein herzliches „R I P!"

Sie wollten es nicht glauben, konnten es eigentlich auch nicht. Aber das Gerücht stimmte: Die Schwarzen Männer des SS-Generals Bach Zelewski verkrümelten sich still und leise wie Diebe und Verbrecher – die sie ja waren! Ebenso still und heimlich äugten die Mutigsten der polnischen Ghettos durch die geöffneten Türen und Pforten ins Freie: Tatsächlich, keine knarrenden Stiefel, kein germanischer Marschtritt, keine Schützenwagen ringsum! Und nun kam er herausgekrochen, der Lindwurm des Elends, der Armut und Angst, abgemagerte Greise und Greisinnen, großäugige Kinder, hohläugige Eltern, meist nur Mütter.

„Ihr seid frei!", riefen Passanten und Bewohner, „und jetzt hauen wir den Deutschen die Hucke voll!"

Nicht schlecht, aber der Hunger nagte in Mägen und Därmen, erst musste er gestillt werden. Und siehe da: Einheiten der deutschen Wehrmacht, die gar nicht Furcht erregend aussahen, stellten Kanonen bereit, auf deutsch Gulaschkanonen genannt, in denen satte Erbsen- und Bohnensuppe kochte, deren Aromen ein ausgehungerter Mensch unmöglich widerstehen konnte.

„Hm, das muss man den Deutschen lassen, kochen können sie fabelhaft und lecker."

Wer mampft, hegt selten böse Gedanken. Aber General Komorowski mampfte nicht, er war sauer:

„Diese verdammigten Deutschen! Jetzt kollaborieren sie unverschämt mit uns."

Man sieht, Frieden ist nicht immer erwünscht, der General hatte seinen Aufstand so weit geplant, dass er ihn nach seiner Ansicht unmöglich absagen konnte – dann würde er nie positiv in die Geschichte seines Landes eingehen können...

Die zweite Rede

Deutsche murrten. Nicht viele, aber doch einige:

„Hat dieser Göring nichts anderes zu tun, als den Polen eine Rede zu halten? Hat er seinem eigenen Volk nichts Besonderes zu sagen?“

Mit der lauten Ankündigung des „Deutschen (nicht Großdeutschen) Rundfunks“, „Der Reichspräsident spricht“, spitzte man tatsächlich auf der Erde, einige noch weiße Flecken vielleicht ausgenommen, mächtig die Ohren. Deutsche Ansprachen der letzten Jahre glänzten nicht gerade von Intelligenz und Konzilianz, waren belächelt, verspottet und gefürchtet gewesen, Hitlers gutturales Geschnatter war nirgendwo wirklich angekommen. Hermann Görings Stimme füllte die deutschen Volksempfänger und viele Stuben in Freundes- und Feindesland in bestem Hochdeutsch, wie man es von deutschen Gelehrten und Künstlern gewohnt war. Er machte erst ein Geplänkel aus eigenen Worten und las dann eine Rede ab, die jene verfasst hatten, denen er kaltblütig den Garaus gemacht hätte, wäre Stauffenbergs Attentat schiefgegangen: die Männer des Widerstands und der so genannten Bendlergruppe.

„Liebe Bürgerinnen und Bürger...“

Diese schlichte, in Deutschland ungewohnte Anrede sicherte Göring auch die Aufmerksamkeit jener, die sonst, zum Beispiel bei Hitlers und Goebbels’ Ansprachen, brav ihre Nickerchen machten und dabei verhalten schnarchten.

„...heute wende ich mich in meiner neuen Eigenschaft als provisorischer Reichspräsident an Sie und danke Ihnen, dass Sie das Radio zu ungewohnter Stunde eingeschaltet haben. Ich brauche nicht zu betonen, dass wir alle, Sie und ich, in schwerer Zeit leben, die es zu überstehen gilt. Vieles haben Sie bereits auf sich genommen. Wofür? Fürs Vaterland? Für einen Verführer?“

In Görings beabsichtigter Kunstpause machten manche Hörer lange, andere frohe Gesichter.

„Deutsche! Ungeheuerliches hat sich in den letzten Jahren vor unser aller Augen abgespielt...“

Hier folgte, - wir können nicht die komplette Rede zitieren -, eine Art von Aufrechnung und Eingeständnis fürchterlicher und leichtsinniger Untaten und Taten wie Kriegsentfesselung, Unmenschliches und Verbrechen am eigenen Volk und an fremden Völkern. Täter und Opfer, beide in großer Zahl vor den Radios, reagierten bedrückt oder aufatmend, je nachdem, aber allen Gemütern dämmerte die fällige Nazigötterdämmerung und ein Erwachen zu besseren Zeiten, „ganz wie am Ende von Richard Wagners genialer Götterdämmerung", wie Wilhelm Furtwängler, Kapellmeister und Komponist, sich auszudrücken beliebte. Abservierte Größen wie Ribbentrop und Goebbels, die bereits dabei waren, ihre Memoiren zu verfassen, lachten höhnisch. Hier weiter Göring im Originalton:

„Mit einer wahnwitzigen, idiotischen Verachtung aller Menschenrechte, in der Manier eines irren Hasardeurs und bösartig angemaßten Feldherrentums, führte ein Menschenfeind sein Volk ins Verderben, und das Volk jubelte – solange Erfolge nicht ausblieben. Nun hat sich's ausgejubelt! Oder? Lassen Sie uns in einer Weise fortfahren, die neuen, anderen Jubel verdient: auf einen vernünftigen Völkerfrieden der absoluten Verzeihung und Wiedergutmachung hin!"

Im folgenden praktischen Teil seiner Rede kam Göring nun zu den sachlichen und praktischen Veränderungen der letzten Tage zu sprechen: komplette Auflösung der NSDAP und all ihrer Organisationen; Neuordnung der provisorischen Regierung mit namentlicher Vorstellung ihrer Repräsentanten; Abschaffung alter Gesetze und Verordnungen, neue, die an ihre Stelle treten; vorläufige Amnestie für alle Täter bis zum Ende des Krieges, dann gerechte Abrechnung; die Auflösung kleiner und unnötiger Naziministerien, Weiterführung wichtiger wie die zivilen.

„Mit dem Tod Adolf Hitlers hat das Dritte Reich aufgehört zu existieren, an seine Stelle tritt, was noch konstituiert werden wird, die Republik Deutschland. Ihre jetzigen Vertreter werden alles tun, um einen akzeptablen Frieden herbeizuführen, sie hoffen auf Entgegenkommen aller bisherigen Kriegsgegner. Deutschland ist bereit zu Wiedergutmachungen großen Stils."

Vielen Zuhörern kam sogleich der Versailler Friedensvertrag von 1919 in den Sinn, Goebbels sprang auf und schrie ekstatisch „Ein neuer Dolchstoß!".

„Dieser Krieg, meine Mitbürger! Warum ist er überhaupt ausgebrochen? Nur einer trägt die Schuld an ihm. Das Deutsche Reich hatte 1939 keine Ansprüche an seine Nachbarn. Und auch jetzt erkläre ich im Namen der Regierung, dass wir weiterhin keine territorialen Ansprüche haben. Aber wir befinden uns jetzt in der Verteidigung von Volk und Staat, haben Gegner an den Grenzen stehen, müssen und werden a l l e (Betonung) verfügbaren Mittel einsetzen, diese zu sichern, wenn man uns auf unsere Friedensangebote nicht entgegenkommt. In diesem Sinn appelliere ich an alle unter Ihnen, das Letzte zu geben, der kommenden Zeit und Ihrer neuen Regierung zu vertrauen. Danke fürs Zuhören – thank you for listning!"

Gerade in diesem Augenblick wurden in England und Italien 3.200 Motoren von 800 Bombern angeworfen, die von Nordwesten, Norden und Süden Deutschland angreifen sollten.

Ist Aufatmen wie das Ein- und Ausatmen messbar? Realisten unter den Zuhörern stellten erst einmal fest: Keine Marsch- und Aufmunterungsmusik wie unter Joseph Goebbels, kein Pathos, keine Siegheilrufe, auch fehlte jeder Hinweis auf das Schicksal Adolf Hitlers und ein eventueller Nachruf. In den Hirnen Roosevelts, Stalins und Churchills reiften zeitlich folgende Gedanken: Könnte es möglich sein, dass die Deutschen in ihrer Not noch irgendetwas Grauenhaftes in petto hielten? Wunderwaffen? Atombomben?

Die dritte Rede

Sie war notwendig geworden, weil die Soldaten der Wehrmacht angesprochen werden mussten. Sie hatten bisher das Meiste auf sich genommen und sollten dies, wenn nötig, auch weiterhin tun. Henning von Tresckow nahm es als neuer Generalstabschef auf sich, sie zu verlesen. Sie stammte im Großen und Ganzen aus den Federn der Widerständler der Bendlerstraße Berlins, die ja Oberst Stauffenberg das Attentat, das übrigens bisher noch immer nicht so genannt wurde, überlassen hatten.

„Deutsche Soldaten! Fast fünf Jahre Ringens liegen jetzt hinter euch allen! Millionen Soldaten sind auf den Schlachtfeldern Europas, Afrikas, Asiens, in der Luft und auf den Meeren gefallen. Adolf Hitlers gewissenlose Führung hat ganze Armeen von euch verbluten lassen..."

Es folgte die Aufzählung der militärischen Niederlagen, die allein auf Hitlers Konto gingen und vermeidbar gewesen wären; es folgten die Fehler in Strategie, Taktik und Rüstung; Fehleinschätzungen in der Politik, Dummheiten der brauen Diplomatie und Rüstungsfehler; und der Umstand, dass trotz katastrophaler Lage an den Fronten völlig kriegsunwichtige, Personal und Material verschleudernde Maßnahmen weitergeführt wurden:

„...nämlich die Vernichtung von Menschenleben in den Lagern. Was haben uns diese in- und ausländischen Menschen getan?"

Es folgten nun drastische Zahlenangaben über KZs und Vernichtungslager. Viele der angesprochenen Soldaten wussten davon, einige hatten mitgemacht, die meisten erfuhren erst jetzt Umfang und Umstände. Die militärisch-sachliche Stimme Tresckows wirkte ungemein und verschaffte ihr absolute Glaubwürdigkeit.

„Soldaten!", kam er nun zum Schluss, „es geht, wenn wir noch weiter kämpfen müssen, um Bestand und Ehre Deutschlands, um eine wahre Gemeinschaft mit den Völkern Europas und der Welt, mit denen wir in einem unsinnigen Streit leben, seitdem der größte Mörder aller Zeiten durch eine Bombe umgebracht wurde!"

Da war es heraus.

„Ja, getötet, umgebracht, beiseitegeschafft, ermordet von tapferen Männern, die wir nicht kennen und kennen wollen, denen ihr Gewissen dieses Attentat befahl!“

Morgenröte am Horizont?

Die erwähnten Viermotorigen waren unterwegs nach Deutschland, bald würden die Sirenen heulen! Verantwortliche der Luftwaffe hatten beide Reden nur mit halbem Ohr gehört: Sie arbeiteten in Theorie und Praxis fieberhaft an den Möglichkeiten, das alliierte Treiben am Himmel Deutschlands ein für allemal zum Stillstand zu bringen...

Abschied von Ostpreußen

Eine Provinz schrie auf; in Wirklichkeit natürlich nur ihre Bewohner: Zum Beispiel die Hausfrau und Mutterkreuzträgerin Edeltraut Abramowski, dazu Bäuerin Erdmute Mayer, auch Landwirt Hartmut Ehrenpreis, Pimpf Gerd Stapenhorst, BDM-Maid Gesine Thesine – nur einige sind hier zu nennen.

„Sie hauen ab!“ „Sie verduften.“ Sie lassen uns allein mit den Russkis!“ „Sie bringen sich nach Berlin in Sicherheit.“ „Das hätte der Führer nie getan!“ Auch hier nur eine Auswahl der Schmähungen. Eine Provinz schrie also auf. Als nämlich bekannt wurde, dass das militärische Hauptquartier von Rastenburg nach Zossen umsiedeln würde. Verständlich, denn der Feind, von dem das Schlimmste zu befürchten war, stand an den Grenzen, und die ersten Flüchtlingstrecks aus dem Baltikum kamen schon durchs Land. Schörners Heeresgruppe 21 war zwischen Memel und der Rigaer Bucht am Meer eingekesselt, südlich Ostpreußen stand der Feind vor Warschau.

So konnte nichts die neuen Männer aufhalten, nun die komplette Wehrmachts- und Staatsleitung in Zossen zu zentralisieren. Die endgültige Struktur war festgelegt: Abschaffung von OKW und Wehrmachtsführungsstab, Vereinheitlichung auf einen Oberbefehlshaber der Wehrmacht (Rommel) und auf je einen Befehlshaber der Teilbereiche Luftwaffe (Milch), Marine (Dönitz), Heer (Manstein) und auf einen dirigierenden, wirklich funktionieren Generalstab (Tresckow). Alle großen Entscheidungen über Aktionen wie neue Offensiven gegen Russland, Rückzüge gegenüber den Westalliierten und die neuartige Abwehr gegen Bombenangriffe bedurften der Einigung von Triumvirat und Generalstab – Hitlers duales Führungssystem, das reines Chaos war, ist damit ausgerottet.

Die Provinz Ostpreußen und andere wie Schlesien vor dem Einfall der Roten Armee zu bewahren, - wir wissen das bereits -, war natürlich das Hauptanliegen der neuen Regierung. Sie, diese Regierung, musste funktionstüchtig bleiben und durfte sich nicht den Gefahren des Krieges aussetzen. Zossen war schon beim Polenfeldzug Zentrale der Wehrmacht gewesen, die nötigen Anlagen waren vorhanden und mussten nur ausgebaut werden.

Ein moderner Tross, zum Teil vergleichbar mit jenem eines Heeres des Dreißigjährigen Krieges, setzte sich in Bewegung: Köchinnen und Köche, Schreiber und Tippmamsells, Sekretärinnen und Fahrer, sozusagen alles Mitarbeiter des täglichen Bedarfs, auf die auch das höchste militärische Genie nicht verzichten konnte. Dumpf hallten die Explosionen der Sprengungen durch den Kiefernwald Ostpreußens. Nach langen Erörterungen hatte man sich nämlich zur Vernichtung der Anlage beschlossen. Schaulustige und Wochenschauen sahen Bunker einsacken, Stacheldrähte in die luft fliegen, Eisenbahnschienen sich krümmen – Alteisen entstand, das kriegswichtigem Bedarf zugeführt werden konnte.

Was die Bevölkerung nicht ahnte, das Triumvirat aber durch die erfolgreiche Spionagetätigkeit der Abwehr wusste: Dass dieses Gebiet Ostpreußens polnisch werden würde! Admiral Canaris hatte den alliierten Plan „Eclipse“ zugespielt bekommen, der die Pläne der Siegermächte zur Aufteilung Deutschlands in künftige Besatzungszonen enthielt. Wie weit sich Russland und Polen an Ostdeutschland bedienen würden, war um diese Zeit noch unbekannt, aber niemand zweifelte daran, dass Ostpreußen, nach dem Ersten Weltkrieg „noch einmal davongekommen“, diesmal für Deutschland und wohl für immer verloren war.

Neues von der Heimatfront

Ein von Adolf Hitler zugunsten seiner vergötterten Jugend geschaffener Beruf, - heute sagen wir Neben- oder 400-Euro-Job -, starb in diesen Tagen aus: der des Flakhelfers.

„Mutter!“, rief der 16-jährige Otto und stürmte ins Haus, „sie brauchen keine Flakhelfer mehr.“

Das war eine durchaus erfreuliche Nachricht für eine Mutter, die ihren Ersten an der Ostfront, den Zweiten in Italien, den Dritten im Westen und ihren Mann auf See wusste und auch darüber informiert war, dass Otto, brach nicht inzwischen Friede an, bald Soldat sein könnte. Aber den Grund, warum sie ihren Otto heimgeschickt hatten, fand sie nicht erfreulich:

„Überall werden die schweren Flakgeschütze abgebaut und nach Osten gebracht, Russen abschießen und so.“

Was sollte aus Deutschlands Städten werden? Das fragten Zeitungen mittlerer Städte wie Bielefeld, Münster, Aachen und Hildesheim zum Beispiel einen Generalmajor unter Feldmarschall Milch. Es gab ja nun so etwas wie Pressefreiheit, die wackere Redakteure auszunutzen verstanden. Die lakonische Antwort: lautete:

„Die neue Regierung hat’s befohlen.“

„Welchen Zweck verfolgt sie damit?“

„Nun, das sollte hier als Kriegsgeheimnis nicht beantwortet werden dürfen. Aber es ist doch kein Geheimnis, dass unsere schweren Geschütze gegen die hochfliegenden Bomber weder bei Tag noch bei Nacht erhebliche Wirkung erzielen. Nachts behindern sie sogar unsere gegen sie eingesetzten Jäger.“

„So bleiben unsere Städte in Zukunft ohne jeglichen Schutz?“

„Das ist wieder eine nicht zu beantwortende Frage. Aber erinnern Sie sich doch einiger Wochenschauen, in denen gezeigt wird, wie famos unsere Flak mit schwersten feindlichen Panzern fertig wird.“

„Werden die jungen Flakhelfer mitgenommen?“

„Nein, sie bleiben hier und können wieder normal zur Schule gehen."

Ausländische Beobachter begannen deutsche Zeitungen wieder lesenswert zu finden.

Nachdem viele braune Nazibrustflächen, vornehmlich männliche, neuerdings ziemlich nackt dahergetragen wurden, machte sich der Inhaber eines Metall verarbeitenden Betriebs Gedanken, die er für Hermann Göring zu Papier brachte:

„Sehr geehrter Herr Reichspräsident! Seitdem jetzt Altpapier-, Altkleider- und Alteisensammlungen die deutschen Haushalte vom Nachtgeschirr bis zum Hedwig-Courths-Mahler-Schmöker entblößt haben, sollten wir im Namen des nächsten WHW (Winterhilfswerk) zur letzten Reserve greifen: unsere Orden- und Ehrenzeichen, die es verdient haben, einer sinnvollen Nutzung zugeführt zu werden. Das wäre gewiss im Sinn ihres Schöpfers, der ja Verwertung über a l l e s liebte."

Göring ließ höflich und scharmant antworten und griff die Idee auf, so dass es noch Ende August zu einer Sammlung des SHW kam. Da trafen sie sich alle wieder, gegen eine Anerkennungsgebühr von einem Groschen in Sammelkanister geworfen: Mutter- und Eiserne Kreuze aller Klassen und Legierungen, sogar edle Ritterkreuze, Nahkampfspangen, Verwundeten- und Parteiabzeichen, all jenen Metallkram, den Hitler oder seine Vertreter gespendet hatten; es war eine richtige Reinigung der Volkskörper. Aber – aber: Nicht alle haben abgeliefert, wie die Schwemme von Naziorden zeigte, die nach dem Krieg von cleveren Händlern verhökert wurden.

Da eine freie Meinungsäußerung mit den in Kriegen üblichen Einschränkungen nun wieder möglich war, wurde die Presselandschaft reichhaltiger und lesenswert. Wir haben schon erwähnt, dass ehemalige Starblätter wie „Völkischer Beobachter" und „Der Stürmer" nicht mehr zu haben sind, auch verschwanden aus den Buchhandlungen die Elaborate ehemaliger Nazigrößen wie Rosenberg und Baldur von Schirach. Verlegen standen

Standesbeamte vor ihren Paaren: Adolf Hitlers Wälzer „Mein Kampf“ durften sie nicht überreichen, mit möglichem Ersatz wie die „Die Bibel“ und Karl Mays Werken mochten sie es nicht tun, so dass die Getrauten das Amt fortan, wie früher üblich, ohne Literatur verlassen mussten.

Etwas übler dran war die Reichspost, die noch Millionen Hitlerkonterfeis auf Lager hatte und doch Briefe und Postkarten nicht kostenlos verschicken mochte. Die Briefmarken mit schwarzem Rand zu versehen, wie es noch bei Hindenburg 1934 gemacht worden war? Nein, geschmacklos! Der Postminister, noch im Amt, wies alle Vorschläge ab und gab für die nächsten Wochen neue Marken ins Aussicht – so kam es, dass Adolf Hitler von den Deutschen noch einige Monate hinten beleckt wurde und er vorne einige geklebt bekam...

Exhitlerjunge Walter verstand seine Welt nicht mehr. Just hatte er an der Arbeit in Hitlers Jugend gefallen gefunden, weil sie ihm Ausgleich für die schlechten Leistungen auf dem Gymnasium bot, da wollten sie ihn nicht mehr, beziehungsweise, da gab es sie nicht mehr, diese Hitlerjungen der Hitlerjugend – aus, weg, verduftet, in unbekannte Himmelsrichtungen verkrümelt. Gestern hieß es noch, „zäh wie Leder, flink wie Windhunde und hart wie Kruppstahl“ zu sein; auf Walter traf nur „flink...“ zu. Aber er war ja lernfähig und hatte laut Adolf Hitler tausend Jahre Zeit zum Üben. Doch musste er nun streng und kategorisch vom altmodischen Vater erzogen, diesen Befehl anhören:

„Lern in der Schule, sonst wirste nichts!“

War nun alles vorbei, was Spaß machte? Zum Beispiel das Scharfschießen auf Scheiben, die mit Judenköpfen bemalt waren.

„Immer direkt auf die Birne, Walter – dann wirst du mal der beste Scharfschütze des Führers!“

Und sie hatten immer so nett gefragt, die Jungzugführer, wie's zu Hause sei: Ob man sich denn beim Aufstehen und Zubettgehen mit Heilhitler grüße, ob der Vater an den Endsieg glaube, ob Mutter über zu knappe Kohlenzuteilung meckere und so weiter.

Es war auch wieder die Sprache von einer Konfirmation, die Walter bisher abgelehnt hatte.

Deutschlands Amtsgerichte werden überflutet: von einer Klagewelle. Die Rückkehrer aus Lagern, Gefängnissen und Kellern der Gestapo waren in diesen Tagen in drei Kategorien aufzuteilen: Geduldige ohne Rachegedanken, die froh waren, einer Hölle entkommen zu sein; Korrekte mit Glauben an einen wiederkehrenden Rechtsstaat, dem sie ihre Klagen vorbringen können; Rächer mit eigenem Glauben, die niemandem anderen vertrauen als sich selbst, wenn es um fällige Strafen geht – am meisten Aufsehen erregen natürlich die zuletzt genannten Personen, meist junge bis mittelalte Männer und Frauen, die, nachdem sie sich einige Tage erholt, aufgefuttert und ihre Tatkraft wieder erlangt hatten.

Ihnen zur Seite stand der Heilige Suizidius, Schutzpatron der Selbstmörder, der aber nicht alle seine Klienten, wie wir schon erfahren haben, beschützen konnte. Es mordeten sich aus Kummer und Gram über das Ableben Adolf Hitlers und seiner Partei Leute wie Robert Ley, NS-Reiseunternehmer, Ernst Kaltenbrunner, Verfolger, Erich Koch, Gauleiter und Ostexperte, und viele andere, hier Namenlose aus der Parteihierarchie bis zu Ortsgruppenleitern hinab. Dazu Lehrer, Ärzte, Juristen, Wissenschaftler, vor allem Mediziner, die wussten, wie tief sie sich in den letzten Jahren in Unmenschlichkeiten verstrickt hatten. Eine große Gruppe von Schuldigen wähnte sich relativ sicher: Jene Beamtenschaft der unteren und mittleren Kategorie, die in der Kaiserzeit und Weimarer Republik treu und brav Dienst getan hatte, - sie war stolz auf ihre preußische Disziplin und Korrektheit -, und sich im Dritten Reich einmal so richtig austoben konnte. Sie war es, die zum Beispiel die Gestapo funktionstüchtig machte und erhielt. Noch immer waren alle Verhörer und Folterer aus ihren Reihen überzeugt, nur ihre Pflicht getan zu haben und dass man ihnen wenig anhaben könne.

Doch viele Opfer hatten sich ihre Namen, Dienstränge und Amtsstellen gemerkt. Sie taten sich zusammen und suchten nicht nur ihre Anschriften, sondern auch sie selbst auf, und da gab es herzhafte, schmerzhafte und ausgedehnte Prügeleien als Honorar und Andenken für frühere Begegnungen. Wir wollen hier Anstand und Abstand wahren und nicht näher darauf eingehen.

Der Rückzug aus Skandinavien

Wir haben schon erfahren, dass Gradlinigkeit das Rückgrat des Charakters des Großadmirals Karl Dönitz war. Dieses beweist er auch bei seinem neuen Auftrag, die ganze Wehrmacht aus Norwegen und Dänemark zurückzuziehen. Zwar stößt es ihn sauer auf, all die schönen Stützpunkte der U-Boote, Überwasserschiffe und Flugzeuge zu verlassen, aber als Realist wusste er doch, dass alle Einsätze dieser Waffengattungen nichts daran hatten ändern können, dass ein Geleitzug der Alliierten nach dem anderen seine russischen Zielhäfen erreichte.

„Wie nun?“, hatte der Admiral bei einer Besprechung mit dem Triumvirat eingeworfen, „wenn die Engländer uns in Norwegen folgen? Was wird mit den Erztransporten aus Schweden?“

Vergeblich, die Folgen wurden riskiert. Als erstes hieß es, das schwere Schlachtschiff Tirpitz, Schwester der unglücklichen Bismarck und kaum noch hochseetüchtig, in die Ostsee zu überführen. Das glückte, von den Engländern zu spät bemerkt. Von Nord nach Süd zog sich die Wehrmacht zurück, die Norweger staunten nicht schlecht, als sie frei wurden, aber das betraf nicht alle, vor allem nicht alle weiblichen: Sie fanden seit 1940 viele deutsche Soldaten knackig, scharmant und begehrenswert dazu und folgten ihnen nun, um Nachstellungen wegen Kollaboration zu entgehen, heim ins Reich.

Das kleine Dänemark, das ja „friedlich“ besetzt worden war, atmete ebenfalls auf und verbat sich bei den Westalliierten jedes militärische Eingreifen, das vor allem der flotte britische Feldmarschall Montgomery propagierte:

„Man kann famos dieses Deutschland von Norden her wie einen Teppich aufrollen."

Deutschland verlor nicht einmal Dänemark als guten Lieferanten begehrter Lebensmittel. Der Schwere Kreuzer Prinz Eugen verließ seinen Liegeplatz in Kopenhagen und gesellte sich der Tirpitz zu – Einsätze waren geplant, die nichts mit Seeschlachten zu tun hatten.

Die Entwicklung an der Invasionsfront

Rundstedt und Kluge, Feldmarschälle im Westen, standen über eine Karte gebeugt. Soeben hatte ihnen Canaris durchgeben lassen, dass die Alliierten für den 30. Juli den Großteil ihrer Bomber von Deutschland abziehen und für einen Luftangriff auf die starke deutsche Front bei Avranches nutzen wollten. Bombenteppiche auf Erdstellungen, das war etwas ganz Neues, Ungewohntes, wahrscheinlich Verheerendes.

„Kann man der Meldung Glauben schenken oder nicht?"

Jedenfalls konnte kein Risiko eingegangen werden, und so wurden die deutschen Stellungen in der Nacht zum 30. Juli geheimnisvoll und unauffällig geräumt.

So kam es zum größten alliierten Irrtum der Kriegsgeschichte. Kaum war es am Tage zu Kämpfen und Gefechten gekommen, da meldete der deutsche Horchdienst den Start großer Bomberverbände in Südengland. Bald waren etwa 250 Fliegende Festungen in einem unerhört gewagtem Tiefflug auszumachen, und Rundstedt knurrte wütend:

„Wenn wir ‚ne Masse Flak hätten aufstellen können..."

„Sie wissen", sagte Kluge, „dass wir hier keine mehr besitzen."

Sie war diesmal nicht nötig. Denn die Bomber, schlecht orientiert und nach Sicht fliegend, luden ihre Last über den Stellungen der Amerikaner ab. Deutlich sahen die deutschen Beobachter Soldaten, Jeeps und Panzer durch die Luft fliegen und mutige amerikanische Soldaten, die verzweifelt Zeichen nach oben gaben.

„Wer in so etwas unvorbereitet hineingerät“, sagte Rundstedt, „kommt nicht lebend heraus,“ und zu seiner Ordonnanz gewandt, „stellen Sie einen Bericht für den Generalstab zusammen und eine Empfehlung von uns, so etwas an der Ostfront anzuwenden.“

Die erste Welle der Bomber drehte ab, die zweite und dritte, gewarnt, bediente nun die deutschen Stellungen, es war die größte Bombenverschwendung des Krieges.

„Wir wären allesamt verloren gewesen!“

Rundstedt und Kluge waren zwar als gestandene Soldaten zu unbedingtem Gehorsam verpflichtet, aber es wurmte sie doch sehr, auf Befehl des Generalstabs sang-, klang-, ruhm- und kampflos vor den mächtigen Gegnern zurückzuweichen, denen sie sich strategisch und taktisch überlegen fühlten.

„Ich habe Hitler klargemacht“, sagte Rundstedt, „dass uns das alliierte Material erdrücken würde – aber ich wurde als alter Knacker und Miesmacher abgetan.“

Als Kluge durch Hitler an die Westfront versetzt wurde, bellte ihm Hitler in die Ohren, dort den Befehlshabern ordentlich Feuer unter die Hintern zu machen:

„Der Feind muss an der Küste gepackt und ins Meer geworfen werden!“

Stimmte, war auch Rommels Meinung, und er beantragte die am Kanal kampierenden SS-Panzerdivisionen nun endlich zur Normandie in Marsch zu setzen. Abgelehnt:

„Nein, am Kanal erfolgt die Hauptinvasion!“

Das war Hitlersche Feldherrenkunst. Gegenüber den britischen Invasionsstreitkräften bei Falaise und Caen haben die deutschen Truppen bisher heftigen Widerstand geleistet und die Briten gebunden, sie drohten aber nun eingekesselt zu werden. Nun musste Kluge seine Feldherrenkünste, in vielen Ostfrontrückzügen erprobt, aufwenden, um seine Truppen zu lösen, ohne sie flüchtig werden zu lassen. Während die Invasionsfront sich langsam aber sicher dem Rhein nähert und die Alliierten am 25. August

Paris erreichen, richten wir unser Augenmerk zunächst zur Nebenfront Italien und dann zur Hauptfront im Osten.

Ein Kampf um Italien

„Und schon wieder einmal“, kommentierten Geschichtskenner, „verbluten sich die Deutschen in Italien.“

Und es stimmte aufs Wort: Nachfolger des Ostgotenkönigs Totila, im Kampf gefallen 552, war in unserer fraglichen Zeit Feldmarschall Albert Kesselring, ein Luftwaffenmann, von Adolf Hitler am 21. November 1943 zum Oberbefehlshaber der Heeresgruppe Südwest C ernannt. Er wurde nun zur Berichterstattung nach Zossen gerufen. Rom war gefallen, von den Deutschen unverteidigt, und nun hatten sich die Deutschen, mit ihnen ein paar dem Mussolini treue Truppen, einem langsamen, methodischen Nachdrängen der Alliierten zu erwehren. Dass der Krieg verloren ging, darüber bestand zwischen Kesselring und dem Triumvirat stillschweigendes Einvernehmen.

„Wie lange, Feldmarschall, werden Sie sich in Oberitalien halten können?“

„Das kommt auf die Entschlossenheit des Gegners an, nachzusetzen. Wenn es uns gelingt, ihn über die Absichten all unserer Rückzüge an den Fronten, außer im Osten, im Unklaren zu lassen, so dass er Fallen vermutet, könnte ich bis zum Frühjahr durchhalten. Dann stünde er vor den Bergen, die er gewiss ungern kämpfend übersteigen möchte.“

Das Triumvirat teilte Kesselring mit, dass man in Unterhandlungen mit Titos Partisanen stände, die deutschen Truppen des Balkans „friedlich“ bis Kärnten abgehen zu lassen.

„Wenn das gelingt, brauchen Sie um ihre östliche Flanke nicht zu fürchten.“

Es wurde vereinbart: Kesselring verlor sämtliche Panzer und Flugzeuge zugunsten der Ostfront, erhielt aber dafür Flakgeschütze und panzerknackende Waffen, die mit den neuen Brandgeschossen geladen werden konnten, und außerdem Flammenwerfer, die „fünfhundert Meter weit spucken“ können.

„Um die Alliierten das Entsetzen zu lehren."

Unter seinen Befehl kam eine Luftwaffenbodeneinheit, die für rechtzeitige Meldungen amerikanischer Bomberanflüge von Foggia her aufs Reich und nach Rumänien verantwortlich sein sollte.

„Schließen Sie sich mit Ihrem Kollegen Milch kurz, der unsere Offensive gegen die Bomber koordiniert. Je eher er von neuen Einflügen erfährt, desto besser kann er gegen sie vorgehen."

Wenn die Italienfront am Alpensüdrand stand und die Alliierten nicht ernsthaft nachdrängten, würde er, Kesselring, weitere Truppen abgeben müssen.

„Einverstanden?" – „Einverstanden!"

„Merkwürdig", sagte Generalstabschef Tresckow etwas später, „seit Hitler hops ist, klappt die Zusammenarbeit mit den Generalen ausgezeichnet, sie sind richtig bei der neuen Sache."

Eine Kabinettsitzung

Adolf Hitler hatte als Alleinregierer kein Interesse an Sitzungen mit seinen Ministern, er empfing sie einzeln, weil er sie dann besser kirre kriegen konnte; das war schon ab 1933 so. Und in diesem Bezug gedachte das Triumvirat in seine Fußstapfen zu treten, da die Lage des Krieges wenig Zeit zum Diskutieren bot. Doch es war jetzt, bevor es ernst wurde, wohl notwendig, sich auch Ansichten über die Lage im Inneren zu verschaffen und die Reichsminister, sofern sie nicht geschasst waren oder wie Innenminister Frick, ein leibhaftiger Altnazi mit Dreck am Stecken, sich verkrümelt hatten. Auch Walther Funk, Wirtschaftsminister, hatte sich verdrückt, seine Arbeit ging an Albert Speer über. Fritz Sauckel, Generalbevollmächtigter für den Arbeitseinsatz, ein brutaler Schinder, soll, wie verlautete, von ehemaligen Fremdarbeitern „verschleppt" worden sein – „ins Jenseits wohl". Die Reichsminister für Verkehr, Post und Landwirtschaft hatte man nicht geladen, weil es mit ihnen kaum Aktuelles zu besprechen gab. Oder doch?

„Sollen die Pläne“, lautete die Eingabe des Verkehrsministers, „die sich auf den Bau der Breitspur-Eisenbahnlinie Berlin-Rostow beziehen, noch verfolgt werden oder nicht? Dem Führer lag sehr viel an diesem Projekt.“

„Der Minister ist nicht mehr von dieser Welt“, lautete die Antwort.

So tagte jetzt ein Rumpfkabinett mit Albert Speer, Finanzminister Lutz Graf Schwerin von Krosigk und Justizminister Thierack, der bereits auf der Abschussliste stand – zu sehr war er durch sein Engagement für die Volksgerichtshöfe belastet. Er drängte sich auch zuerst zu Wort, „weil ihn Inneres belaste“, das hier jedoch zweitrangig war:

„Ich fordere etwas über das Schicksal des Führers zu erfahren. Wer waren die Täter, wo liegt er begraben, ermitteln die Behörden und welche?“

Tiefes Schweigen, nur die Feder des Stenografen kratzte auf dem Papier.

„Was wir Deutschland schuldig sind“, fuhr er fort, „ist eine eindeutige und wahre Dokumentation der Vorgänge im Führerhauptquartier der fraglichen Stunden. Auch ist mir zu Ohren gekommen, dass neben dem Führer weitere Personen umgekommen sein sollen. Wo ist Heinrich Himmler abgeblieben? Ich verlange, als Oberster Jurist des Deutschen Reiches die fälligen Strafverfolgungen sofort aufzunehmen.“

Das Triumvirat steckte seine Köpfe zusammen; hier das Ergebnis der kurzen Beratung:

„Herr Thierack, Sie sind als Minister entlassen. Gehen Sie augenblicklich und sofort!“

Da waren’s nur noch zwei.

Mit dem Reichsfinanzminister gab es nicht viel zu reden. Er war ein ehrenwerter „Mitläufer“ und Adolf Hitler seit den Tagen endgültig abgeneigt, als er im Sommer 1941 die eroberte Ukraine besuchte, dort von Frauen und Mädchen mit Brot und Salz empfangen wurde und doch gleichen Tags von befreundeten deutschen Offizieren erfahren musste, „dass unsere Sondereinheiten in diesem herrlichen Land als Mörder und Henker wüteten". Nach der Machtergreifung hatte Graf Schwerin, wie er jetzt erzählte, in Gesellschaft des Reichsbankpräsidenten Hjalmar Schacht Adolf Hitler das Einmaleins der Finanzen klarzumachen versucht.

„Aber eher geht ein Elefant übers erste Eis, als dass Hitler so etwas begreift. Schacht berichtete mir einmal, dass Hitler erregt vor ihm stand und in seinen braunen Hosentaschen kramte und schwadronierte, er habe nie Gulden, Taler, Schillings oder Marks besessen, sei stets ein armer Schlucker gewesen, werde aber natürlich dafür sorgen, dass immer genug Geld für die Wiederaufrüstung, ausreichende Ernährung und soziale Zwecke vorhanden sei."

Schacht war dann gefeuert worden, weil er nicht genügend Geld habe drucken wollen.

„Ich habe Hitler", fuhr Schwerin fort, „immer wieder Vortrag über die finanzielle Lage des Reiches gehalten, die sich je mehr verschlechterte, desto mehr wir die freie Welt mit unseren Judenaktionen verschreckten. 1939 waren wir rechnerisch bereits vollkommen bankrott."

„Vielleicht hat Hitler deswegen den Krieg angefangen", warf Stauffenberg ein.

Was gab es mit dem Finanzminister zu besprechen?

„Nichts, meine Herren, Lassen wir's laufen wie's läuft. Machen wir uns jedoch auf einen gewaltigen Währungsschnitt nach dem Krieg bereit."

„Eine Inflation wie 1923? – Unmöglich!"

„Unmöglich nicht. Hitler hat Geld wie Briefmarken drucken lassen, bezahlt wird später. Das ist dann wohl Sache der Alliierten, denke ich."

„Wissen Sie, wo Hjalmar Schacht steckt?"

„Er soll in einem KZ einsitzen, weil Hitler ihn der Umtriebe verdächtigte."

„Suchen Sie ihn, lassen Sie ihn frei und setzen Sie ihn als Reichsbankpräsident wieder ein. Wir denken, er hat eine gewisse Reputation bei den Alliierten."

Albert Speer meldete die Fortschritte in der Rüstung und die Bereitstellung der neuen Waffen in ausreichenden Mengen.

„Jetzt können wir den nächsten Tagesangriff der amerikanischen Bomber drankriegen, der uns gemeldet wird. Die Herstellung der neuen Munition läuft auf vollen Touren, seitdem wir die Arbeiter und Arbeiterinnen anständig behandeln und verpflegen."

„Wie sieht es mit der Belieferung von Dönitz aus, der in der Ostsee nach Rücksprache von Schörner losschlagen möchte?"

„Er erhält alles pünktlich, unser Einverständnis vorausgesetzt, wird er die schweren Schiffe nur notdürftig seeklar machen, die Ostsee ist nicht der Atlantik."

Zum Schluss wurde Speer ermächtigt, alle Reichsminister anzugehen, dass ihre Ämter nach kriegstauglichen Männer durchforstet „und von ihnen gereinigt" werden. Manstein nannte „Tausende" von Drückebergern, die zu Soldaten gemacht werden könnten. Dann brachte Stauffenberg ein bald akut werdendes Problem zur Sprache:

„Wir sollten einen Beauftragten ernennen, der die Bürgermeister und Stadtdirektoren der Dörfer und Städte im Westen aufzusuchen und ihnen zu befehlen hat, dass beim Einrücken der Alliierten kein Widerstand, keine Sabotage zu betreiben sei. Die Bewohner sollen alle weißen Bettlaken und Handtücher, notfalls Unterhosen, bereit legen."

Genehmigt, das konnte Karl Goerdeler machen, der sowieso gern den Reisenden spielte. Am nächsten Tag begann für alle erneut der Ernst des Krieges...

Nun ist Warschau doch verloren

Am 1. August, im Westen ergossen sich General Pattons Panzer in die französische Ebene, begann General Komorowski sein

Vorhaben, als Befreier Polens in die Geschichte einzugehen. Er entfesselte den Aufstand gegen eine Besatzungsmacht, die keine mehr war, entgegen dem Rat von Kennern und Freunden, aber auf den Rat Marschall Schukows, der mit seiner 1. Weißrussischen Front jenseits der Weichsel in der Vorstadt Praga stand. Schukow mochte ehrbar gehandelt haben mit seinem Hinweis auf baldige Hilfe, aber er hatte ja den schnurrbärtigen Boss im Kreml über sich.

„Die Rechnung ohne den Wirt gemacht", diese deutsche Redewendung traf auf die Aufständischen in dramatischer Art und Weise zu. Infanteriegeneral, (noch vor wenigen Tagen der Waffen-SS), Bach-Zeleweski ließ im Auftrag des Triumvirats Warnungen zirkulieren, er würde Angriffe auf seine Soldaten, die tatsächlich dabei waren, Front gegen die Russen zum machen, nicht dulden und gebührend beantworten – vergeblich. So lassen wir hier den Bericht eines polnischen Unteroffiziers folgen, der dabei war, als die Deutschen zum ersten Mal jenes Gerät einsetzten, das wenig später den klingenden Namen „Hölle auf Rädern" erhielt.

„Wir alle traten zur befohlenen Zeit aus unseren Verstecken und machten uns auf die Socken, eine deutsche Kompanie zu überfallen. In ferneren Stadtteilen fielen bereits Schüsse, so dass die geplante Überraschung fraglich wurde. So kamen wir an eine deutsche Straßensperre, die aus einem Panzer, mehreren Fahrzeugen und vielleicht hundert Soldaten bestand. ‚Gehen wir unbefangen auf sie zu', meinte unser Hauptmann, ‚dann an die Hauswände verteilen und drauf auf sie!' Nur ein einzelner Panzer, sollten wir Angst vor ihnen haben? Als wir auf fünfhundert Meter heran waren, kam die Aufforderung zum Stehenbleiben, und als wir nicht gehorchten, zischte etwas auf uns zu und in Nullkommanichts standen wir in Flammen und verbrannten zu knorpeligen schwarzen Haufen. Ich war am Uniformzipfel in ein Haus gezerrt worden, das voller polnischer Soldaten steckte, die nun aus allen Fenstern das Feuer auf die Deutschen eröffneten. Oh, hätten sie es doch nie getan! Der riesige Panzer-

Flammenwerfer, denn um einen solchen handelte es sich, wurde nun auf die Front des Hauses gerichtet und drang durch zerberstende Fenster ins Innere. Im Nu stand dort alles in Flammen, Treppenhaus, Flure, Etagen bis oben hin, sogar Keller und ein hinterer Garten, die Nebenhäuser wurden erwischt, bald brannte der ganze Straßenzug. Ich entkam wieder als einziger, weil mich die Wucht von Explosionen in den Garten schleuderte, ehe mir die Flammen mehr als den Hintern ansengten. Unbeteiligte Bewohner und Leute, die dafür waren, die Deutschen unbehelligt abziehen zu lassen, mussten qualvoll verbrennen."

Für ganz Warschau hatten die deutschen Truppen nur drei der neuen Flammenwerfer zur Verfügung, aber sie genügten, die Stadtviertel in Flammen zu setzen, in denen gegen sie gekämpft wurde. Der nicht sonderlich koordinierte Aufstand wäre praktisch am ersten Tag zusammengebrochen und beendet gewesen, wenn die Deutschen energisch und unerbittlich, wie die SS es getan hätte, nachgesetzt wären – sie taten es getreu ihrer neuen Devise nicht. Sie gedachten Warschau so lange sich selbst zu überlassen, wie es die eigenen, gegen die Russen gerichteten Belange nicht störte. Komorowski stampfte die Stiefel aufs Parkett und knallte seine Fäuste auf Tische und Anrichten: Feldherren mit solchen Manieren haben immer verloren! Seine Angriffe waren überall abgewehrt worden und seine Männer weigerten sich, gegen die neuen Waffen vorzugehen. Eine Ansicht begann sich durchzusetzen:

„Sollen doch die Russen Warschau erobern!"

General Andreij Wlassow, Vaterlandsverräter, der sich selbst als „Stalinverräter" sah, glaubte sich am Ziel seiner Wünsche, nachdem Hitler abgegangen war. Nun war er, der Überläufer der Roten Armee, bei Männern wie Walter Model und seinem Stab gleichberechtigt angesehen und hatte Vortragsrecht. Seine Gedanken kreisten um das Problem, die Russen vom Eingreifen in den Aufstand abzuhalten, niemand bei den Deutschen wusste ja, dass Stalin nichts anderes geplant hatte. Bei der Lagebesprechung sagte Model, beeindruckt von den Flammenwerfern:

„Wenn man uns hundert von diesen Dingern gibt, räuchern wir die Rote Armee aus und treiben sie bis Wladiwostok zurück."

„Sie planen ihre Offensive", berichtete der Chef des Stabes nach den neuesten Funksprüchen, für den 8., und wir wollen ihnen ja am 7. zuvorkommen."

„Geben Sie mir, Herr Feldmarschall", sagte nun Wlassow, einen auf einem alten russischen Beute-LKW montierten Flammenwerfer und ich lasse ihn mit einigen meiner tapfersten und verwegensten Leute hinter die russischen Linien fahren, wo sie Schukows Hauptquartier, Munitionsdepots und dergleichen lohnende Ziele in Flammen aufgehen lassen werden. Ehe die Russen riechen, was gespielt wird, sind sie unversehrt zurück."

Gebilligt, vorbereitet, am Abend mit dem Übersetzen der Weichsel begonnen: Kenner der Gegend waren dabei, die den alten polnischen Adelshof kannten, wo Schukow residierte. Der Bericht eines Teilnehmers lässt den Schrecken erkennen, der durch Feuer verbreitet werden kann:

„Unsere Hölle auf Rädern kampierte in der Nacht in einem Waldstück und pirschte sich bei beginnender Dämmerung an den Tatort heran. Noch war schlechte Sicht, eine vierköpfige Wache schöpfte keinen Verdacht, als unser Lastwagen auf dem breiten Zuweg des Gutes herankam, in einer Bucht wendete, zurücksetzte, die hintere Plane hochgehen ließ und das Rohr richtete. Über Zweihundertfünfzig Meter Entfernung, ein Katzensprung für diese Waffe! Ehe es in den Köpfen der Wache dämmerte, vergingen diese in einer Feuersglut, die das ganze Haus umhüllte und in dieses blitzartig eindrang. Es gab keine Überlebenden, die hätten Alarm schlagen können, von der Wanze über Hausbock, Ratten, Mäuse und Vögel ging alles Lebende zugrunde – nur: Meister Schukow und seine Leute waren woanders, an der Front wohl..."

Deutsche Flugzeuge, einen Luftangriff vortäuschend, kreisten über dem Geschehen. Weiter! Der nächste Angriff galt einem von diesen Flugzeugen gemeldeten Materialzug von über einhundertfünfzig Wagen, der auf einer Bahnlinie nahte, die nur etwas über zweihundert Meter entfernt war. Man ließ die Lokomotive ungeschoren vorüber, gab jedoch das Feuer auf die nächsten Waggons ab, die mit Soldaten und Munition vollbeladen waren:

„...so dass der Zug wie ein brennender und prasselnder Lindwurm durch die Gegend fuhr, während die Flugzeuge zusätzlich das Feuer aus der Luft eröffneten..."

Weiter! Das Munitionslager, nur zehn Kilometer entfernt in einem Dorf angelegt:

„...Wenn eine lange Feuerlohe einmal in einen Stapel Artilleriemunition fährt, gibt es ein unvorstellbares Spektakel aus Explosionen, Splittern und Hitzewellen. Das Dorf mit seinen Bewohnern war im Nu ausgelöscht..."

Wieder weiter! Eigentlich hatte die tollkühne Besatzung des Lasters ihren Tod einkalkuliert, aber wenn es anders ging? In einem weiten Bogen, es war bereis taghell geworden und nun schon der Heimatkurs, erreichten sie ein Dorf, noch immer eigene Flugzeuge über sich, das nahe der Weichsel lag und den Angriffstruppen des 8. August etwas Ruhe, Unterkunft und Bereitschaft bot:

„...Wie ein riesiges Großtaxi aus der Hölle durchbrauste unser Wagen", berichtet ein Teilnehmer, „die Dorfstraße und spritzte seine Lohe rechts und links in die Häuser, nur ein wütender Hund verfolgte uns. Ich erspare mir hier weitere, die Augen und die Ohren beleidigende Einzelheiten..."

Immer noch weiter! Jetzt bestand die Chance noch, heil heimzukommen, doch da näherte sich von hinten her rasch ein Beiwagenmotorrad. Von hinten: Die beiden Männer, welche bereits schossen, konnten bedient werden. Da das Ufer, die Fähre vom Vortag, über den Fluss, gerettet! Unter Hitler und Goebbels hätte dieser Streich eine großdeutsche Sondermeldung ausgelöst, aber nach Hitler war Schweigen Gold geworden. Die weittragenden Folgen waren: General Komorowski bekam keine Hilfe von der

Roten Armee, die sich mit diesem unerwarteten Vorfall herausredete, und dieselbe Armee verschob ihren Angriffstermin auf die Deutschen um eine Woche. Die Männer der „Fremde Heere Ost" spionierten dies aus, so konnten Model und Schörner entsprechend reagieren.

Wunderwaffen

Inzwischen und vor wenigen Tagen war auch den Westalliierten klar gemacht worden, dass Deutschland noch nicht am Boden lag und dass es vernünftiger sein könnte, es nicht zum Äußersten zu reizen und auf klare, faire Angebote einzugehen. Wir können uns hier technische Erklärungen sparen, denn Korbinian Oberwiesner, Schüler aus Forkenstein, war Augen- und Ohrenzeuge und hat seine Eindrücke in einem Schulaufsatz festgehalten:

„Ein amerikanischer Terrorverband überflog uns, der von einem einzigen deutschen Flugzeug, einer He 111, begleitet wurde. Es setzte sich seitlich vor, wohl tausend Meter entfernt, und plötzlich zischte etwas aus ihm ins Freie, grob auf den nächsten Bomber zu, dann korrigierte es sich und fuhr in ihn hinein. Im Fernglas sah ich deutlich das scheunentorgroße Loch im Rumpf, Bomben, Material und Leute flogen heraus, dann ein Feuerball und der Bomber fiel in tausend Fetzen zur Erde..."

Noch zweimal setzte der deutsche Bomber sich vor, belauert von feindlichen MG-Schützen, die auf sein Näherkommen warteten, und schoss beide Bomber ab – damit war ein Versuch beendet, den Milch und Speer angeordnet hatten: gelungen!

„Wartet nur, das nächste Mal!"

Heute, während Hermann Göring eine weitere Rede ans deutsche Volk hielt und es dringend ermahnte, von Racheakten an Nazigrößen abzusehen, standen hundert voll ausgerüstete He 111 zum Empfang der Amerikaner im Einsatz, ihnen ihr erstes wirkliche Waterloo am Himmel zu bereiten. Noch konnte der amerikanische Jagdschutz seine Bomber nicht bis tief nach

Deutschland hinein begleiten, er musste wegen Spritmangels vorher abdrehen. Ziel des an die deutsche Spionage verratenen Angriffs war nicht Berlin, wie die Deutschen glauben sollten, sondern die Leunawerke von Bitterfeld, wo Benzin aus Kohle hergestellt wurde. Die bedauernswerten Bomberbesatzungen waren wegen ihrer Heimkehr frohen Mutes, denn man hatte ihnen versichert, die deutsche Jagdabwehr wäre am Boden zerstört und die Deutschen hätten ihre Flakgeschütze zur Ostfront verlegt. Ohne Arg betrachteten nun sowohl Piloten wie MG-Schützen die langsam seitlich aufschließenden He 111, die sich außer wirksamer Schussweite hielten. Doch da blitzte etwas bei ihnen auf, etwas Undefinierbares fegte mit weißem Schweif heran und ehe Gehirne die Lebensgefahr signalisieren konnten, waren sie ausgeschaltet – nur wenige waren nachher in der Lage, Auskunft zu geben. Die erste, nicht ganz simultan abgegebene Salve der Deutschen hüllte hundert Bomber in Rauch und Feuer, ein Schauspiel, als seien Sodom und Gomorrha an den Himmel verlegt worden.

Die mitfliegenden Kameramänner der Wochenschau vergaßen zeitweise das Filmen, „noch nie haben so viele Motive leibhaftig vor uns gehabt". Im lockeren Einzelfeuer der He 111 stürzten nun pro Minute fünf bis acht Bomber ab, aus unerfindlichen Gründen liefen einige Raketen am nächsten Bomber vorbei, um in den übernächsten einzuschlagen. Die amerikanische Taktik, zum Schutz vor Jägern eng aufgeschlossen zu fliegen, erwies sich jetzt als verhängnisvoll, denn brechende Tragflügel, taumelnde Leitwerke, fallende und in der Luft explodierende Bomben trafen weitere Maschinen. Aus ihnen konnten sich einige hundert Männer retten. Trotz der Verluste versuchte das Gros der Maschinen Kurs zu halten und das befohlene Ziel anzufliegen, einige ließen ihre Bomben wahllos fallen und gingen auf Heimatkurs – Feigheit vor dem Feind? Dieser Vorwurf wurde von Vorgesetzten gemacht, aber mit „fliegen Sie mal selbst mit, General!" abgewiesen.

Nur wenige Maschinen mit offenbar tollkühnen Besatzungen erreichten das Ziel, richteten aber wenig Zerstörungen an und entkamen nur deswegen nach England, weil den deutschen Verfolgern, darunter nun auch reguläre Jagdflugzeuge, unterwegs zu schnell das Benzin ausging. Die Deutschen meldeten den verbürgten Abschuss von 629 Maschinen, ein Aderlass, den auch, sollte es denn so arg weitergehen, die amerikanische Massenproduktion nicht würde ausgleichen können, zumal Besatzungen schwerer zu beschaffen waren als Material. Die britischen Luftwaffenexperten, auf Nachtangriffe spezialisiert, machten zwar auch wie ihre amerikanischen Kollegen extrem lange Gesichter, konnten aber in ihren Hinterköpfen eine gewisse Genugtuung nicht unterdrücken: Hatten sie nicht immer vor diesen halsbrecherischen Tageseinsätzen gewarnt! Sie konnten nicht wissen, dass auch sie noch, vielmehr ihre Bomber und deren Besatzungen, heimgesucht würden.

Einige deutsche „Bodenzuschauer“ und viele Zaungäste und Neugierige, die trotz der stürzenden Maschinen und fallenden Trümmer nicht in Deckung gingen, begeisterten sich zwar, murrten aber:

„Da sind die vom Führer versprochenen Wunderwaffen, er hat also nicht gelogen – nun haben sie ihn totgemacht!“

Einige der abgesprungenen Bomberpiloten fielen zuerst solchen Zivilisten in die Hände, die sie auf der Stelle, - Bäume stehen in Deutschland ja an jeder Ecke -, lynchen wollten. Besonnene wandten aber ein, die Amerikaner würden „nach dem Krieg jeden Deutschen hängen“, dem sie Unmenschlichkeiten nachweisen könnten.

Dieser triumphale Erfolg der Luftwaffe ließ Hermann Göring noch einmal in die Unsitte der Großschnauzigkeit zurückfallen, und nur mühsam konnte das Triumvirat die neue Methode absoluter Aufrichtigkeit in der Berichterstattung durchsetzen. Das System der Sondermeldungen war abgeschafft worden, aber es wäre widernatürlich gewesen, wenn das Volk nicht in Jubelstürme der Begeisterung ausgebrochen wäre. Dieser „Genickschlag“ auf die amerikanische Luftwaffe müsste doch die gefürchteten Tagangriffe unmöglich machen – ja, so geschah es auch! In den USA selbst kam Unmut gegen sie auf, weil schon immer vernünftige Leute dagegen waren, die traditionellen deutschen Städte kurz und klein zu schlagen, statt die Armeen so auszurüsten, dass sie nach der Invasion einen raschen Durchmarsch nach Berlin machen könnten.

Der nächste Schlag traf die britische Luftwaffe. Canaris' Spione meldeten die Vorbereitungen zu einem britischen Nachtangriff und dass 650 Bomber bereit standen, dass aber infolge des amerikanischen Debakels der Start in letzter Minute verschoben wurde. Das war verhängnisvoll. Denn nun kratzte die deutsche Luftwaffe ein Dutzend Flugzeuge zusammen, die, wenn auch mit fünfzig Prozent Verlusten, die bereit stehenden beladenen Lancaster und Halifax mit den neuen Feuerbomben belegten.

„Das“, erklärte Milch, „ist die preiswerteste und effektivste Vernichtung feindlicher Flugzeuge.“

Tatsächlich hat dann dort auch das sich rapide ausbreitende Flammenmeer auf den Flughäfen so gut wie alle Bomber zerstört. Doch wollten die Briten unter Luftmarschall Harris nicht aufgeben, nicht alle Flugplätze waren von den Deutschen heimgesucht worden, so dass für den nächsten Angriff noch einmal fünfhundert Maschinen zusammengekratzt werden konnten. Der Angriff sollte eine Stadt treffen, die bisher verschont worden war, die, so glaubten die Deutschen, wegen ihrer Lage „im hintersten Winkel“ von England aus nicht angegriffen werden könnte: Königsberg in Ostpreußen. Dort, wollte der britische Nachrichtendienst erfahren haben, stellen die Deutschen die neue V 3 zu Angriffen hinter die russische Front auf. Auch die für Deutschland arbeitenden Spione schliefen nicht: Sie verrieten Datum, Uhrzeit und Kurs des Bomberverbandes.

So kam es zur Katastrophe, weil die deutsche Nachtjagd, bestehend aus He 111, Me 110 und Focke-Wulf-Jägern mit neuer Bestückung, die Bomber schon über der Nordsee empfingen, über Dänemark und Südschweden verfolgten und stark versammelt vor Ort waren, wo keine eigene Flak sie behinderte. Der Befehl an die Bomber lautete, nicht nach England heimzukehren sondern den russischen Flughafen von Poltawa zur Landung anzufliegen. Von dort sollte am übernächsten Tag zu einem neuen Angriff auf Berlin gestartet werden, anschließend Heimflug nach England. Daraus wurde nichts. Nur etwa zweihundert der fünfhundert Bomber erreichten Poltawa, wo sie im Morgengrauen von deutschen Flugzeugen bombardiert und vollkommen zerstört wurden. Fünfhundert Bomber haben mindestens dreitausend Mann Besatzung – nun war zum Entsetzen der britischen Öffentlichkeit das Verhältnis entstanden, dass die eigenen Personenverluste höher gerieten als die der bombardierten Städte. Klar, dass, besonders aus kirchlichen Kreisen Großbritanniens, jene Stimmen schärfer und lauter und unüberhörbar wurden, die schon immer „nächtliche Flächenbombardements nicht nur für unmenschlich, sondern auch für unvernünftig" hielten:

„Jetzt haben wir unsere Quittung bekommen – Hitler ist tot, seine Vasallen sind kalt gestellt, lasst uns Schluss machen mit diesem Krieg!"

Winston Churchills Stuhl begann zu wackeln.

Was Adolf Hitler immer bezweckt hatte: Die Welt hielt den Atem an. Sie machte das tatsächlich aus verschiedenen Gründen: Die Deutschen in der Hoffnung auf eine Kriegswende, die Alliierten in Furcht vor derselben, die neutrale Welt in ungläubigem Staunen teils erfreut, teils voll dumpfer Ahnungen. Über vier Wochen lang wurden deutsche Städte nicht bombardiert, eine kaum mehr erhoffte nächtliche Ruhe trat ein, zumal es die Behörden riskierten, bei Einflügen einzelner feindlicher Flugzeuge, meist britische Moskitos, keinen Alarm mehr zu geben. In diesen Wochen traf die Amerikaner dort noch ein vernichtender Schlag, wo sie sich sicher glaubten: in Italien. Nur pauschal wollen wir mitteilen, dass Feldmarschall Kesselring dort alle verfügbaren Flugzeuge nebst Feuer- und Sprengbomben auftrieb, um die in Foggia zu einem Angriffsflug nach Rumänien bereit stehenden Bomber schon am Boden zu zerstören.

Von allen alliierten Führern war Marschall Stalin am wenigsten schockiert. Mit genüsslichem Unterton ließ er bei Churchill und Roosevelt anfragen, „was denn zum Teufel los sei!" Dabei hätte er, läse er die Berichte seiner Frontmarschälle tatsächlich gründlich durch, hellhörig werden müssen. Diese besagten nämlich, dass im Südteil der Ostfront, Stalins Westfront, fünf deutsche Panzer in wenigen Minuten fünfundzwanzig und drei 8,8-Flakgeschütze fünfzehn russische Panzer abgeschossen hätten, „die alle in riesigen Flammenhöllen explodiert" wären. Auch deutsche Stukas unter dem berüchtigten Piloten Rudel stürzten sich wie Habichte von hinten auf die T-34-Panzer, die „schon bei leichtesten Treffern und Aufschlägen neben ihnen in lodernde Brände gerieten".

„Das alles", verkündete das deutsche Triumvirat sich selbst, „ist nur ein Vorgeschmack kommender Ereignisse."

Es tagte mit allen Verantwortlichen. Hermann Göring, der sich als Reichspräsident mehr einmischte als ihm zustand, geriet wieder in Euphorie und fing an sich zu ärgern, kein Luftwaffenchef mehr zu sein. Man musste ihn beruhigen, seinen Optimismus dämpfen:

„Und wenn wir hunderttausend Flugzeuge und ebenso viele Panzer vernichten, werden doch eines Tages Millionen alliierte Soldaten im Land stehen."

„Hauptsache, die Russen sind nicht unter ihnen."

Das nächste Thema waren die so genannten V-Waffen, Hitlers Lieblinge und gedacht, England in die Knie zu zwingen. Das V wurde nun durch R=Rakete ersetzt. Alle Abschussrampen und -basen an der Kanalküste wurden abgebaut und zur Ostfront in Marsch gesetzt. Speer beschrieb die R 3:

„Sie kann von Ostpreußen aus nach Leningrad, Murmansk, Moskau und Archangelsk geschickt werden. Ich schlage vor, sie mit dem neuen Brennstoff zu beladen und nur gegen die westalliierten Schiffe in den beiden nordischen Häfen einzusetzen. Ein

Volltreffer im Hafen vernichtet mehr Frachter und ihre Ladungen, als unsere U-Boote in einem Monat versenken könnten."

Genehmigt! Es ging paritätisch zu bei diesen Konferenzen, richtig demokratisch: Hier waren Fachleute am Werk, keine Ideologen, Fantasten und Spinnköppe! Hauptthema war der geplante Angriff auf die russische Warschaufront, aus der heraus ja eine Offensive mit Ziel „zur Oder" gestartet werden sollte – der russische Angrifftermin war den Deutschen bekannt! Bevor es hier Ernst wird, beschreiben wir ein privates Intermezzo...

Rettung in letzter Minute

William Shirer, Reporter, Schreiberling, Journalist, war ein großes Schlitzohr. Immer weitblickend auf der Suche nach Sensationen dachte er schon jetzt daran, sich auf die Fersen der ehemaligen Großen und Wichtigen des Dritten Reiches zu setzen, ehe diese untergingen oder in die Fänge der Justiz gerieten. Shirer war bis Ende 1941 für seine Zeitungen in Berlin akkreditiert gewesen und kannte viele Deutsche vom Hören und Sehen her. Er war es auch, der es hatte Läuten hören, „der Führer hat eine Geliebte, hält sie aber versteckt". Da müsste doch nachzuhaken sein, dachte er jetzt und ließ seine Verbindungen von der Schweiz her spielen.

So kam es, dass Eva Braun, in ihrer Münchner Wohnung zum Selbstmord bereit und die Himmlersche Zyankalikapsel schon in der Hand, doch noch vorher das klingelnde Telefon bedienen wollte.

„Ohne meinen Dolfi (Adolf)", war ihre Argumentation, „kann und will ich nicht leben, Hohn und Gespött sind mir schon jetzt zuwider, wie soll das nur weitergehen!"

Es klingelte also das Telefon – die Rettung, wie sich zeigte. Denn William Shirer, der sich aus Gründen der Sicherheit als Schweizer ausgab, riss Eva Braun vom Grab fort, indem er ihr ein Angebot machte:

„Ein Buch über Ihr Leben mit Adolf Hitler zu schreiben."

Das würde einen Haufen Dollar und Franken und ihre vorläufige Flucht aus dem gefährdeten Deutschland bringen.

„Ich bin in München und möchte Sie gern treffen."

So kam es, dass Eva Braun ein paar Tage später statt im Sarg zu liegen in Basel in die Klauen eines amerikanischen Journalisten geriet, der – natürlich! – sein Geschäft machen wollte, aber fair genug war, diese einfache und biedere Frau nicht zu überfahren. Zuerst kamen einige Interviews zustande, in denen Eva Braun immer wieder behauptete, „Adolf wollte mich heiraten, wenn die Zeit reif sei", aber nun hätten gewisse verräterische Kreise ihn beiseite geschafft, „um das zu verhindern." Es entstand in diesen Interviews ein Hitlerbild, das nur mit der Wirklichkeit Eva Brauns, nicht der realen übereinstimmte. Es erschien Shirer glaubhaft, dass diese Frau wenig, fast nichts von den Verbrechen des Regimes wusste, sie hatte bisher in den Tag hineingelebt und immer noch geglaubt, „dass ihr Adolf die Lage meistern würde". Man muss bedenken, dass auch die übrige Welt um diese Zeit wenig Wissen vom Ausmaß der übberaus ungeheuerlichen Vorgänge in den Vernichtungslagern besaß. Noch lautete der Hauptvorwurf der Alliierten auf „Entfesselung eines Angriffskrieges".

William Shirer, der sich schon beim ersten Treffen als Amerikaner zu erkennen gab, verschaffte Eva Braun, die in der Schweiz vollkommen unbekannt war, eine Aufenthaltserlaubnis, sie konnte sogar hin und herfahren, um aus München und vom verwaisten Obersalzberg Unterlagen, Dokumente, Fotos, Erinnerungen und Utensilien zu beschaffen, die für die geplanten Zeitungsberichte und das spätere Buch von Bedeutung waren. Klar, dass Dollars und Franken reichlich flossen, was für ein so kesses, verwöhntes und Luxus liebendes „Frauchen" wie sie Ausschlag gebend war. Ehe deutsche Filmemacher und Bücherschreiber, von Goebbels nicht mehr gegängelt, dahinter kamen, dass des Führers Geliebte einen trefflichen Stoff für Kassenschlager abgeben könnte, war sie ihnen entflohen; wir werden später noch darauf zurückkommen...

Vorbereitungen zum großen Schlag

Dass die Deutschen entschlossen waren, die neuen schweren Lasten des Krieges und ihre vielleicht letzten Bemühungen den Russen aufzubürden, wurde den Alliierten allmählich klar: Die V-Waffen-Beschießungen Englands hörten auf, der U-Boot-Krieg schien aus bisher unerfindlichen Gründen eingestellt worden zu sein, Norwegen und Dänemark waren fast vollständig geräumt, der Widerstand im Westen und in Italien schien nur hinhaltend zu sein – „was war los mit den Deutschen?" Noch wurden mahnende Stimmen im westlichen Lager, die Waffenstillstands- und Friedensangebote empfahlen, nicht wirklich gehört oder ernst genommen. Stalin murrte. Er ahnte nicht, in welche Rolle er noch gedrängt werden würde. Einen Vorgeschmack bekam er nun serviert: die R-Waffen! Albert Speer hatte dem Triumvirat schon am Anfang der neuen Zeit vorgeschlagen, die Produktion der R 1 einzustellen und die noch vorhandenen cirka tausend Stück als Feuerbomben zu verwenden und für Ziele an und hinter der russischen Front einzusetzen. Genehmigt! So schnurrten sie ab 6. August in Richtung russischer Ansammlungen, Armeestäben und Lagern davon. Anders als in London gab es kaum einen Explosionsknall, es sagte nur kurz „wuff" und brennende Lava ergoss sich ins Ziel. Niemand konnte sie löschen, deutsche Aufklärer berichteten von Riesen- und Flächenbränden in der Landschaft, „die den Eindruck von Osterfeuern machen".

Großadmiral Karl Dönitz, Seemann aus Passion, begann nun in den Landkrieg einzugreifen: „Begeistert" von der alliierten Seemacht, die während der Invasion in Frankreich die Küste und deutschen Stellungen mit noch nie praktizierter Massierung von Schiffsartillerie eindeckte, wollte er so etwas nachmachen; wenn auch „in kleineren Stückzahlen". Aber er verfügte noch über eine respektable Flotte „schwerer Pötte" und U-Boote, sie soll hier aufgezählt sein:

Das Schlachtschiff Tirpitz mit acht 38cm-Geschützen,
den Schweren Kreuzer Prinz Eugen mit acht 20,5cm-Geschützen, den Schweren Kreuzer Admiral Hipper mit acht 20cm-Geschützen, den Schweren Kreuzer Admiral Scheer mit sechs 28cm-Geschützen, den Schweren Kreuzer Lützow mit sechs 28cm-Geschützen, eine nicht genau bekannte Anzahl von Zerstörern, fünfzig aus fernen Meeren abgezogene U-Boote, einen großen Park ehemaliger Passagierdampfer wie die Wilhelm Gustloff, die als Truppentransporter und Wohneinheit für Marinesoldaten eingesetzt werden konnten, und schließlich Tausende von Seeleuten, die darauf brannten, sinnvoll eingesetzt und nicht nutzlos im Atlantik verheizt zu werden.

In der Ostsee hatte Dönitz wenig zu fürchten. Eine russische Hochseeflotte gab es nicht mehr, doch gegnerische U-Boote aus Kronstadt konnten seinen großen Einheiten gefährlich werden. Ihnen musste es zuerst an den Wickel gehen. Nach Absprache mit der Luftwaffenführung kam nun folgender Streich zur Ausführung. In der Nacht zum 30. Juli schlichen sich fünf deutsche U-Boote in den Hafen von Kronstadt und warteten mit ihrem Angriff auf die „parkenden" russischen U-Boote, bis ein Dutzend Maschinen der Luftwaffe über dem Hafen erschien und die russische Abwehr ablenkte. Da fuhren die deutschen U-Boote ihre Sehrohre aus, pirschten näher heran und schossen ihre Torpedos ab. Die zum Teil frisch beladenen und zum Auslaufen bereiten Boote explodierten in riesigen, bis nach Leningrad hörbaren Detonationen. Keines blieb unbeschädigt, alle waren für die weiteren Pläne der Deutschen ungefährlich geworden.

Derweil dampfte die Prinz Eugen vor der Ostseeküste südlich der eingekesselten deutschen Kurlandarmee und eröffnete aus fünf Kilometer Entfernung ihr „Probefeuer" auf die russischen Stellungen. Langsam fliegende Fieseler Störche kreisten über dem Zielgebiet und leiteten die Schiffsartillerie, die noch mit herkömmlicher Munition schoss. Dieses Vorspiel zur geplanten Offensive klappte ausgezeichnet, die Prinz Eugen kehrte unversehrt nach Gotenhafen zurück, wo sie mit der neuen Brandmunition für den nächsten entscheidenden Einsatz, dann mit ihren größeren und kleineren Schwestern vereint, beladen wurde.

Auf der Lagebesprechung in Zossen zwischen Dönitz, Milch, Schörner, Model, Tresckow, Göring und dem Triumvirat wurden die Modalitäten zur Offensive vom 13. August festgeschrieben. Danach sollte die Flotte noch vorm Hellwerden vor Memel auffahren und die russischen Stellungen zwischen Riga, Mitau und Memel unter Feuer nehmen.

„Nach Ihrem Feuerschlag“, sagte Schörner zu Dönitz, „der hoffentlich das ganze Land in Flammen setzt, gehen meine südlichen Einheiten aus dem Raum Tilsit/Gumbinnen nach Norden, meine nördlichen aus dem Kessel nach Süden und Osten gegen Mitau und Riga vor. Wenn wir den Kessel gesprengt haben, geben wir eine gute Unterstützung für Models Offensive am 15.“

Man beugte sich über ausliegende Karten, ganz so, wie Adolf Hitler als „Gröfaz“ (Größter Feldherr aller Zeiten) es getan hatte.

„Wir sollten“, sagte Tresckow, „die Rigaer Bucht bis Reval hinauf und die Inseln dort wieder in die Hand bekommen. Dieses Gebiet eignet sich hervorragend für die Beschießung Leningrads mit R 2 und von Murmansk mit R 3.“

Dönitz machte sich stark, die Inseln Ösel und Dagö mit seinen Marinesoldaten im Handstreich zu nehmen, wenn die Operationen auf dem Festland zufriedenstellend verliefen. Milch berichtete, dass die Luftwaffe wie seit langem nicht mehr bereit sei, Angriffe mit den neuen Bomben und Raketen zu fliegen:

„Heute genügt eine Brandbombe in ein Munitionslager, um alles in die Luft fliegen zu lassen. Unser Flieger-Ass Rudel hat einige Lehrlinge ausgebildet, die jene feindlichen Panzerverbände bekämpfen werden, die aus dem Hinterland kommend der Front Entlastung bringen wollen.“

„Sind genügend Flammenwerfer vorhanden?“, wollte Göring wissen.

Nun, genug konnte es von diesen Dingern nie geben, aber es waren viele vorhanden. Models Armeen, deren Front vom Bug bis etwa Lemberg reichte, waren so stark und gut ausgerüstet und der Abwehrstratege Model durfte zum ersten Mal seit Monaten in Offensivgedanken schwelgen.

Die deutsche Aufklärungstätigkeit schien die Russen nicht sonderlich zu interessieren, gelangweilt schauten jene Rotarmisten in den Himmel, die diesem bald näherkommen sollten. Russische Offensiven, hatten die Deutschen ihrerseits gelernt, pflegten lange und gründlich vorbereitet zu werden, methodisch und gelassen in Anbetracht des sicheren Sieges über Deutschland. Unmengen von Material rollten an: Entweder aus den nach Osten verlagerten Fabriken oder aus den amerikanischen Hilfslieferungen über Murmansk im Norden und von den Weiten des Südens aus, wo die Westalliierten eine neue Straße durch Persien (Iran) gebaut hatten. Schon Hitler hatte grollend vermerkt, dass man keine Fernwaffen habe, diesen Nachschub zu unterbinden. Immerhin:

„In Murmansk und Archangelsk stauen sich Schiffe und Material, ein geeignetes Feld für ein grandioses Feuerwerk."

Das stimmte, wir werden es erleben...

Andreij Wlassow versammelte seine Kosakenhetmane und Offiziere um sich. Sie alle waren nun bereit, gegen „Bolschewiki" eingesetzt zu werden, nachdem bekannt gegeben worden war, dass die Westalliierten die an der Invasionsfront eingefangenen russischen, ukrainischen, kirgisischen, mongolischen und tatarischen Überläufer kurzerhand Stalin überstellt hatten – „dann lieber an der Front sterben!" In der Woche vor der deutschen Offensive organisierte Wlassow mit Zustimmung Models ein paar Stoßtruppunternehmungen über die Weichsel hinweg, um Gefangene zu machen und diese „umzukehren", also zu überreden, bei kommenden deutschen Angriffen sofort überzulaufen, nach dem Motto:

„Stalin ist verloren und wird ausgeräuchert."

Auch wurden von deutschen Maschinen Flugblätter abgeworfen, deren Texte die russischen Soldaten darauf hinwiesen, „dass Ihr Euer Vaterland nun von den deutschen Invasoren befreit und kein Recht habt, Polen und Deutschland zu besetzen". Stalin soll, als er die Flugblätter las, ganz mucksmäuschenstill, gar nicht tobsüchtig geworden sein und gemurmelt haben, „na warte, Andreijewitsch". Und er befahl, jeden gefangenen Soldaten von Wlassows Armee auf der Stelle zu erschießen.

Dönitz' Taktik hatte Erfolg. Russische U-Boote, die zum Abfangen deutscher Kreuzer ausliefen, wurden gestellt und versenkt. Aus den Aussagen geretteter Seeleute erfuhr man, dass auf russischer Seite völlige Ahnungslosigkeit über deutsche Absichten herrschte. Nun denn, Schicksal, nimm deinen Lauf!

Um den Gegner vollends zu täuschen, meldete sich der Oberbefehlshaber der Wehrmacht Erwin Rommel in der Vornacht vom Krankenbett her zu Wort. Die Rede hatte natürlich das Triumvirat ausgeheckt:

„Soldaten der Wehrmacht! Ihr habt der Hybris den Kopf abgeschlagen. Eine solche Tat befreit nicht nur, sie verpflichtet auch. Nun sind es Eure direkten Vorgesetzten, welche die Macht in Händen halten. Der Krieg muss zu Ende geführt werden, nicht, wie die Hybris meinte ‚so oder so', sondern in Ehren und zu annehmbaren Bedingungen. Wenn Ihr weiterkämpft, Soldaten, geschieht das nicht für fragwürdige unmoralische Eroberungen, sondern zur Verteidigung der Heimat und zum Schutz Eurer Frauen, Kinder und Eltern. Vertraut der neuen Staatsführung, Eurem Oberbefehlshaber und den Befehlshabern der verschiedenen Wehrmachtsteile!"

Es ist jetzt 18 Uhr – nur noch fünf bange Stunden bis zu Deutschlands letzten großen Schlag!

Träume werden wahr

Wernher von Braun war ein Träumer und ein großer „kleiner Junge“. Ob dieses Urteil seiner jetzigen Zeitgenossen stimmte oder nicht, nun war er’s tatsächlich: Er stand neben seinem Kind, das Adolf Hitler V 3 genannt hätte, nun aber R 3 hieß, und kam sich winzig vor angesichts des Monsters, das in jenen blauen Himmel ragte, in den es jetzt eintauchen sollte. Drei seiner Schwestern standen ebenfalls startbereit, um sie alle vier herum eine Horde von Erfindern, Technikern, Wachsoldaten und neugierigen Laien. Bekanntlich soll der Krieg Vater mancher Dinge sein, die sonst eine bedeutend längere Entwicklungszeit durchzumachen haben. Manche Anwesende murmelten etwas von „wenn das der Führer noch erlebt hätte“ und geheime Tränen rannen.

Also: Vier R 3 standen bereit, als von Braun sich neben „Lilly Marleen“, kurz L.M. genannt, die als erste loszischen sollte, fotografieren ließ. Sie ist es, über die uns im nächsten Kapitel der Engländer Jim Clark einen Augenzeugenbericht liefert.

„Stehen die Aufklärer über dem Zielgebiet?“, fragte Walter Dornberger, hiesiger Kommandant, seinen Stab.

„Sie müssen jeden Augenblick über Archangelsk eintreffen.“

„Gut, dann ab die Post. Viele Grüße an Josef!“

Über einer sich riesig ausbreitenden Explosions- und Staubwolke hob L.M. ab und kam in wenigen Sekunden außer Sicht. Mit einer Geschwindigkeit von 8.000 KMH trug sie ihre Last von zwei Tonnen in rund zwölf Minuten ins Ziel am Weißen Meer, wo vor wenigen Stunden westalliierte Geleitzüge eingetroffen waren. Adolf Hitler hätte, natürlich, diese Rakete und weitere auf London niedergehen lassen, aber nun war man sich einig, nur militärische Ziele zu bombardieren – „Und es wird Feuer vom Himmel regnen...“

Unteroffizier Konrad Schnittker war Beobachter in der Ju 88, die als Langstreckenflugzeug jetzt über dem Weißen Meer aufkreuzte und ihre Runden über Archangelsk zu kreisen begann.

Er und der Pilot, die gemeinsam manchen Angriff auf PQ-Geleitzüge geflogen hatten, schauten wehmütig auf die Frachter im Hafen hinab, die offenbar unangefochten die Tour von England oder Amerika durchs Eismeer geschafft hatten und nun von fleißigen Händen und Kränen entladen wurden.

„Wenn das alles an unsere Ostfront kommt", sagte Konrad, „tun mir die Kameraden dort leid."

Beide Flieger wussten nicht, was höheren Orts vorbereitet wurde und hatten nur Befehl zur Beobachtung des Hafengeländes erhalten. Erst, in diesem Augenblick, glaubten sie etwas Mächtiges an sich vorbeiziehen zu sehen, dann hörten sie eine Explosion, schließlich beobachteten sie etwas, das sie später „als einen roten sich weit ausbreitenden Teppich" beschrieben und „wie einen Blick in einen Topf roter kochender Grütze" und „so sieht das Maul eines Vulkans aus". Erst als die Frachter unter ihnen zu explodieren begannen und sich das Feuer quadratkilometerweit ausdehnte, da wussten sie Bescheid und betätigten ihre Belegkameras.

„Archangelsk wird beschossen!"

Die zweite Rakete schlug in der Stadt ein, deren Holzhäuser sofort lichterloh brannten, die dritte traf wieder die Hafenanlagen, wo, wie die Flieger feststellten, kein Schiff, keine Lagerhalle, kein Depot heil blieben. Per Funk meldeten sie die Erfolge zum Heimatflugplatz, von wo die Meldungen augenblicklich an den Startplatz der Raketen weitergingen. Die Benzinuhr mahnte zur Rückkehr. Als Wernher von Braun später die Fotos betrachtete, ergriff ihn doch Beklemmung wegen eines vagen Gefühls", „was hast du mit anrichten helfen!", doch die Herren von Luftwaffe, Stab und Peenemünde tanzten vor Begeisterung und gingen daran, die nächsten Einsätze vorzubereiten – nur jetzt nicht locker lassen! Ein neues Zeitalter hatte begonnen, dessen vorerst letzte Etappe eine Landung auf dem Mond sein würde...

Geleitzüge hin und nicht zurück ...

Wir wechseln die Front und Örtlichkeiten. Matrose Jim Clark war im Clyde an Bord gegangen und hatte vorher, obwohl arm wie eine Kirchenmaus, sein Testament gemacht. Ihm und allen seinen Kameraden spukten die Nachrichten über die Vorgänge beim Geleitzug PQ 17 im Kopf herum, den die Deutschen derart „zu Paaren gejagt hatten“, dass Stalin nicht glauben wollte, er sei je zu Wasser gelassen worden. Seitdem war's zwar ruhiger dort in den eiskalten Gewässern, zumal er der deutschen Kriegsmarine eine saftige Ohrfeige (box of the ear), einen derben Fußtritt (kick), eine Maulschelle (slap in the face) und einen Kinnhaken (uppercut) verpasst hatte. Aber wer konnte ihnen trauen?

„Wir schipperten“, so berichtet der brave Jim, „nach Norden und an Jan Mayen vorbei, wo wir nach Nordosten, dann nach Osten drehten, immer scharf an der Eisgrenze vorbei. Diese Gegend ist auch ohne Germans grauslich genug mit dem kalten Wasser, in dem Schiffbrüchige oder aus Versehen über Bord Gegangene innerhalb einer Minute verratzt sind. Da lob ich mir doch eine südliche Route, trotz der Haifische! Ab der Bäreninsel hätten wir eigentlich angegriffen werden müssen, aber nichts geschah. Dann holten wir weit nach Nordosten aus, fast gegen Nowaja Semlja, um dann nach Süden ins Weiße Meer zu gelangen. Hier, von Finnland aus, dachten wir, müssen die Deutschen doch angreifen. Kurz und gut, wir kamen unbehelligt in Archangelsk an, eine Stadt, in der kein schottischer Dorfköter begraben sein möchte.“

Um Weniges wäre Jim freilich dort verbrannt und nicht begraben worden. Aber er fand Gelegenheit, seinen Bericht zu Ende zu führen:

„Nach der Ankunft hatte ich im Hafen, der am Endpunkt eines Fjords lag, Dienst zu tun. Mich rettete, dass ich außerhalb unseres Kahns zu tun hatte. Der Hafen lag voller Frachtpötte, hinter- und nebeneinander schmiegten sich diese Seelenverkäufer an die Kais, einen Wald von Masten und Kränen über sich. In wuseliger Geschäftigkeit leerten russische Kräfte, vielleicht Strafgefangene, die Bäuche der Schiffe und staunten nicht schlecht über deren Inhalt: Weizen, Konserven, Tiefkühlfleisch, Karren, Jeeps, Fahr- und Motorräder, amerikanische Straßenschlitten, Panzer, Lastwagen, Flugzeugteile, Geschütze, MGs, Maschinenpistolen und Gewehre. Da wird einem so richtig gewahr, welch Idiotie solch ein Krieg ist, dass alles ins Gefecht geworfen und zerstört wird! Wenn die Germans das hier sähen! Hier und nicht auf See müssten sie zuschlagen. Eine Luftwarnung und Flakverteidigung gab es nicht, hierhin, sagen die Iwans, kommen die Nazis doch nie!“

Unser guter Jim sollte der erste sein, der sie in Archangelsk kennenlernte, sie kamen unverhofft und waren gar keine Nazis mehr. Er berichtet weiter:

„Ich stand also im Hafen und schmauchte mir eine Papirossi, neben mir ein russischer Hafenpolizist, der unser schönes Englisch radebrechte (speak a language badly) wie ein Schiffspapagei. Ein stärker anschwellendes Rauschen, dann Brausen veranlasste uns, unsere Blicke in den russischen Himmel zu richten, wo ich, mehr im Unterbewusstsein der Netzhaut, eine riesige rotweiße Zigarre auf uns stürzen sah. Zu spät, sich zu verkrümeln (crumble away) oder ein Vaterunser (Lord’s Prayer) zu murmeln...“

Jim machte hier einen Absatz, wir tun es auch.

Wir wissen natürlich, was gleich geschehen und das Jim in den Rachen der geöffneten Hölle schauen wird. Nur der Zufall, dass er hinter einer stabilen Betonmauer stand, hat uns ihn und seinen weiteren Bericht erhalten:

„Die Zigarre knallte auf den Kai und aus ihr ergoss sich eine Feuerwalze, die sich wie ein klebriger Brei vergrößerte, der in der Gegend herumspritzte. Im Nu (in a trice) stand alles im Umkreis von fünfhundert Metern in Flammen. Sie sprangen von Schiff zu Schiff, fielen sozusagen in ihre offenen Luken, und in Windeseile (at lightning speed) brannte innen alles, Munition und all der Kram, den ich schon aufgezählt habe. Wer sich in, auf und bei den Schiffen aufhielt, auch wer schnurstracks ins Wasser sprang, verbrannte zu kohligen anonymen Aschenhaufen. Von den Russen her geschah nichts, keine Feuerwehr in der ersten halben Stunde, die Militärpolizei des Hafens verbrannte wie unsere britischen und amerikanischen Seeleute..."

Wieder Jims Pause, die wohltuend wirkt. Das Entsetzen hielt Einzug in eine Stadt, die den Krieg bisher nur von der geschäftlichen Seite kennengelernt hat. Bis zu diesem Zeitpunkt wusste nur Jim, dass es sich nicht um ein Unglück handelte, hatte er doch die Rakete kurz vorm Einschlag gesehen.

„Ich und mein russischer Begleiter konnten nirgends helfen, wir mussten uns sogar aufs anschließende Ufergebiet zurückziehen, weil die brennende Grütze sich ausbreitete. Neue Einschläge, diesmal in die Stadt, die wie bei einem Sonnenwendfeuer aufleuchtete. Jetzt erst dämmerte es Überlebenden, dass sie Opfer einer neuen Kriegsführung geworden waren und, vielleicht, die Deutschen hier dereinst (in the future) hier erwarten durften..."

Rechnet man den Erfolg der ersten deutschen R 3 allein für sich ab, dann haben sie mit der Vernichtung von 24 Frachtern samt Ladung und der Einäscherung des Hafengebiets mehr erreicht als Dönitz' U-Boote oder Dickschiffe auf See je hätten erreichen können.

Aber Archangelsk stand nicht allein mit seinem Unglück. Da die Kapazitäten seines Hafens sowieso über die Maßen beansprucht waren, wurde Geleitzug PQ 25 nach Murmansk dirigiert. Auch er kam heil und unangegriffen an und versetzte die britische Admiralität in eitel Freude. Doch Wernher von Braun kratzte die vorerst letzten R 3 zusammen. Auch aus Murmansk existiert ein Augenzeugenbericht, des Hafenmeisters nämlich, der dabei war, als die letzten Frachter des Geleits eingewiesen und festgemacht wurden:

„Gerade war mein Blick aufs Hafenbecken gerichtet, als aus diesem eine riesige Fontäne aufstieg. Da ist was ins Wasser geplumpst, dachte ich. Und als die Fontäne zusammenfiel knallte es fürchterlich, eine Feuersäule leckte aus dem Wasser empor, das sich sofort zu einer Flutwelle, gemischt mit lodernden Bränden, aufbaute und über die Frachter schwappte...“

Auch hier drang „Feuerwasser“ auf und in die Schiffe, die diesmal mit allen Arten von Munition, Handgranaten, Torpedos, Bomben, Minen und Kleinraketen beladen waren. Eine Beschreibung und Zählung der Opfer ersparen wir uns hier. Da Murmansk mangels Masse nur mit zwei Raketen bedacht wurde, glaubte man an deutsche U-Bootangriffe, bis die Nachrichten aus der Schwesterstadt erkennen ließen, was geschehen war.

Nun endlich, zum ersten Mal seit den alliierten Siegeszügen in Europa und Asien, machten Churchill, Roosevelt und ihre Berater und Militärs lange Gesichter. Verargen wir es ihnen nicht, weil sie insgeheim froh waren, dass nicht London, Liverpool, Birmingham oder gar New York oder Washington getroffen worden waren.

Marschall Stalin tobt

Wir haben diesen Helden des „Großen vaterländischen Krieges“ mit seinem Kummer über die Vernichtung des Flughafens Poltawa allein gelassen. Am 2. August morgens hatte er noch keine Kenntnis vom Handstreich der Wlassow-Soldaten, weil man sich an der Front selbst gar nicht völlig über die Täter klar war, und Stalin Niederlagen und Versäumnisse zu melden war für die Frontoffiziere gefährlicher als ein Nahkampf mit den Deutschen. Und heute begann Stalins Kummer- und Gramzeit, die bis zum Ende des Krieges anhalten sollte.

Lesen wir einige der Depeschen, die man Stalin behutsam auf den Schreibtisch schob:

„Deutsche Flotteneinheiten beschießen uns, wir stehen in Flammen.“

„Riesenflammenwerfer räuchern unsere Stellungen und Panzer aus, wir verbrennen."

„Hafen und Innenstadt brennen, riesige Flammenmeere vernichten die ankommenden Geleitzüge."

„Unerklärliche Explosionen! Frachter und Material verbrennen."

Unter diesen Schreckensmeldungen erbleichte der rote Diktator zu ersten Mal seit dem 22. Juni 1941 wieder, blieb aber nicht so lange gelähmt wie damals. Er trat an die Karte der Ostseeküste, zeigte auf die eingekesselte deutsche Armee und sagte:

„Lassen wir sie sich dort vereinigen und vorerst retten, nehmen wir sie uns woanders vor."

Damit wies er auf den Mittelabschnitt der Front von Warschau und befahl seinen Marschällen, ohne Rücksicht auf den polnischen Aufstand so schnell wie möglich mit der Offensive zu beginnen.

„Wenn die Deutschen sich an einer Stelle der Front stark gebärden, sind sie an anderen besonders schwach."

Echte Sorgen machten Stalin allerdings die Meldungen von den beiden Eismeerstädten, die Katastrophen dort wiesen auf neue Waffen hin, vor denen Churchill bereits gewarnt hatte. Noch konnte die russische Führung nicht erkennen, dass sich das Schwergewicht des Krieges nun doch auf Russland zuwälzte.

Im Lauf des Vormittags kamen Meldungen, welche die Absichten der Deutschen verrieten, ihre Kurlandarmee frei zu schlagen. Minuten später meldete sich Marschall Tschernjachowskij von der 3. Weißrussischen Front:

„Die Deutschen verbrennen alles, Soldaten, Panzer, Artillerie, Munition, Lager, Dörfer und Wälder um uns her, alles steht in Flammen, die nicht gelöscht werden können. Aus der Luft kommt das Feuer, vom Meer, aus Lastwagen, von Panzern, aus Verstecken – wir verbrennen, Genosse!"

Stalin stutzte, dieser Marschall war ein ruhig sachlicher Soldat, der noch nie außer sich geraten war. Was ging vor? Warum überall die Hilferufe „wir verbrennen"?

Stalin versuchte sich zu erinnern: Hatten die Briten und Amerikaner nicht von „Flammenmeeren“ gesprochen, als die Deutschen ihnen die ersten großen Niederlagen im Luftkrieg präsentierten? Haben sie nicht gemeldet, dass der Beschuss mit V-Waffen aufgehört habe? Klar: Der jetzt tote Hitler hat getönt, „die Entscheidung falle im Osten!“, und seine Nachfolger schienen nun derselben Meinung zu sein. Jetzt mobilisierten sie offenbar alle Kräfte, um ihn, Stalin doch noch in die Knie zu zwingen.

„Da müssen wir nur noch“, murmelte Stalin verbittert und schaute seine Ratgeber und Generalstäbler verbiestert an, „auf eine Nachricht über einen Sonderfrieden mit den Westalliierten warten.“

Misstrauen verdunkelte sein Gesicht so, dass seine Zuschauer und Zuhörer unwillkürlich in Deckung gingen. Als er im Lauf des Tages Gewissheit bekam, dass die beiden Städte tatsächlich mit Fernwaffen angezündet worden waren, da zog er sich in seine Kreml-Kemnate zurück, um nachhaltig zu grollen...

Wieder Verschwörer in Berlin

Kehren wir nach Berlin zurück, das wir ein wenig vernachlässigt haben. Sollte es möglich sein, überlegte das Triumvirat, dass dort alles ruhig blieb, jetzt, wo hier wie im ganzen Reich die Verdunkelung bereits aufgehoben war und die Bevölkerung an warmen Abenden promenierte? War Berlin nicht schon immer eine Verschwörerstadt gewesen!

Während ehemalige klein- und mittelgroße Nazis wie Baldur von Schirach, Artur Axmann, Werner Best, Karl Hermann Frank, Wilhelm Frick, Walther Funk, Erich Koch und alle Gauleiter es vorzogen, in allen möglichen Versenkungen zu verschwinden, wenn vielleicht auch nur zeitweise, betrieben andere Konspiration mit dem Ziel eines Umsturzes. Nach ihrer Meinung dürfe der Nationalsozialismus nicht mit seinem Schöpfer untergehen, er müsse sich gar nach dem Märtyrertod Hitlers geläutert und rein wieder erheben können. Zugegeben: Es hat zwar Unterschleife, Korruption und vermeidbare Grausamkeiten gegeben, aber die konnte man getrost auf Hingeschiedene wie Himmler, Bormann, Keitel und Heydrich schieben – Hauptsache, „der Führer steht klar und sauber da“. So und ähnlich dachte jene Clique, die sich in Goebbels’ Villa bei einem frugalen Mahl versammelte. Sie haderten mit dem Schicksal, grollten sogar der Vorsehung, die sich – ganz einfach – geirrt haben muss! Des Führers Intentionen, warum haben sie ihn am 20. Juli im Stich gelassen?

„Das war doch klar ein Attentat! Hätte der Führer nicht vorhersehen können, dass dieser Oberst mit der Augenklappe der Prototyp des Verräters ist?“

Nur abgrundtiefer, undeutscher, undankbarer Verrat konnte das Attentat gelingen lassen! So wie auch Verrat die Ursache der miserablen Kriegslage war.

Joseph Goebbels hatte zur Sitzung geladen, seine gehörnte Ehefrau Magda, Führerfan und Trägerin des Goldenen Mutterkreuzes, machte die Hausmutter, während ihre niedliche unschuldige Kinderschar nach „Onkel Adolf“ rief, mit dem sie spielen wollte – (RIP)!

„Ich hätte mich nicht“, maulte Goebbels, „von diesem obskuren Triumvirat unter Fettsack Göring aus Rastenburg wie ein Schulbub fortschicken lassen dürfen.“

„Du hattest die Hosen voll, Joseph“, sagte Magda.

„Wir hätten sofort“, motzte von Ribbentrop, „mit den Fäusten auf den Tisch donnern müssen, dass Göring die Goldzähne ausfielen.“

Ribbentrop und Goebbels hatten früher Gift und Galle gegeneinander gespuckt und hätten sich beim beiderseitigen Anblick übergeben, wenn der Führer das nicht als unpassend angesehen hätte. Jetzt einigte sie ein großes Ziel. Enttäuscht waren sie jedoch, unter der ehemaligen Führungsriege von Partei und Staat, ihren Leidensgenossen sozusagen, keine weiteren Personen gefunden zu haben, die sich gegen die neuen Machthaber wenden wollten. Goebbels schwenkte stolz ein Papier, das die fast komplette Liste aller Teilnehmer enthielt, „die an diesem Attentat auf unseren Führer beteiligt waren“. Er verlas Namen wie Beck, Olbricht, Oster, von Stauffenberg, von Tresckow, Fromm, von Witzleben „und das ganze Gesindel, das sich dort im Heeresersatzamt herumdrückt“. Diese Liste hatte ihm Ernst Kaltenbrunner zugespielt, einst Himmlers hilfreiche Hand in Verbrechen und Verfolgungen, es stammte aus Himmlers privatem Geheimschrank zu Hause auf der Hühnerfarm, wo Frau Himmler es gefunden und Goebbels geschickt hatte.

„Wenn wir dann wieder an der Macht sind“, orakelte Gestapo-Müller, „werden wir das ganze Pack zum Teufel schicken.“

Er wunderte sich seit Tagen, noch nicht verhaftet worden zu sein, argwöhnte aber, dass eine Verhaftungswelle noch ausstand.

„Wenn ich an meine viele Arbeit denke“, nörgelte Julius Streicher, der sich zum Missfallen Goebbels’ hier eingefunden hatte, „die ich der Reinhaltung des deutschen Volkes gewidmet habe, könnt’ ich mich glatt aufhängen.“

„Und mein Kraftdurchfreudebetrieb“, geiferte Robert Ley, „ist nun durch diese Kerle zuschanden gemacht worden. Wie soll der deutsche Arbeiter in Zukunft seinen Urlaub verbringen?“

„Sie geben jetzt alles auf“, fauchte Arthur Seyß-Inquart, Österreicher, noch kürzlich Reichskommissar der Niederlande, die nun von alliierter Rückeroberung bedroht waren, „was der Führer für uns geschaffen hat.“

Eine Atmosphäre des Missmuts war hier unüberhörbar, aber Verschwörer, die sich in Selbstmitleid ergehen, sind keine. So schleppten sich die Beratungen, wie man die neue Regierung hochgehen lassen könne, quälend langsam und entnervend dahin. Jetzt rächte es sich für diese Leute, dass man Verbindungen zur Wehrmacht nie gepflegt und die hohen Militärs als Memmen und Schlappschwänze, frei nach des Führers Art, bezeichnet hatte.

„Wenn wenigstens der fette Göring“, meckerte Goebbels, „der nach meinen frühen Informationen auf der alliierten Kriegsverbrecherliste ganz oben steht, auf unserer Seite stände. Aber nein – er hat nichts Eiligeres zu tun, als seinen Wohltäter zu verraten und sich den Neuen anzubiedern.“

„Auch die Generalfeldmarschälle“, stimmte Magda weinerlich zu, „alles Männer von Adolf Hitlers Gnaden, haben ihn wie eine faule Ratte über Bord geworfen.“

Auf dieser so genannten „Ersten konstituierenden Sitzung“ beschloss man, noch keine konkreten Schlüsse zu fassen, sich zu striktem Schweigen zu verpflichten, sondern Seilschaften zu flechten und Kameraden anzuwerben. Es war genau 22 Uhr 30, als das Telefon klingelte, Magda abnahm und den Hörer ihrem Mann reichte. Diesem geschah beim Anhören des Telefonats folgendes, und zwar genau in der hier dargelegten Reihenfolge. Er...

...erstarrte zur Salzsäule,

...schrumpfte kleiner zusammen als er schon war,

...transpirierte wie ein Delinquent,

...begann mit dem Klumpfuß zu zittern,

...sagte nur „Jawohl“, „ist klar“ und „versteht sich“,

...suchte Halt bei Magda und

...knickte schließlich beim Hörerauflegen wie ein Mehlsack zusammen.

Was war geschehen? Goebbels berichtete nach einer Pause voller Schweiß und Tränen der entsetzt und in Todesahnungen dreinblickenden Runde:

„Das war Graf Helldorf, der Polizeichef von Berlin. Er sagte, unser Haus sei umstellt und wenn wir uns nicht innerhalb von fünf Minuten verkrümelten, würde es unter Feuer genommen.“

Damit war diese Verschwörung nach der ersten Sitzung erledigt und trat nie mehr unters Gewehr...

Eine Reichskanzlei

Nach einem Konzert der Berliner Philharmoniker unter Wilhelm Furtwängler besuchte Albert Speer sein architektonisches Lebenswerk: Hitlers Reichskanzlei, die Neue. Sie war schon arg gerupft durch alliierte Luftangriffe, aber in der Substanz erhalten. Was können Luftminen und Blockbusters schon gegen Marmor und Granit ausrichten! Hitlers letzter Leibarchitekt Hermann Giesler, mit dem Speer noch vor kurzem die Holzmodelle der neuen Stadt Linz begutachtet hatte, war heute mit von der Partie.

„Wir standen", berichtet Giesler, „vor diesen beleuchteten Modellen und ergingen uns in Visionen, die mit rationalem Verstand nichts zu tun hatten. Hitler wusste, abgesehen von Unfall oder Attentat, dass er nicht mehr lange zu leben hatte, ein Jahr vielleicht noch, denn der Selbstmord bei verlorenem Krieg war beschlossene Sache. Aber er schwärmte von den Jahren 1950, 1975, ja 2000 und bekam feuchte Augen..."

Das waren „diese Sitzungen", auf denen tausend Jahre verplant wurden. In einem Jahr hatte er, Albert Speer, unter unvertretbaren aber genehmigten Kosten den Klotz von Reichskanzlei aus dem Berliner Boden gestampft, fünf Jahre war's jetzt her seit der Einweihung, und Berlin war ein Ruinenfeld.

Speer und Giesler stiegen in die Bunkeranlagen hinab. Nachdem Adolf Hitler im Juli zum letzten Mal – wie er ahnte – seine Burg auf dem Obersalzberg besucht hatte, war er nach Rastenburg gegangen.

„Wenn ich wegen der Russen einmal dort fort muss", sagte er, „ziehe ich in den Bunker der Reichskanzlei, aus dem mich niemand lebend abtransportieren wird."

Nun, das Schicksal war seinen düsteren Prophezeiungen zuvorgekommen und jetzt war die Reichskanzler herrenlos, bei Alarm zogen Berliner in den Bunker. Auch ehemalige Parteigenossen, dic sonst nic hier hätten auftreten dürfen. Noch gab es Unverbesserliche und Unbelehrbare genug, die auf eine Rückkehr alter Zeiten hofften und darauf, dass der Bunker einmal als

„Braunes Museum“ eingerichtet würde. Speer wusste von diesen Strömungen, plädierte aber auf Abriss der Reichskanzlei:

„Die Steine können wir für den Wiederaufbau Berlins verwenden.“

Speer war ein Umfaller, heute „Wendehals“ genannt, schwörte dem Nationalsozialismus ab – ein Architekt der Erneuerung, das war sein Lebensziel: Eigenheime und Wohnungen für Minderbemittelte bauen, Stadtteile erneuern, gesunde und zeitgemäße Fabriken und landwirtschaftliche Betriebe schaffen; würde er Gelegenheit dazu bekommen oder unter den Galgen der Alliierten geraten?

Speer und Giesler stiegen aus den „Katakomben des Führers“ ins Freie und holten tief Atem – nun immerhin, die Berliner Luft war erheblich reiner geworden...

Die erste Offensive

Wunder geschahen seit dem Abgang Adolf Hitlers: Ein Jagdflieger bestieg ein Schlachtschiff! Man staunte nicht schlecht, als der Reichspräsident, schlicht gekleidet und schon pfundweise stark abgespeckt, klammheimlich und ohne Wochenschaukameras auf die Tirpitz kam. Sein Herz schlug höher als damals, als er Karin Fock zum ersten Mal sah: Diese dicken Kanonen, die Masse von Mittelartillerie und Flak, die Ordnung an Bord und die properen Jungs beim Empfang – „da kann ein altes Kriegerherz höher schlagen!“ Es war in der Abenddämmerung des 12. August, das Frische Haff der Ostsee gab sich martialisch in diesen Tagen, da Dönitz hier seine ganze Hochseeflotte versammelt hatte. Der Großadmiral, in Uniform ein „Prachtkerl“, wie Hitler ihn einmal bezeichnet hatte, kam nach Göring an Bord und los ging’s. Die Küste bei Memel war knapp 200 Kilometer entfernt.

Auf der Brücke, während der Verband in mittlerer Fahrt durch Dunkelheit und sommerlich ruhige See glitt, beschrieb Dönitz seinem Staatsoberhaupt, was er anhand der Karten ab 4 Uhr des 13. zu sehen bekommen würde: „Tiefe und sehr starke russische Stellungen, überladene Versorgungspunkte, überquellende

Nachschublager und enorme Panzeransammlungen, bald in ein Flammenmeer gehüllt, das heller als tausend Sonnen sein wird".

„Können wir der Überraschung sicher sein", fragte Göring.

„Ja, Schörner sagt es zu. Die Russen seien so mit ihrer Offensive gegen Model beschäftigt, dass sie den Kurlandkessel vorübergehend außer Acht ließen."

Göring war beeindruckt von der Masse der Geschütze, die in den ersten Salven Brand-, dann Sprenggranaten verschießen würden.

„Klappt die Zusammenarbeit mit Milch?"

Dönitz bestätigte dies und wies darauf hin, dass seit dem Ausscheiden Hitlers als Oberster Kriegsherr alle Rivalitäten zwischen den Befehlshabern und unter den Waffengattungen wie fortgewischt seien:

„Die Aufklärer der Luftwaffe stehen Punkt 4 Uhr über dem Zielgebiet und werden unsere Artillerieoffiziere einweisen und korrigieren."

Die 1. Baltische Front samt ihrem Oberbefehlshaber Iwan Bagramjan schlief den Schlaf des Unbedrohten und Gesicherten. Nicht viel anders sah es an der 3. Weißrussischen Front unter Iwan Tschernjachowskij aus. Nichts konnte die Vorstellung russischer Führer brechen, die Deutschen seien erledigt und nur noch zu Gefechten im Rückzug fähig. Bald würde man sie im eigenen Land besuchen und ihnen alles heimzahlen können. Noch sorgloser, wenn das überhaupt möglich war, richtete man sich auf den Inseln Dagö und Ösel ein. Zwar wusste man von verstärkter deutscher Aktivität in der Ostsee, auch sollte die mächtige Tirpitz von Norwegen hierhin verlegt worden sein, aber was bedeutete dies schon! Ansonsten hatten die russischen Soldaten der Inseln einen ruhigen Posten – nur schade, dass man nicht dabei sein würde, wenn's nach Deutschland hinein ginge, dort, wo jedermann eine Armbanduhr trug...

„Das schreckliche Erwachen im Osten“, wie Göring es unverbesserlich formulierte, fand wie geplant auf die Sekunde genau um 4 Uhr statt. Die deutsche Flotte stand vor dem dunklen Westhorizont und blickte in den aufgehenden Tag. Die bereits von uns genannten Einheiten und Kaliber veranstalteten nun eine Kanonade, wie sie seit 1916 während der Skagerakschlacht nicht stattgefunden hatte. Die zwischen fünf und acht Kilometer von der Küste stehenden Schiffe bäumten sich beim Rückstoß ihrer Breitseiten so auf, dass Hermann Göring, dieser notorische Nichtseemann, angstvoll und in aufkommender Übelkeit sich auf der Brücke anklammern musste. Nachdem er seinen gewohnten Flachmann angesetzt und sein Fernglas aufs Land gerichtet hatte, vergaß er alle Querelen des Matrosendaseins: Dort wurde inzwischen die Hölle auf Erden realisiert!

„Es war dahinten an Land“, schrieb er am Abend seiner Emmy, „das Bild einer Vulkanlandschaft aus den Urzeiten unserer Erde zu beobachten, rote Lavaspritzer, die sich zu Flächenbränden vereinigten, in denen alles Leben, vom Grashalm bis zum Rotarmisten, verbrannt wurde...“

Ein Steppenbrand, aus dem bei Munitions- und Panzerexplosionen silberne Säulen in den Morgenhimmel stiegen. Da der Wind die Flammen seewärts trieb, begannen die russischen Truppen an die scheinbar rettende Küste zu eilen. Prompt preschten deutsche Schnellboote heran und überschütteten sie mit Vierlingsflak- und MG-Feuer. Im Lauf des „Gefechts“ waren die schweren Einheiten so nah wie möglich an die Küste herangeglitten, dass nun die schwere Artillerie das Hinterland, die mittlere bis leichte den gesamten Küstenstreifen beschießen konnte. Göring legte in Abständen erschüttert und auch ermüdet das Glas beiseite: Noch nie in seinem Soldatenleben war er derart hautnah und zeitgleich dabei gewesen, wie Menschenleben massenweise und ohne alles Erbarmen niedergemacht wurden. Aber, dachte er bei sich im Stillen, was hatten seine Landsleute in Hamburg, Köln und Lübeck erdulden müssen!

So war es ihm recht, als die Tirpitz sich nach dreißig Minuten verschossen hatte und abdrehte, um in Gotenhafen neu mit Munition und Rohren ausgerüstet zu werden. Die schwere Artillerie hatte einen Vorrat von 120 Schuss je Rohr, und da die Tirpitz in Norwegen kaum gewartet, aber zwischenzeitlich vom Gegner beschädigt worden war, mussten ihre ausgeleierten Rohre, die ja nur acht „Geschosssekunden" aushielten, gewechselt werden. 5 Uhr, die Kreuzer, sparsamer und gezielter schießend, verlegten ihr Feuer nach Anweisungen von Schörner, der nun anzugreifen gedachte. Ein Schwarm M-110-Jägern unterstützte ihn und vervollständigte das Chaos der russischen Front.

Wenden wir uns diesem näher zu. Es bestand darin, dass die Rote Armee vollkommen aufgelöst war und keinem Befehl mehr, sofern einer durchkam, gehorchte. Die herrliche baltische Küstenlandschaft mit ihren Kiefernwäldern, Mooren, Dörfern, Anwesen und Fluren stand in Flammen. So hatten die nun vorgehenden deutschen Truppen mehr mit ihnen als mit feindlichem Widerstand zu tun. Wo er sich noch in Häusern und Stützpunkten formieren wollte, wurde er mit den neuen Flammenwerfern gebrochen. In Pulks standen russische Kompanien beisammen, um sich zu ergeben: „Nur raus aus dieser Hölle!"

Um 6 Uhr traten die deutschen Kräfte aus den Räumen Königsberg, Tilsit und Gumbinnen zum Angriff an, um die Lage auszunutzen und die Verbindung mit 21. Heeresgruppe herzustellen. Wie schon zu Beginn des Russlandfeldzuges 1941 kämpfte die deutsche Luftwaffe die russische am Boden nieder. Russische Panzeransammlungen, die im Hinterland standen oder von dort anrollten, wurden mit Raketen beschossen und in wenigen Augenblicken „angezündet", wie der russische Gefangene Jurij später formulierte:

„Wir fuhren alle auf der groben Rollbahn in Kolonnen dicht hintereinander und schwärmten seitlich aus, als wir uns dem Einsatzgebiet näherten. Kurz bevor die Infanteristen, die hinten aufsaßen, absprangen, um zwischen den Panzern mit vorzugehen, wurden wir von rückwärts anfliegenden Flugzeugen beschossen. Ich sah, wie der Vordermann plötzlich mit einer hell lodernden Brühe übergossen wurde, so, als wenn Öl in einer Pfanne Feuer fängt, und wie diese Brühe sozusagen Einlass in den Panzer begehrte. Da drin waren die Panzerleute wohl sofort tot, denn ihr Panzer irrte führerlos umher, rammte einen Vordermann und explodierte mit ihm... Ich selbst kam davon und konnte, in einem Loch versteckt liegend, mit ansehen, wie unsere Panzer einer nach dem anderen abgeschlachtet wurden. Die relativ langsamen deutschen Flugzeuge, die niemand abwehrte, drehten immer wieder Schleifen, um von hinten herankommen zu können. Wurden alle Russen vom deutschen Überfall überrascht?"

„Boris und ich", berichtete ein anderer Gefangener, „waren vor dem Hellwerden unterwegs, um zum Frühstück ein paar Fische zu fangen. Da sahen wir große graue Schatten auf der See, die langsam begannen, der Küste ihre Breitseiten zuzukehren. ‚Mann, das sind Deutsche.' ‚Red keinen Quatsch, es sind Tommies, die uns helfen wollen.' Aber wir liefen doch keuchend zurück und alarmierten die Unsrigen, waren kaum im Windschatten der Dünen, als die Schießerei begann."

Schon um 15 Uhr vereinigten sich die deutschen Truppen aus Süd und Nord, der Kurlandkessel, den Hitler wohl bis zum Kriegsende hätte stehen lassen, war gesprengt. Es würde noch sechs Stunden hell bleiben, so befahl der unermüdliche Antreiber Schörner den Aufmarsch in Richtung Alytus, Wilna, Dünaburg, Mitau und Riga – alles Ortsnamen, die der deutschen Bevölkerung aus den OKW-Berichten von 1941 in den Ohren klangen. Am Abend standen die Deutschen wieder vor Riga und hatten Mitau eingekreist. Weiter südlich fing Konstantin Rokossowskijs 2. Weißrussische Front an zu wanken und östlich und gegen die 1. Weißrussische Schukows zurückzugehen. Womit Warschau Kampfgebiet zu werden drohte und, viel schlimmer aus russischer Sicht, die für den 16. geplante Offensive in Gefahr geriet. Aber soweit kam es nicht, da erstens die deutschen

Truppen gegen Abend erschöpft waren und zweitens Schörner Befehl erhielt, nicht weiter vorzugehen und seine Kräfte für übermorgen zu östlichen und nördlichen Vorstößen zu sparen. Als es dämmerte und dunkel wurde, loderten überall entlang der Linien Brände und „Feuerchen". Deutsche Stoßtrupps machten sich bereit, vorher „ausbaldowerte" Plätze und Ansammlungen russischer Einheiten und Fahrzeuge „durch höllischen Feuerstrahl auszukokeln".

Wann haben wir Marschall Stalin verlassen? Am 13. gegen Nachmittag, als die Schreckensmeldungen von der 3. Weißrussischen Front einliefen. Um 22 Uhr mochte Stalin schon klarer sehen, aber nicht an eine groß angelegte deutsche Offensive glauben, „sondern nur an einen örtlichen Gegenangriff".

„In dieser Strategie sind sie Meister, das muss man ihnen lassen."

Ihn empörte die Angst seiner Frontbefehlshaber und das offenbar hasenartige Laufen seiner Rotarmisten. In einem hastigen Gespräch mit Schukow, von dessen „Davonkommen" er erst jetzt erfuhr, befahl er sofortigen Angriff auf die deutsche Front an der Weichsel:

„Werfen Sie die Deutschen zurück und stoßen Sie nordwestlich zur Ostsee durch, dann haben Sie sie im Sack! Wann können Sie antreten?"

„Am 15., Genosse Stalin."

Das war einen Tag eher als geplant, immerhin.

„Machen Sie ein Trommelfeuer wie noch nie, verstanden, und dann nichts wie über den Fluss...!"

In Zossen liefen alle wichtigen Meldungen zusammen, solche von Erfolgen, Spionen und Agenten. Noch nie war die deutsche Spionage so erfolgreich, und es dauerte nicht lange, bis Stalins Befehle an Schukow und andere Armeebefehlshaber der Russen hier bekannt waren. Göring hatte dem Triumvirat und dem Generalstab von seiner Seefahrt berichtet und vorgeschlagen, so etwas häufiger anzuwenden:

„Zum Beispiel zur Eroberung der beiden Inseln."

Das hatte Dönitz auch vor. Feldmarschall Model war in Zossen erschienen, um letzte Besprechungen zu seiner Offensive am 15. zu führen. Da meldete Gehlens Nachrichtendienst den neuesten, „von Stalin angeordneten" Termin: am 15. morgens um 4 Uhr.

„Mit einem gewaltigen Feuerschlag von Geschützen. Unsere Aufklärung hat festgestellt, dass auf jedem Frontkilometer hundert schwere Kanonen stehen, die Stalinorgeln gar nicht mitgerechnet. Wenn wir ihnen nicht zuvorkommen, schießen sie uns in Stücke."

Ursprünglich war geplant, den Russen um einen vollen Tag zuvor zu kommen."

„Wir verlegen vor", entschied der Generalstab unter Tresckow, „auf den Abend des 14, bei Dunkelwerden. Dann stehen und liegen sie alle in den Startlöchern, die Sturminfanterie direkt am Weichselufer, so dass sie, Model, in Ihren neuartigen Feuersturm geraten."

„Den entfachen zuerst", versprach Model, „Wlassows Leute von Kähnen und Booten aus. Sie haben Appetit bekommen und wollen zeigen, wozu sie fähig sind."

Kreuzer Prinz Eugen war noch in der Nacht in aller Eile betankt und munitioniert worden und hatte tausend Marinesoldaten an Bord genommen, nun preschte er von Zerstörern und Torpedobooten begleitet der Rigaer Bucht entgegen. Schauten die Männer in der dunklen Nacht gegen Osten und Südosten, dann sahen sie seltsame Sternschnuppen am Himmel, die alle in einer Richtung auf die Erde niedergingen: Dort lag Leningrad. Diese Stadt jahrelangen Leidens wurde mit R 2 beschossen. Als die deutschen Schiffe vor Ösel und Dagö angekommen waren und mit deren Beschießung begannen, stand eine Wand, wie ein verfehlter Sonnenaufgang, über Leningrad. Der Feuerüberfall der Prinz Eugen war kurz und heftig, und als die Soldaten an Land gingen, ergab sich die Besatzung sofort. Sie wurde eingesammelt und aufs Schiff gebracht. Dann wurden alle militärischen Anlagen auf den Inseln zerstört, es lohnte sich nicht, sie besetzt zu halten. Als die Prinz Eugen heimfuhr, begegneten ihr die Kreuzer Hipper und Scheer, die zur Rigaer Bucht unterwegs waren, um das Küstengebiet bei Pernau und Reval und russische Lager und Ansammlungen bei Dorpat und Pleskau zu beschießen. Überall verbreiteten die neuen Granaten Angst und Schrecken unter Soldaten und Zivilisten.

Inzwischen machte Schörner der Besatzung von Riga ein Angebot:

„Bis heute Morgen 11 Uhr Übergabe der Stadt oder Schiffsbombardement und Beschuss mit Raketen!"

Man ahnte in der Stadt schon das Schicksal Leningrads und da der Kommandant sicher war, dass Deutschland trotz seiner momentanen Vorteile den Krieg verlieren würde, gedachte er die lettische Hauptstadt, ohne bei Stalin nachzufragen, durchaus nicht dem Erdboden gleichmachen zu lassen. Auch traute er der lettischen Bevölkerung nicht, von der bereits Teile von „einer zweiten Befreiung" glaubten und gewiss einen Aufstand angezettelt hätten. So fiel Riga am 14. August zum zweiten Mal in diesem Krieg in deutsche Hand. Schörner hatte Befehl, die Ostseeküste bis Reval zu erobern und nach Möglichkeit bis zu einer Linie Reval-Dorpat-Dünaburg-Wilna östlich vorzustoßen und dort Verteidigungsstellung zu beziehen. Je nach der Entwicklung im Mittelabschnitt der Ostfront würden neue Anweisungen ergehen. Lassen wir ihn allein und begeben wir uns ins schöne Masuren.

„Tausend Kilometer bis Moskau"

Dieses Mal war auch Hermann Oberth dabei, als seine Ziehkinder auf die Reise geschickt wurden. Es war der Abend des 14. August im masurischen Startgebiet der R 2- und der R 3-Raketen. Drohend, von der letzten Abendsonne beschienen, ragten die Spitzen dieser modernen Ungeheuer aus den Kiefernforsten und Buchenwäldern. Lustige Sprüche und Redewendungen, ganz nach Landserart, zierten Leitwerke und Stummelflügel, einige persönlich dediziert – obwohl jedem hier klar war, dass sie vom Empfänger nie gelesen würden:

„Feuer unter Deinem Hintern, Onkel Joe!“

„Den Erben Lenins Grüße aus Ostpreußen.“

„Blitztelegramm in den Kreml.“

„Auf Wiedersehen in Minsk!“

„Germansky ad portas, Smolensk.”

„Wlassow kommt bald, Josef!”

Diese Beispiele mögen genügen, zumal nur sechs Raketen zur Verfügung standen. Hermann Oberth und Wernher von Braun waren, aus technischer Sicht geurteilt, vollauf zufrieden mit ihren hiesigen Schöpfungen. Versager hielten sich in Grenzen und wenn man noch ein wenig Zeit zum Basteln bekäme, würde man die Zielsteuerung soweit verbessert haben, dass markante Punktziele wie das Innere des Kremls oder Stalins Datscha, getroffen werden können. Es waren tausend Kilometer Schnurstrackslufltinie bis Moskau, das von den R 3 in einem eleganten Halbbogen in acht Minuten erreicht werden konnte. Der deutsche Plan sah vor, dass diese Raketen etwa eine Stunde vor der großen deutschen Offensive einschlagen sollten. Dann schliefen alle Gerechten und Ungerechten im Zielgebiet und den russischen Militärs an der Weichsel würde es unmöglich sein, noch Änderungen vorzunehmen.

Moskau, 23. Uhr 10, im Hotel Lux. Das war gar kein Hotel damals, aber ein Name, der für sich sprach: In dieses Haus war manch braver europäischer Kommunist hoffnungsvoll eingezogen, hat dort eine Weile nicht schlecht gewohnt und sich in Moskau eingewöhnt, bis ihn eines schlechten Tages ein paar Männer aufsuchten, kassierten und fortbrachten – auf ein stalinistisches Nimmerwiedersehen und –hören: Verschollen im Schlund eines unersättlichen Regimes!

Jetzt, zu unserer angegebenen Zeit, verließen jene Männer den Komplex, die man später als „Gruppe Ulbricht“ bezeichnen wird; genannt nach ihrem Chef vornamens Walter. Ihre markanteste Leistung bis zu diesem ihren Lebensabschnitt ist ihr Überleben. Denn im Weichbild Josef Stalins muss man nur eine Kunst beherrschen: die des Duckens und nicht Muckens – denn gegen Genickschüsse, zweckdienlich angesetzt, hat auch der härteste germanische Dickschädel nichts aufzubieten.

Walters Gruppe verließ also das Hotel, um an der Geburtstagsfeier eines Ministers teilzunehmen, und damit geriet sie in den Sog der Geschichte, die bekanntlich mehr aus Zufällen als aus Leistungen einzelner Personen besteht. Um 23 Uhr nämlich zündete jene R 3, die Onkel Joe Grüße bringen sollte, die auch pünktlich eintrafen. Sie schlug direkt ins Dach des Lux ein und drang, von oben gerechnet, ins dritte Stockwerk durch. Ersparen wir uns Einzelheiten, weil wir ja bei den ersten Aktionen gegen den Warschauer Aufstand erfahren haben, wie gründlich flüssiges Feuer in alle Ritzen, Spalten, Kammern, Zimmer, Flure und Aufzüge einzudringen vermag. Was machen Zimmerbewohner, deren Wohnungstür aufgestoßen wird und die sich plötzlich dem Einfluss eines Hochofens ausgesetzt sehen...

In einer Spanne von Minuten schossen aus allen Fenstern des Lux Stichflammen waagerecht ins Freie, während der Pförtner unten, - wie immer Mitglied des NKWD -, sich über den Lärm oben zu beschweren beschloss – da erreichte auch ihn die feurige Lohe. In Moskau konnte sich niemand erklären, wie es zu dem Brand gekommen war, bis – ja, bis der zweite deutsche Gruß einschlug, direkt auf das Pflaster des Roten Platzes, wo er nichts anderes in Brand stecken konnte als Lenins Mumie. Die dritte R 3 versagte jedoch über dem Hauptbahnhof Moskaus, torkelte hernieder auf die Schienen, explodierte aber programmgemäß und setzte Güterzüge in Brand, die Material zur Front bringen sollten.

Jetzt erst wagte man Stalin zu wecken, der sich aber nicht aus dem Kreml traute, denn „wer sollte den Großen Vaterländischen

Krieg fortsetzen“, wenn ihn eine Rakete erwischte? Seit 1942 war Moskau von deutschen Luftangriffen verschont geblieben, und jetzt dieses! Stalin telefonierte mit Schukow und befahl:

„Noch heute vernichten Sie mir die deutschen Raketenstellungen, wo immer sie stehen!“

Bevor es Moskau erwischte, fielen Raketen auf Minsk und Smolensk, wo es zu großen Bränden an den alten Häusern kam. Kriegswichtige Güter wurden hier nicht getroffen, aber die moralische Wirkung war ungeheuer, zu Lasten Stalins und der kommunistischen Partei, die entgegen ihrer Versprechungen nicht in der Lage zu sein schienen, die Deutschen zu schlagen. Würden sie wiederkommen und ihre Herrschaft erneut aufrichten? Nicht alle Russen fürchteten dies. Um 1 Uhr legte sich Stalin erneut zur Ruhe – nur eine Stunde später wagte man in wiederum zu wecken. Wenden wir uns aber jetzt, bevor die Offensive losgeht, einer anderen Gegend zu.

Noch ist Finnland nicht verloren

Die Karriere des Generalobersten Ludwig Beck war noch nicht zu Ende. Nachdem er sich von den Querelen, Planungen und Erwartungen des vom ihm mitinitiierten Attentats auf Adolf Hitler, den er seit 1933 verachtete, erholt hatte, nahm er einen Auftrag des Triumvirats an: den Bundesgenossen Finnland bei der Stange zu halten. Um Karelien wiederzugewinnen, das ihnen die Russen 1940 abgenommen hatten, waren die Finnen Hitlers Russlandkrieg beigetreten und hatten den nördlichen Ausläufer der langen Front, von Goebbels mit „Von Finnland bis zum Schwarzen Meer“ besungen, zur Verteidigung übernommen. Zu einer richtigen Offensive gegen Murmansk waren sie nicht zu überreden, Hitler selbst besaß nicht genug Kräfte dafür, und als die deutschen Niederlagen und Rückzüge sich häuften, begann in Helsinki das Heulen und Zähneklappern: Was würde ein siegreiches Russland mit dem schwachen Finnland anstellen? Einverleiben wie die baltischen Staaten? Vermutlich, und der Ruf nach einem Retter wurde laut. Man besaß doch einen Helden in der Hinterhand! Einen von 1918 und 1940.

Als die letzten Takte der „Finlandia“ (von 1899, opus 26:7) verklungen waren und der Applaus tobte, schaute das Publikum wieder, wie schon während der Pause, angestrengt in die Loge, wo zwischen Staatspräsident und Komponist ein distinguiert und aristokratisch wirkender Herr stand und dem Orchester zuklatschte. Wer mit Marschall Carl Gustav Emil Freiherr von Mannerheim und Finnlands Komponisten Jean Sibelius in ein und derselben Loge sitzen durfte, konnte kein Unbekannter sein. Ein Russe? Oder ein Deutscher? Vielleicht ein Brite oder Amerikaner? Nachdem die Herren ihre Loge verlassen hatten, trennten sie sich, indem Sibelius seiner Wege ging und die beiden anderen eilig durch einen Seitenausgang verschwanden. Nach einer halben Stunde Autofahrt saßen sich Ludwig Beck und Mannerheim in dessen Wohnung gegenüber.

Das Gespräch drehte sich, wie sonst, um die militärische Lage, Mannerheim informierte Beck über erste Sondierungsgespräche mit den Russen zwecks Waffenstillstand. Aber die russischen Bedingungen seien ihm unannehmbar vorgekommen.

„Doch“, meinte er bedenklich, „wenn sie eine neue Offensive starten, und sie werden es tun, und das Reich kann sie nicht abwehren, müssen wir klein beigeben und kapitulieren.“

Dann ließ er sich anerkennend über die neuesten deutschen Aktivitäten aus und wunderte sich darüber, dass die Deutschen den alliierten Bomberverbänden vernichtende Niederlagen beigebracht hätten.

„Das gibt den armen Menschen in den Städten wohl eine Atempause, aber wird der Krieg dadurch entschieden? Und: Warum kam diese Abwehr nicht eher?“

„Adolf Hitler“, antwortete Beck, „hat alles verhindert, weil er London bombardieren wollte.“

Beck besaß Vollmacht, offen über die deutschen Ziele zu reden und legte jetzt dar, was uns bereits voll und ganz bekannt ist:

Einlassen der Westalliierten ins Reich, Verhinderung dieser Sache den Russen gegenüber:

„Wir können nicht zulassen, dass die Rote Armee kämpfend ins Reich einrückt – aber der Krieg ist verloren, klar.“

„Glauben Sie, ein Separatabkommen mit den Westalliierten abschließen zu können.“

„Ja“, antwortete Beck zuversichtlich, „wenn es uns gelingt, die Russen Hunderte von Kilometern zurückzuwerfen und in ihren eigenen Gefilden festzunageln. Dann stehen Amerikaner und Briten in Berlin und werden verhandeln.“

Nun kam Beck auf den Kern seines Besuchsprogramms, nämlich dem Marschall klarzumachen, Finnland würde schlecht dastehen, wenn es am Vorabend der großen Offensive das Bündnis mit Deutschland verlasse.

„Von welcher Offensive sprechen Sie, General?“

Beck schaute zur Uhr und sagte:

„Die, welche genau zu dieser Stunde beginnt.“

„Eine deutsche?“

„Eine deutsche.“

Lastendes Schweigen, unbewusste Blicke auf den fernen Kriegsschauplatz.

„In wenigen Minuten“, erklärte Beck, „starten Raketen mit großer Vernichtungskraft gegen Moskau und andere russische Städte. Die russische Front an der Weichsel und woanders wird in ein Feuermeer gehüllt, wie es ein solches seit Sodom und Gomorrha nicht gegeben hat.“

Das klang dem Marschall, vom Inhalt her, wie Angebereien Goebbels’ und Görings, aber hier saß Ludwig Beck! In einem vorigen Gespräch hatte Beck seine Rolle beim Putsch vom 20. Juli dargelegt, Mannerheim war sehr beeindruckt.

„Stalin wird morgen im Großen geschlagen“, sagte Beck, „wie er gestern und heute im Kleinen geschlagen worden ist. Seinen Nachschub aus dem Norden unterbinden wir jetzt schon, so dass die Amerikaner ihre Hilfsleistungen hauptsächlich über den umständlichen Weg durch Persien heranbringen müssen. Wie verlautet, will Persien sich diese alliierte Vergewaltigung nicht länger gefallen lassen. Wenn wir den Bombenkrieg auf ein erträgliches Maß beschränken können, werden wir die Russen solange hinhalten, bis wir kapitulieren wollen.“

Dieses „Wollen“ betonte Beck beziehungsvoll. Der vorsichtige Mannerheim sagte zu, den Erfolg der morgigen deutschen Offensive abwarten zu müssen.

„Stalin wird sich“, prophezeite Beck, „kaum noch für Finnland interessieren, wenn wir ihm das Messer an den Hals setzen. – Aber: Karelien, Marschall, werden Sie wohl los sein.“

Mannerheim wechselte das Thema:

„Wie werden sich Marschall Antonescu und Admiral Horthy verhalten?“

„Den Rumänen können wir nur wenig helfen, wohl aber den Ungarn. Wenn Models Offensive voll durchschlägt, soll Feldmarschall von Weichs angreifen. Seine Erfolge werden die Tschechen und Slowaken von Aufständen abhalten, denken wir uns wohl richtig.“

„Wenn Polen, die Balkanländer und die Tschechoslowakei durch einen russischen Einmarsch von den Deutschen befreit werden“, sagte Mannerheim, „sind sie nach wenigen Monaten kommunistische Satellitenstaaten.“

„So würde es Ihrem Land auch ergehen, Marschall.“

Damit war Ludwigs Becks Mission im Großen und Ganzen abgeschlossen. Während er sein Nachtquartier aufsuchte, dort aber wegen der kommenden dramatischen Ereignisse keinen Schlaf finden konnte, mieden zehn Dutzend Männer diesen Schlaf bewusst: sie bestiegen Fahrzeuge jener Art, in denen vor zweitausend Jahren die ersten Goten, von Skandinavien kommend, die Weichsel aufwärts nach Süden ruderten. Was hatten diese 120 Männer vor?

Archaische und moderne Kriegführung

Andreij Wlassow und General Pannwitz suchten Freiwillige, die weder Russen noch ihre Stalinorgeln fürchteten, sondern auch bereit waren, Furcht unter Einsatz der Person zu verbreiten. Sie mussten auch flößen können. Jawohl: Flöße bewegen! Sechzig erfüllten diese Bedingung, und weitere sechzig Unerschrockene kamen hinzu, und so war die Mannschaft des „kuriosesten Unternehmens des Zweiten Weltkriegs“ perfekt beieinander. Soldaten Wlassows mit Kenntnissen der Holzbearbeitung fällten Bäume, zersägten und spalteten sie gekonnt, schnell und fachgerecht, so dass bis zum Abend des 14. alle zehn geplanten Flöße einsatzbereit waren. Das Ganze fand oberhalb Warschaus am linken deutschen Ufer der Weichsel statt, in der Nähe von Brzesce an einem Seitenarm des Stromes, der von den Russen nicht eingesehen wurde. Dann wurden die Flöße mit todbringender Fracht beladen und zur Probe angerudert – sie waren flusstüchtig und trugen sechs Ruderer, vier Kanoniere und die Fracht. Es konnte losgehen, Uhrenvergleich...

„Männer!“, verkündete Wlassow theatralisch und russisch, „Ihr habt ein Unternehmen vor Euch, dass vielleicht, sogar wahrscheinlich Tod bringen wird, gewiss aber Ehre und Unsterblichkeit. Bedenket: Ihr kämpft für Russland, nicht für Deutschland. Deutsche Waffen und Möglichkeiten habt Ihr geliehen und in Anspruch genommen, erweist Euch ihrer würdig. Macht Euch keine Skrupel wegen Eurer Brüder und Landsleute auf der anderen Seite, wir haben sie gewarnt und zum Überlaufen aufgefordert. Jedem das Seine – für unser Mütterchen Russland...“

Die Männer schlugen Kreuze, summten klammheimlich ein sehr altes Wolga-Don-Kirchenlied, küssten Popenhände und begannen ihre Flöße aus dem Seitenarm ins offene Flussbett zu steuern. Verlassen wir erst einmal diese Expedition des Todes, deren spezielle Tätigkeit noch zu schildern sein wird.

Vor der Entscheidung

Zwei schwere Personenwagen brachen von Zossen ostwärts auf. Triumvirat und Generalstab machten sich auf den Weg zur Front, um dem Beginn der großen Offensive Models beizuwohnen. Göring war bereits am Vormittag im Hauptquartier Models angekommen, hatte Truppen und Waffen besichtigt, Unterredungen mit Milch gehabt und „unter gemeinen Soldaten" diskutiert. Die Stimmung war optimistisch, das Vertrauen in die neue Führung groß, Adolf Hitlers Dreinreden und Einmischungen wurden nirgendwo vermisst und man glaubte nun tatsächlich an eine edle Sache. Aber:

„Wenn wir scheitern", sagte Stauffenberg, „können wir uns einige Kugeln durch unsere Köpfe jagen."

„Und wenn's gelingt", fügte Guderian hinzu, „werden wir Helden der Nation."

Manstein schwieg zwar, fühlte sich aber im Vorfeld der Operationen sicherer als bei jeder anderen seiner langen Ostfront-Karriere, die er im Schatten Hitlers verleben musste. Tresckow stimmte bei und dachte daran, was geschehen wäre, hätte Stauffenbergs Bombe nicht ihre Schuldigkeit getan.

Unsicher waren sich alle diese wackeren Militärs allerdings in der Wahl ihrer Mittel. Was würde die Nachwelt zu den Methoden sagen, die sie heute Nacht anzuwenden gedachten? Würde es nicht wieder heißen: Den Deutschen ist jede Grausamkeit und Teufelei recht, wenn sie nur ihre Ziele erreichen? Manstein stritt dieses ab und zitierte den britischen Admiral Fisher:

„Zurückhaltung im Krieg ist Selbstmord. Wenn man zuschlägt, muss man hart zuschlagen, und zwar überall, wo es geht."

Das, dachten sie, trifft auf uns haargenau zu. Tresckow ging die neuesten Meldungen durch, die von der R-Front hereingekommen waren, ehe sie aus Zossen abfuhren.

„Da scheinen wir ja", stellte er fest, „etwas angerichtet zu haben, das alle Erfolge der U-Boote, mochten sie noch so hart erkämpft sein, in den Schatten stellt. Zwei Raketen zerstören zwei komplette Geleitzüge samt Inhalt, da hätte Dönitz Monate lang drum kämpfen müssen."

Tresckow und Milch beschrieben den anderen das heutige Risiko: „Wir haben angeordnet, alles auf eine Karte zu setzen und alle verfügbaren Ju 88, Me 110 und He 111, die zur Bekämpfung etwaiger westalliierter Bomber bereit stehen, hier an der Weichsel gegen die Russen einzusetzen. Wenn die Engländer heute Nacht und die Amerikaner morgen angreifen, haben wir fast nichts gegen sie einzusetzen."

Das eben war das Risiko!

In Models Hauptquartier angekommen waren dann alle verantwortlichen Männer beisammen. Mitternacht, eine Stunde noch! Wlassow berichtete jetzt vom Todeskommando seiner Männer und erntete Beifall. Russische Überläufer, die immer noch in irgendeiner Weise über den Strom kamen, warnten die Deutschen vor Schukows 4-Uhr-Angriff:

„Noch nie hat der Marschall soviel Soldaten und Material versammelt. Die Truppen liegen ab 1 Uhr direkt am Ufer, um nach dem Feuerüberfall der Artillerie in Booten und Kähnen überzusetzen. Die schwere Artillerie steht fünf Kilometer zurück, vermischt mit eindrucksvollen Reihen der Stalinorgeln, welche die deutschen Stellungen überschütten sollen..."

Die deutsche Spionage hatte zwar einiges über die Verhältnisse bei den Russen herausbekommen, aber doch nicht, dass sie ihre Soldaten so dreist positioniert hatten. Sofort, fast in letzter Minute, gingen neue Befehle an die deutsche 8,8- und 10,5-Zentimeter-Flak hinaus, entsprechend einzustellen. Milch telefonierte an die startbereiten Luftstreitkräfte wegen der Fünf-Kilometerzone, denn man war trotz allem den Russen an Feuerkraft weit unterlegen. Alle Hoffnungen basierten auf die durchschlagende Wirkung der neuen Brandwaffen:

„Wenn die in die Bereitstellungsmunition fallen..."

Um die Russen noch dringlicher zu täuschen, gab Zossen nun die unverschlüsselte Meldung durch, starke britische Bomberverbände seien im Anflug auf Ziele in Ostdeutschland. So hoffte man natürlich, Schukows Abhörer müssten die Motorengeräusche, die sie bald vernehmen würden, als Starts deutscher Nachtjäger beurteilen.

Nicht nur Wlassowsoldaten meldeten sich zu Todeskommandos. Auf einem Flugplatz im westlichen Polen standen hundert Ju 52 bereit, die letzten, die man zusammenkratzen konnte. Sie sollten geopfert werden.

„Was sollen wir sonst mit ihnen machen?“, fragten sich Milchs Männer, „eine Invasion Englands kommt ja wohl nicht mehr in Frage.“

Nun stiegen in die Maschinen je zwei Piloten ein und winkten den Zurückbleibenden.

„Ihr schafft es“, war ihnen gesagt worden, „denn der Wind steht nach wie vor von Ost und wird euch nach Westen treiben. Ihr müsst nur früh genug aussteigen. Achtet auf unsere Lichterkette am Boden, wenn ihr drüber seid, nichts wie raus. – Wird schon schief gehen!“

Schwerfällig und laut brüllend begannen die schon altmodischen Ju-Tanten über den Boden zu hoppeln und abzuheben. Sie schwärmten breit aus und verteilten sich in die Räume nördlich und südlich Warschaus, blieben aber in einer Höhe von nur fünfhundert Metern.

Auf anderen deutschen Flugplätzen starteten die He 111 und Ju 88, voll beladen mit einer Mischung von Spreng- und Feuerbomben. Alles verlief nach Zeitplan, und gegen 1 Uhr würden sie über den russischen Artilleriestellungen sein.

„Noch nie“, bekannte Marschall Schukow später, „war ich vor einer Offensive so aufgekratzt wie heute. Wir waren sicher, die Deutschen zu überraschen und in Paaren zu treiben, wenn’s nach mir ginge sofort bis zur Oder.“

Voller Teilnahme blickte Schukow auf seine nördlichen Kollegen, die gestern von Schörner ordentlich geprügelt worden waren. Das könnte ihm nicht passieren. Viertelstündlich kamen Melder von vorn.

„Alles ruhig bei den Deutschen?“

„Sie schlafen wir polnische Bären, Marschall.“

Dann reichte man ihm die Zossener Meldung vom Einflug westalliierter Bomber ins östliche Reich.

„Recht so, man muss sie von allen Seiten angehen."

„Geräusche startender Flugzeuge", meldete der Horchdienst.

„Das werden ihre Nachtjäger sein."

0 Uhr 55: „Motorengeräusche gehen nicht nach Westen, sondern auf uns zu."

„Sie werden Minsk und Smolensk bombardieren wollen", meinte Schukow gelassen.

„Sie kommen direkt auf unsere Front zu, Marschall, und zwar in niedriger Flughöhe."

0 Uhr 59...

Die zweite Offensive

Dieses Kapitel dürfte eigentlich nur aus weißen unbedruckten Seiten bestehen! Denn es behandelt das Sterben von über 200.000 Menschen, die nichts anderes taten als den Befehlen ihrer Vorgesetzten zu gehorchen. Später wurde über den 15, August 1944 geurteilt:

„Warum ist Adolf Hitler nicht in der Lage gewesen, einen solchen Tag zu veranstalten?"

Ja, warum eigentlich nicht? Hatte Goebbels' Propaganda nicht posaunt, der Nationalsozialismus unter dem Führer allein sei nur in der Lage, ein Volk wie das deutsche zu mobilisieren! Das Letzte aus den Kräften herauszuholen? Dem war wohl nicht so, wie sich jetzt zeigte, als jeder sein Bestes gab, ohne durch großkotzige Reden dazu aufgefordert zu werden.

Weil die Herren des Triumvirats und des Generalstabs, was die Leitung der Operationen betraf, in Milchs Hauptquartier entbehrlich waren, bestiegen sie einen nahen Kirchturm, um Überblick zu bekommen. Um 0 Uhr 55 nahte von Westen das Brummen überladener Ju- 52, vom Süden das hellere, aggressive der anderen Bomberverbände. Sowohl die russische als auch die deutsche Front lagen in völliger Stille, „wie kurz vor Silvester", sagte ein Ohrenzeuge, nur die deutsche wies in einem Kilometer weiten Hintergrund eine helle Linie auf: Das war die Absprungmarkierung der Ju-52-Piloten.

„Seltsam", sagte Guderian, der unter Hitler manche Schlacht geschlagen hatte, „seltsam, dass auch für Profis wie wir es sind, die letzten Minuten vor einem großen Ereignis die spannendsten sind."

Die drei Höllenrachen, die sich pünktlich um 1 Uhr aufzutun hatten, müssen wir in der gebührenden Reihenfolge vorstellen. Der erste Rachen bestand aus Wlassows und Pannwitz' Todeskandidaten. Diese ließen sich jetzt auf dem Strom mucksmäuschenstill abwärts treiben, so weit auseinander, dass ein Floß das andere nicht gefährden konnte – eine lange Reihe tödlicher Offensive! Denn nun, es war 1 Uhr geworden, schossen von jedem Floß zwei riesige Stichflammen aufs russische Ufer, wo, wir wissen es, Tausende Rotarmisten den Angriffsbefehl erwarteten. Taghell, im flackernden Licht der Feuerzungen, wurde der Strand beleuchtet. Doch nicht sie faszinierten die deutschen Beobachter, sondern „das Meer von Entsetzensschreien", das nun die Nacht erfüllte. Abrupt brachen sie ab, einige Schüsse fielen, dann brach das Geknatter explodierender Munition und berstender Handgranaten, mit denen die Rotarmisten ausgestattet waren, längst des Flussufers nach Norden los – so, wie die Flöße vorankamen. Mit Grauen sahen die deutschen Kanoniere ihre Gegner sich am Ufer wälzen und ins scheinbar rettende Wasser springen, dennoch mussten sie ihre Pflicht tun und das Feuer eröffnen; mit der mörderischen Vierlingsflak, die noch Tage vorher auf Berliner Flaktürmen gestanden hatte.

Wo russische MGs oder leichte Panzer zu feuern begannen, erwischte sie sogleich ein Feuerstrahl. Die Männer auf den Flößen erlitten bisher keine Verluste, so dass einige ausstiegen und ihre transportablen Flammenwerfer seitlich auf Ziele richteten, die bisher noch nicht erreicht worden waren. Die umfangreichen Explosionen der gestapelten Munition erschwerten jedoch ein Fortkommen in die feindlichen Aufstellungen hinein. Erst als die

Flößer sich leergeschossen hatten, kehrten sie an westliche Ufer zurück, wo, „wir glaubten es kaum“, sich Unmengen von polnischen Zivilisten eingefunden hatten, die, „Aufstand oder nicht“, diesem Feuerwerk zuschauen wollten. Sie konnten nur mühsam und mit Gewalt vom Betreten der Brücken gehindert werden, die von Pionieren kontrolliert wurden.

Der zweite Höllenrachen. Wir haben erfahren, dass die Flößer nur einen schmalen Streifen des östlichen Ufers heimsuchen konnten. Doch sollte, nach deutscher Auffassung, ein so großer Teil der russischen Front wie möglich angegriffen werden. Diese Aufgabe übernahm „Milchs Donnerschlag“. Er bestand aus den hundert erwähnten Ju-52, die von ihren Piloten nach japanischer Kamikazemanier ins Ziel gesteuert wurden – jedoch mit dem gravierenden Unterschied, dass die Piloten vorher absprangen. Guderian, der Luftwaffe traditionell nicht sehr zugeneigt, hat beschrieben:

„...Wir haben mit den neuen Flammenwerfern Grausames erlebt, aber was sich nun abspielte, stellte alles Bisherige in den Schatten, beziehungsweise in grellstes Licht, in rötliches, gelbliches, tödliches. Die bis an die Grenze der Belastbarkeit mit Minen, Napalm, Phosphor und Benzin beladenen Ju-52 stürzten nun auf jene Teile des russischen Ufers, die bisher verschont geblieben waren und von denen her die Russen mit Entsetzen das Los ihrer Kameraden beobachtet hatten. Kaltblütige begannen die Flugzeuge zu beschießen, was zur Folge hatte, dass die getroffenen entweder in der Luft explodierten oder erst beim Aufschlag. In jedem Fall versprühten sie ihr Höllenfeuer, das, zum Beispiel, auf dem Erdboden einen brennenden Kreis von vier- bis fünfhundert Metern Durchmesser bildete; wer konnte dem entkommen! Einige der steuerlosen Ju-52 schwebten ein paar Kilometer weit ins russische Hinterland und trafen dort die Artillerie und deren Munitionsstapel und Bereitstellungen.

Der dritte Höllenrachen. Er bestand aus den erwähnten Verbänden der Bomber. Sie flogen von Süden kommend in langen Linien hintereinander die russische Front zwei bis sechs Kilometer vor dem Fluss ab und warfen ihre Bomben, eine wohldosierte Mischung von Spreng- und Brandkörpern. Ihnen fielen, neben Massen flüchtiger Soldaten, hauptsächlich die von den Deutschen gefürchteten Artilleriestellungen und Stalinorgeln zum Opfer. Jedes Geschütz hatte neben sich einen Stapel Munition liegen, das flüssige Feuer kroch von unten in sie hinein. Einige Kanoniere wollten, obwohl der Feuerbefehl auf 4 Uhr lautete, loslegen, da überrollte sie die Welle von flüchtenden Soldaten und Fahrzeugen vom Fluss her. Zu allem Entsetzen begann nun die deutsche Artillerie das zu tun, was die Russen sich für 4 Uhr vorgenommen hatten: den feindlichen Beschuss.

Marschall Schukow, ganz kurz im Sessel eingenickt, brauchte nicht geweckt zu werden. In seinem zehn Kilometer von der Front entfernten Hauptquartier hatte noch niemand etwas von den Vorgängen vorn bemerkt, als um 1 Uhr 10 das Telefon klingelte:

„Was ist, zum Teufel, bei euch los...?“

Fragte Schukows Kollege und Konkurrent Iwan Konjew persönlich, Marschall der 1. Ukrainischen Front, die südlich anschloss:

„...ihr solltet doch erst um 4 Uhr angreifen!“

Ein verschlafener Adjutant flitzte ins Freie und starrte auf den geröteten Westhimmel und hört von dort das dumpfe Dröhnen von zahlreichen Flugzeugmotoren und Explosionen:

„Genosse Marschall, kommen und schauen Sie!“

Schukow stand erstarrt, dann gab er Befehl, ein Auto klar zu machen und raste mit Fahrer und Adjutant der Front entgegen. Es waren wenige doch lange Minuten auf miserablen polnischen Bauerwegen, und jede mehr ließ seine Erkenntnis wachsen, dass Fürchterliches passiert sein müsse. Um 1 Uhr 30 ging es nicht mehr weiter, Erdfontänen der deutschen Artillerie bauten sich vor, hinter und neben dem Wagen auf, Flüchtlinge verstopften Wege, eine Feuerwand loderte voraus: Gehöfte, Ställe, Scheunen, Getreidefelder, Waldungen und Ortschaften standen in hellen Flamen, Tiefflieger brausten über der beleuchteten Landschaft und beschossen alles, was sich bewegte. Das deutsche Artilleriefeuer wanderte mit teuflischer Genauigkeit minutenweise ostwärts, den Flüchtlingen nach und immer im Verhältnis und Mischung von Flammen- und Sprenggranaten – ihre Wirkung braucht nicht näher beschrieben zu werden.

„Marschall, wir müssen zurück!"

Ich habe die Wahl, dachte Schukow trocken, hier von den Deutschen oder in Moskau vom NKWD erledigt zu werden.

„Zurück ins Hauptquartier!"

Den leichten Kosakenpferdchen machten die vielen Feuer nichts aus, ihre Urahnen hatten genug davon in den Steppen Asiens und auf westwärtigen Zügen erlebt. Im zügig-flotten Trab brachten sie ihre Reiter, eine Hundertschaft Pannwitz-Kosaken, hinter die russische Front und nach Schukows Hauptquartier. Jeder Reiter war mit einer Maschinenpistole und zehn Eierhandgranaten bewaffnet, diese flogen nun, natürlich nachdem sie angerissen waren, aus vollem Galopp und in hohen Bögen ins Haus, in anschließende Schuppen und Abstellplätze. So verbrannte alles in Schutt und Asche, womit die Angreifer sicher sein konnten, den Marschall mitsamt seinem Stab erwischt zu haben. Doch dieser kehrte soeben von seinem Frontbesuch zurück. Mit dem Verlust des Hauptquartiers hatte er aber jede Verbindung nach vorn und hinten verloren.

Vorn? Da gab es gar nichts mehr zu leiten oder zu führen! Die riesige, aufgeregte Fluchtwelle, darunter Offiziere in amerikanischen Jeeps, überrannte alles, riss des Marschalls Auto mit, und die Pannwitz-Leute, nun keck geworden, machten „fröhliche Jagd" auf sie: Handgranaten in den Fond geworfen, Spritzer mit der Maschinenpistole nachgeschickt – so starben viele russische Soldaten, die den ersten Schreck am Fluss überstanden hatten.

Triumvirat und Generalstab verließen um 2 Uhr ihren Ausguck und begaben sich in Models Hauptquartier. Die Männer schwiegen vorerst erschüttert und seelisch mitgenommen, bis sie sich dem allgemeinen Jubel anderer Kameraden anschließen mussten: Alles lief fantastisch, die ersten deutschen Einheiten setzten mit Sturmbooten und Kähnen über und folgten dem sich ostwärts fressenden Feuersturm, der wiederum den Gegner vor sich her trieb. Die Maschinen der Luftwaffe kehrten zum Auftanken zu ihren Horsten zurück, um erneut zu starten: Es galt, die russische Luftwaffe, die ja den Startbefehl für 3 Uhr 30 besaß, am Boden zu vernichten oder abzufangen. Die deutschen Geschütze am westlichen Weichselufer protzten bereits ab, um mit vorgeschafft zu werden. Die von der Heimatverteidigung abgezogenen Flakgeschütze sollten ja das Rückgrat zur Abwehr feindlicher Panzerverbände bilden.

Richtschütze Karlheinz Obmeier war dabei, als seine Batterie beim ersten Tageslicht das in der Nacht verbrannte Gebiet östlich des Flusses durchfuhr:

„Ich habe verbrannte Städte und Dörfer in Deutschland und Frankreich gesehen und kenne aus Berichten die Schlachtfelder Frankreichs vom vorigen Krieg. Auch kann ich mir vorstellen, wie Wald- und Steppenbrände eine Landschaft verändern – aber in ihnen liegen keine total verkohlte Kompanien und Regimenter von Soldaten und keine zerfetzten Pferde, Autos, Lastwagen und Panzer. Diese technischen Geräte glühten noch, als wir sie passierten. Ich sah einen Rotarmisten, der offenbar beim Ausstieg aus seinem Panzer getötet worden war, Kopf und Arme ragten himmelwärts aus der Luke. Ich glaube, dass hier und heute etwas geschehen ist, das an Grauen und Entsetzen kaum übertroffen werden kann..."

Das Triumvirat hatte Wochenschaumänner vom Angriff ausgesperrt, jetzt verfügte es zudem, dass vom Kampfplatz keine Szenen gedreht oder fotografiert werden durften. Völlig desorientiert dreinblickende Überlebende, Zivilisten wie Soldaten aller Ränge, irrten durchs Gelände und wurden nach hinten geschickt. Dort ließ Model sie sammeln, verpflegen, medizinisch versorgen und schickte alle, die arbeitsfähig waren, aufs Schlachtfeld zurück, die Leichen zu begraben. Ein Spezialtrupp machte Stichproben, um die ungefähre Zahl der russischen Verluste abschätzen zu können. Hier ein paar Beispiele: Ein Bunker, in dem sie zur Bereitstellung ausharren sollten, wurde hundert Rotarmisten zum Grab, weil ein Brandstrahl in ihn eingedrungen war; in einem ein Kilometer langen Graben gegenüber Warschau zählte man dreitausend verbrannte russische Soldaten; auf einem polnischen Gutsbetrieb, der bisher den Krieg überstanden hatte, lag in Scheunen und Stallungen ein komplettes Regiment von über tausend Mann, verbrannt wie die Geschützbedienungen, die sich nebenan ins Freie retten wollten.

„In den ersten Stunden des deutschen Überfalls", stellte ein Bericht später fest, „sind 100.000 Soldaten der Roten Armee umgekommen. Verwundete gab es kaum."

Das war auch für die scheinbar grenzenlosen Menschenreserven der Sowjetunion ein unersetzbarer Verlust.

Kein Wunder, dass der deutsche Vormarsch fast ohne Gegenwehr verlief und am Abend den vorgesehenen Punkt erreichte. Keinesfalls wollte man in Hitlerscher Siegseuphorie das Wagnis eingehen, von den intakten russischen Fronten weiter südlich angepackt zu werden. So blieb man zwischen Siedlice und Brest stehen und bedrohte damit immerhin erneut, wie 1941, russisches Territorium. Den ganzen Tag über griff die deutsche Luftwaffe in die Kämpfe ein, besonderen Schrecken verbreiteten die wenigen viermotorigen Condor, die aus großer Höhe Feuerbomben im Ausmaß britischer „Litfasssäulen" fallen ließen. Stuka-Ass Rudel und Kollegen kurvten und jagten im russischen Hinterland, um den Nachschub zu stören und Kolonnen von T-34-Panzern, die im Anrollen waren, abzuschießen. Der Überfall auf die russischen Feldflugplätze war gelungen. Erfolg aller Aktionen: Ein russischer Gegenschlag war in kaum absehbarer Ferne gerückt. Worauf die deutsche Führung besonders stolz sein konnte: Die Verluste an eigenen Soldaten und ihrem Material „waren gleich Null".

Marschall Konjew tobte und blickte besorgt nach Norden, Marschall Rokossowskij tobte und blickte besorgt nach Süden. Über ihren beiden Fronten tauchten deutsche Flugzeuge auf und warfen Flugblätter der Wlassowschen Befreiungsarmee ab. Nicht überall trennten Flüsse die Gegner, so dass Überläufer an einigen Stellen leichteres Spiel hatten als bei Schukow. Alle Verbindungen waren ausgefallen, auch von Moskau her kam nichts durch. Die beiden Marschälle waren auf eine sofortige Entlastungsoffensive nicht eingestellt und fassten zum ersten Mal seit langer Zeit die Möglichkeit ins Auge, zurückgehen zu müssen. Wie nannten die Deutschen das: „Im Zuge unserer planmäßigen Rückzugsbewegungen..."

Stalin erhielt erst gegen 10 Uhr Nachrichten von Schukows Front, die er nicht glauben mochte, aber hinnehmen musste. Wieder knickte er ein, ließ sich verleugnen, brütete vor sich hin und dachte an die Zustände vom Juni 1941. Dass Deutschland diesen Krieg noch gewinnen könnte, nun, das hielt er freilich für unmöglich, aber es schien nun klar zu werden, dass die Deutschen ihm, Marschall Stalin, den Hauptsieg stehlen und auf Sonderfrieden mit den Westalliierten aus waren. Sie, diese verdammten Deutschen, brachten ihn dazu noch in eine andere Verlegenheit: Hatte er bisher bei seinen Verbündeten auf raschen Vormarsch nach Deutschland hinein gedrängt, musste er nun besorgen, gar nicht an diesem Einmarsch beteiligt zu werden. Und doch brauchte er Hilfe. Der heutige Schlag, lauteten am Abend erste Schätzungen, kostete ihn mindestens 200.000 Soldaten, 5.000 Panzer und andere Fahrzeuge und 1.000 Flugzeuge. Wie im Juli die deutsche war jetzt die komplette russische Mittelfront vernichtet – und der Nachschub stockte oder wurde vernichtet!

Stalin beschloss, seinen Hilferuf ab die Alliierten zu verschieben und die Konferenz mit seinen Marschällen abzuwarten. Sie trafen noch vor Mitternacht ein und fanden einen gefassten Stalin vor, der sich sogar den Geschlagenen gegenüber äußerst loyal verhielt. Als Stalin ihre Berichte verdaut hatte, sah er ein, dass gegen das neue Vorgehen der Deutschen weder ein russisches noch ein sowjetisches Kraut gewachsen war. Konjew hatte Wlassows Flugblatt mitgebracht und musste es verlesen:

„Soldaten der 2. Weißrussischen und 1. Ukrainischen Front! Wollt auch Ihr sterben wie Eure Kameraden der 1. Weißrussischen Front? Verbrannt, gekocht, gebraten, gesotten! Von deutschem Feuer! Über 100.000 waren es heute, wie viel werden es morgen, übermorgen, in den nächsten Wochen sein? In Murmansk, Archangelsk, Moskau, Leningrad, Smolensk und Minsk verbrannten bisher Tausende Menschen, darunter auch Eure Verwandten. Wollt Ihr, russische Soldaten, nach Kriegsende in verbrannte Städte und Dörfer heimkommen? Wenn ja, dann bleibt wo Ihr seid, wenn nicht, kommt zu uns nach Westen, um einst in den Osten zurückkehren zu können. Murkst sofort Eure wilden Kommissare ab...“

„Der kann's ja“, knurrte Stalin, „besser als Goebbels. Kann man ihn nicht fangen und ihn mir herbringen?“

Das war wohl mehr eine hypothetische Frage. Doch Stalin erkannte das Problem:

„Sind wir unserer Soldaten sicher?“

Die Marschälle antworteten natürlich „Ja“ und verwiesen darauf, dass bisher alle Aufrufe zur Desertion ohne Wirkung geblieben seien – sie konnten nicht ahnen, was im Moment an ihren Fronten vor sich ging. Die Besprechung ergab keine konkreten Beschlüsse, weil Stalin sich der Ansicht seiner Militärs nicht anschließen wollte, den vormarschierenden Deutschen in die Flanken zu fallen. Tatsache war, dass der Warschauer Aufstand nun zusammengebrochen und damit zu rechnen war, dass die Polen eine eigene Regierung, nicht eine von Moskaus Gnaden bilden würden.

Generalfeldmarschall Maximilian Freiherr von Weichs' Soldaten lagen denen der 4. Ukrainischen Front gegenüber. Da kamen Meldungen herein:

„Vorne tut sich was.“

„Schicken Sie Aufklärungstrupps raus!“

Es war soeben dunkel geworden, aber Weichs war sich vollkommen sicher, dass die Russen tagsüber keine Überraschungsvorbereitungen getroffen hatten. Einzelne Überläufer, die immer wieder durchkamen, berichteten „von Schrecken und Entsetzen dort“, über die Vorgänge bei Warschau und über Stimmungen, die an Meutereien erinnerten. Sie hatten richtig ausgesagt, denn was nun geschah, würde alle Kriege, wenn es um sich griffe, unmöglich machen – frei nach dem Motto:

„...stell dir vor es ist Krieg und niemand geht hin...“

Einige Pistolenschüsse waren zu hören, Rufe, Befehle, Flüche und Schreie, dann kamen lange Kolonnen Rotarmisten, weiße Tücher schwenkend, verlegen oder hoffnungsvoll dreinblickend, langsamen Schritts auf die deutschen Linien zu. Sie hatten ihre Kommissare oder Offiziere entweder um- oder mitgebracht und präsentierten sie als Beute der Deutschen. Von Weichs entschied eigenmächtig zu ihrem Unheil, ein Fehler vielleicht:

„Was sollen wir mit ihnen? Lasst sie laufen, sie werden nur Verwirrung stiften.“

Er wusste nicht, dass damit ihr Schicksal besiegelt war: Stalin ließ jeden Überläufer, wie er auch in diese fatale Rolle gelangt oder gar schnurstracks zurückgekommen sein mochte, an die Wand stellen. Die Überläufer kamen ohne Waffen, aber in voller Verpflegung und Montur und fummelten sogleich ihre Roten Sterne und sonstige Sowjetembleme herunter. Man ließ sie nach hinten bringen, versorgen, untersuchen und zählen: In diesem Frontabschnitt allein wurden es im Lauf der Nacht 10.000. Marschall Konjew tobte wie ein zaristischer Großgrundbesitzer.

Konjews Kollegen Rokossowskij taten seine Soldaten Ähnliches an, allerdings über Tag. Aus seinem vorspringenden Frontbogen am Bug hatten ihn die Deutschen langsam ostwärts gedrückt, der wichtige Ort Lomza ging in einem Handstreich verloren. Bei diesen Gefechten mittlerer Stärke gaben sich auffallend viele russische Soldaten gefangen, ohne in aussichtsloser Lage zu sein, und hielten dabei das Wlassowsche Flugblatt empor. Als sie dabei von ihren Kommissaren und empörten Kameraden hinterrücks beschossen wurden, legte sich die Welle der Überläufer, um in der Nacht zum 16. desto stärker anzuschwellen. Während ihr Marschall also in Moskau weilte und vor Stalin siegessicher tat, liefen 8.000 seiner Soldaten in Schörners Frontabschnitt zu den Deutschen über.

Einige von ihnen wurden in aller Eile befragt, warum sie jetzt kämen:

„Wir wollen uns nicht rösten lassen.“

„Jetzt, wo Hitler tot ist und die Generäle wieder das Sagen haben, vertrauen wir darauf, nach den Kriegsregeln behandelt zu werden.“

„Wir sehen nicht ein, die Polen von Euch zu befreien.“

„Wenn wir bis nach Berlin vordringen, kommt niemand von uns mit dem Leben davon.“

Ein gebildeter Offizier brachte das ganze Problem in wenige aber treffende Worte:

„Ihr Deutsche hättet uns Russen schon 1941, als Ihr kamt, menschlich und korrekt behandeln sollen, dann wäre ganz Russland bis zum Ural übergelaufen.“

Diese Stellungnahme meldete von Weichs zum Generalstab, der für eine Veröffentlichung in den deutschen Medien sorgte. So erhielten auch die Westalliierten ungeschönte Nachrichten über den Verlauf der Kämpfe auf dem östlichen Kriegsschauplatz.

An der 3. Weißrussischen Front tat sich auch etwas. Nach dem Freischlagen des Kurlandkessels und der Säuberung der Gebiete zwischen Tilsit und Memel besaßen die Deutschen nun wieder eine zusammenhängende Frontlinie von Riga über Warschau, Lublin, Sandomierz und westlich Lemberg nach den Karpathen und gegenüber der 2. Ukrainischen Front unter Malinowskij in Ungarn. Dort waren zwar die Überläufer nicht so zahlreich wie an den geschilderten Orten nordwärts, aber deutsche Flugblätter sorgten für Verwirrung, Anstiftung und Nachdenken unter den

Rotarmisten – sie alle wussten bereits, dass die Deutschen „Meister im Verbrennen" waren.

Bis zum Ende des Krieges waren die Russen nicht mehr in der Lage, die Überlaufbestrebungen ihrer gemeinen Soldaten zu unterbinden. Diese aber wurden für General Wlassow, dem man sie unterstellte, zu einem echten Problem. Wohin mit ihnen? Auf Anraten des Triumvirats ließ Wlassow seinen Landsleuten zwei Möglichkeiten zur Wahl: Entweder Einsatz an der Front im Rahmen deutscher Unternehmungen oder Dienst hinter der Front und in Deutschland selbst für jene, die nicht gegen ihre früheren Kameraden kämpfen mochten. Die Mehrheit entschied sich, entschlossen und todesmutig, für die erste Möglichkeit. Somit verfügte Wlassows „Befreiungsarmee" über eine Istzahl von über 200.000 Mann, eine Streitmacht, der auch Stalin Beachtung schenken musste. Außerdem „arbeiteten" zusammen mit den schon früher dienstwilligen Russen, welche die deutsche Armee auf ihren Rückzügen mitgeschleppt hatte, nun 250.000 „Zivilisten" im deutschen Hinterland als Nachschub- und Bauarbeiter, Quartiererrichter, Fouragiere, Küchenpersonal und „Burschen" für deutsche Offiziere – heiß begehrte Posten waren natürlich dabei.

Ein anderes großes „Aufatmen" ging durch die Reihen der deutschen Soldaten: Das Partisanenproblem hatte sich von selbst aufgelöst. Hier in Polen hatten gewisse Kräfte es fortführen wollen, fanden aber keinen Rückhalt mehr in der Bevölkerung:

„Warum jetzt noch das Letzte zerstören!"

Aber stattdessen trugen jetzt Wlassows Männer den Partisanenkrieg in den Rücken der Roten Armee; wir haben ja bereits erfolgreiche Aktionen kennengelernt.

Wir können die Berichte über diese dramatischen Tage um die Mitte August 1944 nicht abschließen, ohne nach Warschau zurückzukehren. Dort tat sich etwas, das die Deutschen erfreute, die Westalliierten verwunderte und Stalin über alle Maßen ergrimmen ließ. Der von vielen Polen, darunter maßgebliche, seit der Nacht beobachtete deutsche Großangriff auf Schukows Front hatte einen unauslöschlichen Eindruck hinterlassen. Pessimisten mochten zwar noch nicht von einer Wende des Krieges sprechen, aber die zahlreichen Optimisten sahen das Ende Sowjetrusslands vor Augen und frohlockten offen und versteckt:

„Moskau brennt, Stalin ist erledigt."

Die alte polnische Redensart „Mit den Deutschen verlieren wir unsere Ehre – mit den Russen aber unsere Seele" wurde aktuell und aufgefrischt. Jetzt musste, wollte man überleben, entschieden werden! Wie weit die polnische Exilregierung in London in die folgende Entwicklung eingeweiht war, ist nie klar geworden. Aber noch vor Mitternacht konstituierte sich in Warschau die „Neue Nationale Regierung der Not" in einer aufgeregt stürmischen Sitzung, in der viel von Vaterlandsverrat und Vaterlandsliebe die Rede war, sich Vernunft und Einsicht jedoch durchsetzten. Das „Neue Polen", wurde beschlossen, solle den Deutschen Friedensverhandlungen auf der Basis von Gleichberechtigung und Neutralität anbieten, so ähnlich also, wie die Deutschen es bereits ihrerseits angeboten hatten. Am Morgen des 16. proklamierte der unter deutscher Aufsicht stehende Sender Warschau diese Neuigkeiten, die – mochten spätere Berichte anders klingen – im Land eine Welle der Hoffnung aufbranden ließ. Wie nehmen hier, ehe wir uns wieder militärischen Ereignissen zuwenden müssen, die Ergebnisse der von General Ludwig Beck geführten Verhandlungen vorweg. Die polnischen Forderungen lauteten:

Volle Anerkennung der Souveränität,

Rückgabe aller Enteignungen,

Rückführung der sich im Reich aufhaltenden Polen, sofern diese es wünschen,

Rückgabe geraubter Kunstgüter,

nach dem Krieg Verhandlungen über die endgültigen gegenseitigen Grenzen und Entschädigungen.

Genehmigt! Die deutschen Forderungen lauteten:

Zusicherung, dass die deutschen Truppen polnisches Territorium und den Luftraum unbehindert und vorerst unbegrenzt zu militärischen Zwecken nutzen können,

Aufstellung einer polnischen Armee erst, wenn deutsche Truppen das Land vollständig verlassen haben und

Zusicherung der Regierung, jegliche Partisanentätigkeit und Sabotageakte gegen Deutsche zu unterbinden.

Genehmigt! Ludwig Beck unterschrieb. Über einige Punkte war es unter den Polen zu heftigen Diskussionen gekommen, doch setzten sich die Realisten mit dem Argument durch, dass es sonst keinen Vertrag gäbe und man die Deutschen bis in unbestimmte, gewiss keine guten Zeiten hindurch im Lande behielte. Realisten? Glaubten sie wirklich, dass der jetzige Zustand, also dass Deutschland Russland für immer in Schach halten könnte, ein endgültiges Resultat dieses Zweiten Weltkriegs sein würde? Wohl kaum. Aber sie wollten jede Chance, Nachkriegspolen vorm sowjetischem Kommunismus zu bewahren, bis zur Neige nutzen.

Der polnischen Exilregierung, die in London bereits auf gepackten Koffern saß, blieb nichts anderes übrig, als saure Miene zum bösen Spiel zu machen, wollte sie nicht schon jetzt den Rückhalt im Volk verlieren. Winston Churchill zeigte sich moderat und war froh, das polnische Problem nicht zum Ende führen zu müssen. Roosevelt grollte, denn er hatte sich zum Stalinfan gemausert, aber er musste Rücksicht auf die vielen Wähler polnischer Abstammung in seinem Land nehmen. Und Stalin? Warten wir's ab, bis wir die vorgezogene Konferenz von Jalta besprechen...

In den Kämpfen an der Weichsel zeigte sich der Vorteil des Beschlusses von Triumvirat und Generalstab, alle Flakgeschütze aus dem Reich abgezogen und der Ostfront zugeteilt zu haben. Sie leisteten ganze Arbeit, wie Kanonier Fritz Schulte-Hülshoff begeistert nach Hause berichtete:

„Wenn wir früher die T 34 beschossen, mussten sie schon an ihren schwächsten Stellen getroffen werden, sollten sie erledigt sein. Besonders im Direktbeschuss frontal waren sie kaum zu knacken. Jetzt machte nicht nur jeder Treffer, ob ins Fahrwerk, aufs Hinterteil, an den Turm und egal wohin ihn kampfunfähig, da sich die Feuerbrühe unserer Granaten über und in ihn ergoss, und ein Fehlschuss in sein Umfeld von zehn und mehr Metern machte ihn ebenfalls kaputt, wenn die Lohe sich von unten in ihn hinein hineinfraß..“

Über tausend 8,8- und 10,5-Geschütze aus dem Reich kamen somit überaus schnell zur Front, dazu die gefürchteten Vierlingsgeschütze, die, auf Sturmgeschütze und Panzer montiert, Funktonen der MG übernahmen. Im Lauf der nächsten Tage und Wochen trafen täglich neue Geräte aus der Produktion und aus dem Weichbild der Städte und Fabriken ein.

Bis zum Abend des 16. August, die russische Mittelfront war total lahm gelegt, standen Models Truppen bei Brest-Litowsk, wo die deutsche Interessenlinie von 1939 verlief. Wie Gehlens Agenten herausgefunden hatten, sei Russland nicht bereit, diese polnisch-russische Grenze zu revidieren, Polen sollte nach dem Krieg nach Westen verschoben werden. Klar, dass die neue polnische Regierung hiermit nicht einverstanden war, aber auch sie konnte den russischen Bären nicht eher schlachten, als bis er erlegt war.

Am 17. setzte sich Schörner in Bewegung, nachdem in den frühen Morgenstunden aus der Rigaer Bucht heraus das Schlachtschiff Tirpitz Kilometer tief das Küstenland in Brand geschossen hatte. Zur Täuschung fuhren Prinz Eugen und Hipper in den Finnischen Meerbusen ein und beschossen Narva und das Vorfeld Leningrads. Die Deutschen wunderten sich über den geringen Widerstand, hatten die Russen hier doch im Juni und Juli verbissen um jeden Meter gekämpft. Am Abend standen deutsche Truppen wenige Kilometer vor Narva und Pleskau, mit Umgehung des Peipussees. Estland und Lettland waren befreit, in Lettland hielten sich noch schwache russische Kräfte. Schörners Armee machte Anstalten zum Schwenk nach Süden, um Rokossowskij und Schukow zu bedrohen – im Hintergrund „lauerten" die Pripjet-Sümpfe. Weichs beantragte, in einer Art Zange nach Norden vorstoßen zu dürfen, also gegen die südliche Grenze der Sümpfe. Aus Angst vor einer Wiederholung der Kesselschlachten von 1941 wichen die russischen Truppen überall zurück, von den Deutschen nicht mit letzter Konsequenz verfolgt. Denn Triumvirat und Generalstab waren uneins:

„Wie weit sollten die Russen zurückgedrängt werden?"

Sabotage und Partisanentätigkeit hinter der russischen Front nahmen nun ungeahnte Formen an. Wlassows motorisierte Infanteristen und Pannwitz' Kosakenhorden blühten im eigenen Land sozusagen auf, zumal sie von den Deutschen bevorzugt technisch gut ausgerüstet wurden. Freilich: Wer von ihnen in Gefangenschaft geriet, wurde augenblicklich erschossen, ohne Verhör und Anhörung, doch konnte er sicher sein, das Zehn- bis Hundertfache „mitgenommen" zu haben. Wieder wurden die just instandgesetzten Eisenbahnlinien gesprengt, Quartiere überfallen, Generalstäbe komplett gefangen genommen und Verpflegungslager erobert oder verbrannt. Brücken, hatte Tresckow angeordnet, sollten nicht gesprengt werden. Beinahe ebenso wichtig war die Mund-zu-Mund-Propaganda der Kosaken in der Bevölkerung:

„Die Deutschen werden nie wieder Hitlersche Verbrechen begehen. Stalin und der Kommunismus sind erledigt und werden nie mehr auf die Beine kommen."

Da Polen selbständig geworden war, regten sich bereits erste ukrainische und weißrussische Kräfte, die, im Kommunismus verharrend, ihre Träume der staatlichen Selbständigkeit nie aufgegeben haben.

Stalins flehentliche und dringende Bitten, die dem deutschen Nachrichtendienst zu Ohren kamen, fanden bei den Amerikanern Gehör. Hatten diese doch ihre italienischen Flugplätze wieder aufgeräumt und Nachschub erhalten. Wie es ihnen bei ihrem erneuten Wagnis erging, erfahren wir in einem der nächsten Kapitel. Auch die Engländer waren dabei, einen großen Nachtangriff auf eine deutsche Stadt vorzubereiten, wir werden auch hierauf zurückkommen. Stalin schlug inzwischen seinen Kollegen vor, die in der Planung steckende Konferenz von Jalta vorzuverlegen:

„Wenn wir jetzt nicht zusammenhalten, werden die Deutschen noch ungeahnte Fortschritte machen. Einigkeit ihnen gegenüber ist alles."

So war er denn unversehens zum Bittsteller geworden, der Rote Zar im Kreml, er, der schon daran dachte, seine westlichen Verbündeten über den Tisch zu ziehen, als dieser Tisch noch gar nicht aufgestellt war. Nun kroch ihm das Wasser zum Hals.

Winston Churchill war als einziger der später „Die großen Drei" Genannten in der Lage, das Wechselspiel dieses Krieges einigermaßen zu analysieren. Stalins wachsende Macht, die er selbst mit aufbaute, behagte ihm nicht, und seine Freundlichkeit dem Tyrannen gegenüber war, wie Stalin argwöhnte, die des zum Schmeicheln Gezwungenen. Jetzt, da Stalin die Zwickmühle von Sieg und Niederlage erneut zu spüren bekam, beschlich Churchill die Vorstufe freudiger Erwartung: dass nämlich Stalin am Ende des Krieges der Bittende sein würde und nicht er, Churchill. Eine Besprechung in Downing Street 10 am 17. August, als die deutschen Erfolge in Russland im westlichen Lager offenbar wurden, versuchte eine vorsichtige neue Linie festzulegen:

„Sollte sich die Ansicht festigen, dass Deutschland den Krieg im Westen aufgibt, müsste über eine britische Streitmacht nachgedacht werden, die entweder an der Ostfront eingriff oder an einer anderen verwundbaren deutschen Stelle."

„Da Deutschland im Seekrieg nicht mehr tätig ist, könnten starke britische Marinekräfte nach Fernost verlegt werden."

„Sollte Deutschland bis zum Ende des Krieges in der Lage sein, Russland niederzuhalten, müsste man Stalin neue Kriegsziele präsentieren.“

„Nach der jetzigen Kriegslage sollte Großbritannien seine Bemühungen verstärken, die baltischen Länder, die des Balkans und Polen selbst dem Einfluss des Nachkriegskommunismus zu entziehen.“

Churchill legte Wert darauf, dass nie der Gedanke aufkäme, sein Land wolle das Kriegsbündnis verlassen und gegen Deutschland eigene Wege gehen.

Franklin Delano Roosevelt, 32. Präsident der USA, war aus weicherem Holz geschnitzt als Churchill. Seine Sympathien für Stalin trübten den Blick für dessen Charakter und Absichten. Roosevelt war natürlich konsterniert über die Verluste der US-Bomberflotte und nach wie vor überzeugt, dass die Stunde Nazi-Deutschlands, wie er noch immer formulierte, geschlagen hatte. Freilich:

„Wenn wir sie nicht mehr bombardieren können, schicken wir alle Bomber nach Japan, wo sie ohne Verluste arbeiten können. Dann wird Deutschland zu Fuß und per Panzer erobert werden.“

Amerikanischer Pragmatismus. Aber auch nach einem Telefonat mit Churchill mochte er nichts davon wissen, dass jetzt Gelegenheit sei, Stalin ein wenig in westliche Schranken zu weisen:

„Er trägt, was Menscheneinsatz und Verluste angeht, die Hauptlast des Krieges. Es wäre unfair, ihn jetzt zappeln zu lassen. Ich habe Befehl gegeben, die Luftangriffe auf Deutschland zur Entlastung der russischen Front wieder aufzunehmen. Bitte verfahren Sie auch so.“

Aber die beiden Staatsmänner einigten sich immerhin, die Geleitzüge der nördlichen Route aufzugeben, solange die Deutschen Russlands Nordhäfen beschießen konnten.

„Schließen Sie ganz aus“, fragte Churchill nach, „dass wir unsere Forderung nach bedingungsloser Kapitulation (unconditional surrender) modifizieren können – wegen der neuen Regierung?"

Roosevelt blieb stur.

Am 20. August, vier Wochen nach Adolf Hitlers Tod, war die „Nationale Not" von Ostpreußen abgewendet. Überall waren die Russen aus der Schussnähe der deutschen Grenze abgewiesen worden und weiterhin auf dem Rückzug. Polen war am 22. gänzlich „befreit" und die Beziehungen zu Deutschland versprachen sich zu normalisieren. Ostpreußen, das schon in Aufbruchpanik gewesen war und die Flüchtlinge aus dem Baltenland gesehen hatte, beruhigte sich und schritt zur Einbringung der Ernte. Diese Provinz war die Kornkammer des Reiches, ihr totaler Verlust würde mit Sicherheit Ernährungsprobleme verursachen. Die ersten Schritte deutscher Soldaten nach Galizien und in die Ukraine hinein, - es waren ja in Wirklichkeit die zweiten seit 1941 -, erbrachten große Mengen an Getreide, das mehr oder weniger freiwillig gegen Bezahlung heraus gerückt wurde. Die neuen deutschen Herren wurden nämlich, trotz ihres korrekten Auftretens, mit zwiespältigen Gefühlen aufgenommen: Niemand wusste, wie lange sie dieses Mal blieben. Stalin würde, das schien sicher, eine zweite Kollaboration noch fürchterlicher ahnden als die erste von 1941.

Am 25. August sah die neue Frontlinie so aus: Sie folgte von Nord nach Süd diesen Städten: Narva, Pleskau, Minsk, Sarny, Ternopol, Sathmar, Großwardein, Klausenburg, Bukarest. Aus deutscher Sicht hätte der Krieg im Osten jetzt ruhen können, und verglichen mit den stürmischen Tagen vorher ruhte er auch, aber es war klar, dass die Rote Armee nach Wegen der Sammlung und Regenerierung suchte. Da auch die deutschen Truppen Ruhe brauchten, beschränkten sie sich auf Beobachtung des russischen Hinterlandes und die Bekämpfung der Nachschublinien des Gegners. So brannte es dort allerorten und Wlassows Männer unternahmen ihre tollkühnen Attacken:

„Man darf die Rote Armee nicht zum Verschnaufen kommen lassen!“

Wenden wir uns in dieser relativ ereignislosen Zeit den politischen Folgen des deutschen Vormarsches zu.

Das Reich ist wieder gefragt

Generaloberst Ludwig Beck kam nicht zur Ruhe. Kaum aus Finnland zurück, machte er den Polenvertrag perfekt und erwartete nun zwei neue Kandidaten, die schon mit je einem Fuß aus den Verträgen mit Nazi-Deutschland ausgestiegen waren: Marschall Jon Antonescu, Diktator Rumäniens und Nikolaus Horthy, Reichsverweser Ungarns. Diese beiden uniformierten Herren hatten sich 1941 in Hitlers Raubkrieg verwickeln lassen, natürlich um selbst einiges einzukassieren, und nun schnürte ihnen die Angst vor russischer Invasion die Kehlen zu. Alle Verantwortlichen von Triumvirat und Regierung waren sich einig, dass man sie nicht hofieren müsse, doch erforderte militärische Vernunft, die Bündnisse mit ihnen aufrecht zu erhalten. Ludwig Beck erhielt Order, weder militärische Hilfszusagen noch andere Versprechungen zu machen, die über die Notwendigkeit, eine intakte Front im Süden zu halten, hinausgingen. Die beiden Noch-Verbündeten wollten vorrangig wissen:

„Ist Deutschlands Offensive gegen die Rote Armee ein Einmalerfolg, sozusagen eine militärische Eintagsfliege, oder der Anfang der endgültigen Niederwerfung Russlands?“

Mit derart plumpen Fragen dürft ihr uns nicht kommen, dachte, sagte aber nicht Beck, ich weiß wo euch der Kommissstiefel drückt. Klar, dass sie versuchten, für sich und ihre Länder das Beste zu erzielen.

„Unsere neue Politik“, antwortete Beck, „zielt auf eine ehrenvolle Beendigung des Krieges ab und nicht auf Eroberungen.“

„Soll der Status Polens erhalten bleiben, wenn Deutschland den Krieg gewinnt?“, fragte Horthy.

Beck schwieg, er wusste um Ungarns Gier nach polnischen Brocken Landes.

„Wird Deutschland“, fragte Marschall Antonescu, „Rumänien militärische Hilfe leisten?“

„Ja, wenn Rumänien seine Ölfelder für uns offen hält.“

„Wird Deutschland weiterhin den Schutz dieser Ölfelder vor Luftangriffen übernehmen?“

Zugesagt.

„Ist der Stopp der Judentransporte aus Ungarn endgültig?“, fragte Horthy.

„Endgültig und unwiderrufbar“, antwortete Beck.

Dieser Reichsverweser hatte Hitler gegenüber nicht die Courage gehabt, die Vernichtung ungarischer Juden abzulehnen. Jetzt tat er, als empöre ihn diese Angelegenheit. Diese Empörung könnte allerdings echt sein, weil er inzwischen in den Vortagen mehrere Augenzeugenberichte aus Auschwitz bekommen hatte. Schließlich zogen beide Staatsmänner in ihre bedrohte Heimat ab, nur wenig schlauer, als sie hergekommen waren.

Die Tschechoslowakei, von Hitler in Slowakei und Protektorat Böhmen und Mähren zerstückelt und verkleinert, köchelte bereits im Untergrund und gedachte zu brodeln, wenn die Russen nahe genug ihrer Grenzen standen. Jedenfalls hatten die Deutschen diesen Eindruck. Aber es gab starke meist bürgerliche, jedenfalls vernünftige Kräfte im Land, die erstens den Kommunismus Stalins wie böhmische Pest hassten und zweitens der Ansicht waren, nach all dem Leid und Elend der letzten Jahre sei’s doch besser, die Deutschen mit Sack und Pack, Zivilisten wie Militärs, ungerupft und legal abziehen zu lassen. In Arbeiterkreisen war Reinhardt Heydrich, einst stellvertretender Reichsprotektor, trotz seiner Gräueltaten beliebt: Unter deutscher Besatzung hatten sich ihre äußerst miserablen Arbeitsbedingungen tatsächlic in den meisten Rüstungsfabriken deutlich verbessert. Auf jeden Fall gab es in dem besetzten Land nur eine winzige Minderheit, die einen gewaltsamen Umsturz mit Pogromen gegen die deutsche Zivilbevölkerung wünschte oder plante. Die abgetrennte Slowakei stand aber am Vorabend einer

Revolte, als die Russen zurückgeworfen wurden. Nun, dachte das Triumvirat, ist es Zeit, die neue Lage zu nutzen.

Karl Goerdeler, zu Adolf Hitlers Lebzeiten mehr Schwärmer als Revolutionär, war Realist geworden und damit der richtige Mann, mit den Tschechen und Slowaken zu reden. Er tat's auch mit Präsident Emil Hacha, doch dieser stand mit einem Fuß im Grab und war bedeutungslos geworden. Goerdeler gelang, nachdem auch Beck hinzugezogen worden war, der große Wurf: Ein Vertrag ähnlich dem deutsch-polnischen, da sie den Eindruck erweckten, dass Deutschland die Russen vom tschechoslowakischen Territorium fernzuhalten in der Lage sei. Damit war den dortigen Falken die Luft unter den Flügeln genommen, das Land wurde souverän wie Polen und verpflichtete sich zu militärischen Lieferungen wie bisher, zu normaler Bezahlung. Aber die Sorgen ähnelten denen der Ungarn und Rumänen:

„Was ist, wenn die amerikanische Luftwaffe uns bombardiert, um diese Lieferungen zu unterbinden?"

„Dazu wird sie bald nicht mehr in der Lage sein."

Ein stolzes deutsches Wort – aber ein wahres! Weil die deutsche Regierung die kommenden Ereignisse hier vorauszusagen sich getraute, empfahl sie allen deutschen Zivilisten, Nazis eingeschlossen, das Land allmählich ohne Hektik und Panik zu verlassen. Verhandlungen über den Status der Sudentendeutschen wurden bis Kriegsende zurückgestellt. Stalin tobte auch über diesen Vertrag und wollte Bomber schicken, was ihm seine Marschälle wegen des großen Eigenbedarfs ausreden konnten. Aber er schickte die bereit gehaltenen Agenten und Provokateure schon jetzt, um Unfrieden zu säen und „Verräter" zu liquidieren. Churchill missfiel ebenfalls diese Entwicklung, doch durfte er aus zwei Gründen nicht öffentlich nörgeln: 1939 war Großbritannien zu feige gewesen, das Land vor Hitlers Fressgier zu retten, 1942 hatte Großbritannien Agenten über dem Land abspringen lassen, um Heydrich ins Mörderjenseits zu katapultieren –

da konnte es doch nicht angehen, gegen diese neu gewonnene Freiheit zu protestieren!

In den „wiederum gesäuberten" baltischen Staaten regten sich ebenfalls Kräfte, die den Status von 1918 bis 1940 herzustellen gedachten und in Berlin und Zossen Hilfe suchten. Sie wurden glatt abgewiesen. Die internen Argumente des Triumvirats lauteten:

„Die Selbständigkeit Polens und der Balkanstaaten nebst der Tschechoslowakei mag nach dem Krieg, wie er auch ausläuft, mit Hilfe der westlichen Alliierten erhalten bleiben können, doch die drei baltischen Staaten werden Stalins Klauen nicht entgehen."

Es sind noch die Ewigneutralen zu nennen. Mit dem drohenden Niedergang Deutschlands waren Schweden und Schweizer langsam aber sich immer zugeknöpfter geworden, Schweden wegen seiner Erzlieferungen an Deutschland, die Eidgenossen ängstigten sich über alliierte Repressalien und um ihre Stellung als Spionagenest Europas. Bereits angelaufene Erlasse und Verbote zu ungunsten Deutschlands wurden jetzt aber auf Eis gelegt:

„Mal sehen, ob die Deutschen mit den Russen fertig werden."

Der letzte amerikanische Luftangriff in Europa

Die Hauptursache ist zu nennen, warum der nun zu schildernde Luftangriff scheiterte und damit zum letzten geriet: Verrat! Am 22. August erfuhren Canaris' Abhörer und Lauscher:

„24. August mittags amerikanischer Luftangriff mit 800 Maschinen von Italien aus auf den deutschen Frontabschnitt gegenüber der 4. Ukrainischen Front Jeremenkos. Über Belgrad Abzweig eines kleineren Verbandes zwecks Täuschung nach Ploesti. Nach dem Bombardement soll Jeremenko zum Sturm antreten."

Solch positive Meldungen, die den ganzen Krieg über bis Mitte 1944 nicht eingegangen waren, überschütteten nun die deutschen Nachrichtendienste. Und die Alliierten ahnten nichts, weil überhöhte Siegeszuversicht bekanntlich blind und taub macht. Wie nun die Drähte glühten und Funkwellen die Luft schnitten, gehört zur Hohen Schule des stillen Kriegshandwerks. Für die Deutschen galt es festzustellen, ob alle Meldungen echt oder „Enten" waren. Nun begannen Maßnahmen, die unter Hitler nie unternommen worden wären, da sie nicht seiner Kriegführung entsprachen. Listen wir sie auf:

1) Beobachtung der Front der 4. Ukrainischen.
2) Aufmarsch gegenüber dieser Front.
3) Verstärkte Horchtätigkeit in Italien und Meldung des Bomberstarts von dort.
4) Heranziehung der Abwehrkräfte in den Südraum, um so früh wie möglich die Verbände angreifen zu können.
5) Am 23. Verlegung von fünfzig He 111 nach Rumänien.
6) Zur Sicherheit frühmorgens des 24. Aufklärung über der Adria und über Jugoslawien durch viermotorige Condor.
7) Bereitstellung der letzten Frontjäger Kesselrings, um auch heimkehrende, bis dahin ungeschorene Bomber fassen zu können.

Die Aktion lief ab wie im Manöver, und wenn die Amerikaner nur etwas aufmerksamer und flinker gewesen wären, hätten viele Menschenleben gerettet werden können. Ziel der Deutschen war diesmal die vollkommene Vernichtung dieses riesigen amerikanischen Verbandes:

„Gelingt das, werden sie uns niemals wieder belästigen."

Nachdem man auch sonst alles Fliegbare zusammengekratzt hatte, standen am Morgen des 24. August in den Startlöchern: die 50 Maschinen bei Ploesti, 200 He 111 und Ju 88 in Wien, 100 bisher nicht eingesetzte Düsenflugzeuge in Österreich und auf polnischen Flugplätzen, 100 Me 110 hinter der deutschen Front Jeremenko gegenüber. Kein Gegner schien diesen deutschen Aufmarsch bemerkt oder verraten zu haben.

Kesselring meldete das Anlassen der 3.200 Motoren um 9 Uhr, so schienen sich alle Nachrichten zu bestätigen. Geben wir dem amerikanischen Bombenschützen Jimmy Preston das Wort:

„Es war ein herrlicher Sommertag Südeuropas, eigentlich zu schade zu unserem tödlichen Vorhaben. Doch die Gottheiten Mars und Ares fühlen sich Naturschönheiten offenbar nicht verbunden. Ich gehörte zum Verband, der die Ölfelder angreifen sollte und man hatte uns gesagt, die Deutschen hätten dort die Flak abgezogen und im Südraum sei ihre Luftwaffe kaum vertreten. Wenn sie den Hauptverband von 750 Maschinen weiterfliegen sähen, wüssten sie nicht, wohin sie ihre paar Jäger dirigieren sollten. Ich glaube heute, dass man und bewusst belogen hat. Unter uns die blaue Adria, ehe die Balkanhalbinsel mit ihren schroffen Bergen auftaucht. Belgrad, keine Flak. Doch dann durch Sprechfunk ‚deutsche Zweimotorige voraus', die jedoch so manövrierten, dass sie plötzlich links und rechts unseres Verbandes standen, außer Schussweite unserer MGs und in verdächtiger Ruhe mitfliegend. Mein Bomber flog in der Mitte unserer Formation, so dass ich das ganze traurige Geschehen bis zu meinen Abschuss beobachten konnte. Plötzlich fetzten aus allen deutschen Maschinen, die ich sehen konnte, diese grässlichen Raketen in unseren Verband hinein. In meinem Blickfeld explodierten sechs Maschinen und stürzten in riesigen Blechstücken zu Boden, Fallschirme habe ich nicht beobachten können..."

Was Jimmy nicht sehen konnte: Mit der ersten deutschen Salve wurden 25 Bomber vernichtet, die Hälfte des Verbandes. Auf die restlichen, die sich panikartig auflösten, Notabwürfe machten, verzweifelt kurvten und ihrem Heimathafen zudrehten, begann nun die Einzeljagd. Niemand entkam. Um diese Zeit liefen die ersten Meldungen über eine mögliche Katastrophe auf den italienischen Flugplätzen ein, wo die Stäbe prüften, den Hauptverband zurückzurufen.

Großen Eindruck machte das Schauspiel am Himmel Jugoslawiens einem anderen Stab, dem Titos. Sein Hauptquartier befand sich in der Flugschneise nördlich Belgrad an der Theiß, und mit der Genugtuung des Siegers betrachteten er und seine Männer den Anflug der alliierten Maschinen.

„Für die Ölfelder ein bisschen wenig“, nörgelte einer.

„Aber die Deutschen haben ihre Flak abgezogen“, ergänzte ein anderer.

Gegen den Rat seiner engsten Leute hatte Tito die Vereinbarung mit den Deutschen durchgesetzt, den Abzug der Wehrmacht aus Jugoslawien nicht zu stören; sie hätten lieber ein Massaker angerichtet. Nun wurden sie belehrt, dass Titos Arrangement Sinn hatte und auf richtiger Einschätzung der Lage beruhte. Lang wurden nämlich diese jugoslawischen Gesichter, als eine amerikanische Maschine nach der anderen ihre Trümmer und Bomben auf ihr Territorium schickte. Und als sie am Nachmittag erfuhren, was sich an der Ostfront abgespielt hatte, schätzten sie sich glücklich, sich mit den Deutschen nicht mehr schlagen zu müssen.

Es war von den Amerikanern ziemlich leichtsinnig gewesen, den gesamten Jagdschutz dem Hauptverband mitzugeben. Der kleine Verband war nun vernichtet und den großen musste der Jagdverband jetzt verlassen, da der Sprit nicht reichte. Ehe wir uns dem Schicksal der 750 Bomber zuwenden, werfen wir einen Blick auf die Fronten Weichs' und Jeremenkos. Als der amerikanische Angriff feststand, ließ Weichs seine Stellungen in einer Blitzaktion räumen: Mannschaften, Geschütze und Panzer zogen sich in notdürftig vorbereitete Stellungen fünf Kilometer nach hinten zurück, während ab dem gemeldeten Anflug die schwere Artillerie den russischen Aufmarsch unter Feuer nahm. Die entstandenen Brände boten hundert Maschinen der Luftwaffe gut erkennbare Ziele, und bald waren die russischen Linien ein einziges Flammenmeer – so wie es Schukows Front auch ergangen war. Dieser Umstand sollte noch zwar unerwartete aber fürchterliche Folgen haben. Jeremenko, zu spät gewarnt und von bösen Ahnungen geplagt, meldete die neueste Entwicklung nach Moskau, aber es war zu spät.

Mit dem jedem damaligen Ohrenzeugen bekannten monotonen Brummen zog der amerikanische Verband zwischen Budapest und Arad nordwärts, noch umwuselt von Lightnings, die bisher nichts zu verteidigen gehabt hatten. Nun kam das erste Donnerwetter auf sie zu. So aufmerksam Bombenschützen, Bomberpiloten, MG-Bedienungen und die Piloten der Begleitjäger sein mochten, was jetzt heranwischte, entsprach nicht ihrem Erfahrungsschatz: Fünfzig deutsche Düsenjäger „strichen" im 900-Kilometertempo von vorn kommend über den Verband hin und schossen, - hier trifft diese Formulierung zu -, was die Kanonen hergaben. Sie waren zu schnell, als dass die schwenk- und drehbaren MGs ihnen zu folgen vermochten, und der Jagdschutz reagierte erst, als die Maschinen im Blau des Himmels unsichtbar wurden. Das waren jene Flugzeuge, die Adolf Hitler entgegen dem Rat Görings und der Luftwaffengenerale als Bomber ausbauen lassen wollte, „damit sie London in Trümmer legen können" – eine echt Hitlersche Wahnvorstellung! Jetzt, als Jäger, hatten sie „normale" Munition verschossen, weil sie noch nicht hatten umgerüstet werden können, die getroffene Bomber weniger explodieren ließ, sie mehr zerpflückte, so dass sie stück- und bröckchenweise auseinanderfielen – 28 von ihnen im ersten Anlauf. Während der Jagdschutz versuchte, sich den im weiten Bogen zurückkehrenden Düsenjägern entgegenzuwerfen, kam die zweite Hälfte der genannten hundert heran und schoss 21 Bomber ab. Schon preschte die erste Hälfte erneut in den Verband, schoss 19 ab, gefolgt vom zweiten Herüberziehen der zweiten Hälfte, dem 15 Bomber zum Opfer fielen – damit hatte der erste Großeinsatz deutscher Düsenflugzeuge 83 Abschüsse erbracht, elf Prozent des Bestandes! Eine ungeheure Panik ergriff die Bomberbesatzungen, zumal ihr Jagdschutz jetzt abdrehte. Fünf deutsche Düsenjäger gingen verloren. Es zeigte sich, dass sie noch nicht vollständig ausgereift waren, die Piloten reklamierten die geringe Durchschlagskraft ihrer Kanonen und forderten die neuen Raketen – nun, was nicht ist, kann noch werden.

Der Bomberverband war nah am Ziel, formierte sich, schloss auf und verlor noch sieben angeschossene. Dort unten: Ein Flammenmeer, da brannte die von den Russen angesteckte deutsche Front! So mussten die Piloten meinen. Dann eine leichte Kurskorrektur nach Ost, die Bombenschächte geöffnet, ein paar Blicke rundum auf etwaige deutsche Jäger, - die sich noch im Hintergrund hielten -, und nieder rauschte der im Fliegerjargon genannte Segen, die übliche Hölle anrichtend. Doch da waren sie plötzlich, wie aus dem Äther gefallen: Die verdammten deutschen Flugzeuge in den Flanken, von wo die noch mehr verdammten Raketen wie Schweifsterne herrauschten.

Ihre Wirkung braucht nicht mehr beschrieben zu werden. Es genügt, die Abschüsse mitzuteilen, sie überstiegen jedes vorstellbare Maß dieses Krieges: Mit der ersten Salve 110 Abschüsse, in den folgenden dreißig Minuten unglaublicher Kurverei, in denen der Verband sich auflöste, weitere 249, so dass für die nun einsetzende Verfolgung 301 Bomber übrig blieben. Den deutschen Flugzeugen, die noch eine Stunde lang am Feind bleiben konnten, gelangen 133 Abschüsse, demnach machten sich 168 Besatzungen Hoffnung auf glückliche Heimkehr. Ja, wenn die hundert Me 110 nicht gewesen wären! Sie starteten erst nach dem Bombardement der Front und verfolgten die Amerikaner über Budapest hinaus, wo sie dann von Kesselrings Jägern in „normale“ Luftkämpfe übernommen wurden. Diese gingen auch für die Deutschen nicht glimpflich ab, da ja die Liberators und Fortress’ fliegende MG-Nester mit ungeheurer Feuerkraft darstellten, aber das Verhältnis der Verfolgungsluftkämpfe stand am Ende 107 : 35 für die Deutschen. Damit erreichten 61 Bomber von 800 (= 7,5%) ihre Horste, und bei der Landung gingen noch fünf beschädigte zu Bruch. Eine deutsche Abschussquote von 93% mussten auch die Amerikaner als Totalschaden verbuchen.

Die gelandeten Maschinen blieben stehen und schienen keine Menschen mitgebracht zu haben: Nur wenige Flieger waren in der Lage, sogleich auszusteigen. Alles, was den amerikanischen

Soldaten ausmacht, war wie weggeblasen: großes Selbstbewusstsein, Stolz, Mut, Einsatzwillen, Härte und Unbekümmertheit – gewichen einer schieren Verzweiflung. Das erste, was ein Flugzeugführer beim Aussteigen von sich gab, lautete unmissverständlich und meuterisch:

„We don't fly anymore!"

Sein finsterer, verächtlicher Blick galt den Vorgesetzten, einige seiner Kameraden schimpften so laut und maßlos, dass die Militärpolizei gerufen werden musste. Doch, und das war die Folge dieser vernichtenden Niederlage: Kein US-Bomber startete mehr gegen Deutschland. Und als sich herausstellte, dass alle Bomben auf die russische Front gefallen waren, wurde aus dem amerikanischen ein internationaler Fall, der die Kriegsfreundschaft zu Russland zu bedrohen schien. Und die Ursache: Weichs' Leute und die Luftbeobachter der Deutschen hatten den Irrtum der Bombenschützen erkannt und kaltblütig die Bomben abladen lassen, ehe sie angreifen ließen.

Die weltweite Bedeutung der amerikanischen Niederlage war groß. Roosevelt mochte sie erst nicht glauben und bekam dann Lust, sich aus dem Krieg in Europa zurückzuziehen und lieber Japan desto nachhaltiger zu bedienen. Es kam aber nur soweit, dass alle Bomberflotten aus Italien und Großbritannien verlegt und dort eingesetzt wurden – was also Deutschland weniger litt, wurde Japan auferlegt. Jeremenkos Front war nach dem Bombenangriff der Bundesgenossen aufgewühlt wie ein Maulwurfsrevier und verbrannt wie die Pampas nach einem Blitzschlag. Seine ganze Armee war zerbombt, in den Boden gestampft und in Feuersbrünsten untergegangen. Sofort nach dem Bombenangriff gingen die deutschen Truppen vor und eroberten kampflos die russischen Stellungen bis in zwanzig Kilometer Tiefe. Schon während des Bombardement waren viele Rotarmisten, teils in völliger Konfusion, teils gezielt über die deutschen Linien gegangen. Wer von Wlassows Berittenen, die wie vierfüßige Geier das Schlacht patrouillierten, gestellt und mit der Frage „Kamerad, komm mit oder..." bedacht wurde, musste sich schnell entscheiden: mitkommen oder erledigt werden? Andere Wlassow-Trupps stießen weit ins russische Hinterland vor, und so lernten die Soldaten dort kennen, was sie selbst praktizierten: Partisanentätigkeit.

Der letzte britische Luftangriff in Europa

Churchills Bombergeneral Mister Harris war entschieden dagegen, einen bis ins Letzte ausgeklügelten Bombenangriff abzusagen, auch nur zu verschieben:

„Nur weil die Amerikaner nicht mehr mitmachen wollen?"

Harris gehörte zu jenen fähigen und starrköpfigen Militärs, die, wenn sie einmal auf den Tisch gehauen haben, sich von ihren Vorhaben nicht mehr abbringen lassen. Damit hatte er sich bisher gegen alle jene durchgesetzt, die ihm wegen seiner brutalen Angriffe auf die deutsche Zivilbevölkerung an die Karre fahren wollten.

„Den Krieg möchten sie gewinnen", maulte er bei Churchill, „und so schnell und verlustlos wie möglich. Da muss eben die andere Seite leiden."

Skeptiker und Zweifler, die ihm wegen des jüngsten amerikanischen Fiaskos Vorhalte machten, fertigte er ab:

„Gerade jetzt stehen unsere Sterne ausgezeichnet. Die Deutschen können ihre Luftabwehr nicht schnell genug nach Norden verlegen."

Irrtum! Sie konnten es.

Denn wieder kam vorher der Spionagehinweis – oder Verrätertipp – aus England an Gehlens und Canaris' Horcher und Entzifferer:

„Am 26. August nachts 3 Uhr Luftangriff mit 620 Maschinen auf Stettin. Anflugroute über die Nordsee, dann Dänemark, Südschweden, dann Südkurs fast bis Berlin, Umkehr und Nordkurs auf Stettin."

Diese trickreichen nächtlichen Kursänderungen hatten bisher die deutsche Nachtjagd stark in Verlegenheit gebracht, weil die Jäger dann unnötig weite Strecken flogen und mit dem Treibstoff nicht hinlangten. Stettin war bis zu dieser Zeit gut davongekommen, aber seit die Briten das deutlich weiter entfernte Königsberg angegriffen hatten, war klar, dass auch diese Stadt nicht ungeschoren bleiben würde. Weil bisher alle Spionagemeldungen zutrafen, vertraute man auch dieser und beeilte sich, die Abwehrschlacht zu organisieren. Dazu versammelten sich am Vortag im norddeutschen Raum: 150 Me 110, 250 He 111 oder Ju 88, die gesamte Nachtjagd General Kammhubers mit Me 109 und Focke-Wulf 190 und erstmals die letzten einsatzfähigen Focke-Wulf-Condor, womit das Zahlenverhältnis dem Gegner mit seinen 620 Maschinen um 30 überlegen war.

„Wenn jeder Ihrer Piloten", sagte Manstein zu Milch, nur einen abschießt, na prost Mahlzeit England!"

Die sonst wenig beschäftigten Besatzungen der Condor hatten beantragt, aus ihren etwa 500 Meter über den feindlichen Verbänden fliegenden Maschinen Luftminen abzuwerfen, die in der passenden Höhe explodieren sollten. Auf eine weitere Gegenmaßnahme, nämlich die heimkehrenden und landenden Bomber zu überraschen, winkte Milch siegesssicher ab:

„Es werden keine heimkehren."

Euphorie lag ihnen allen nicht, die jetzt mit am Staatsruder saßen, aber der Erfolg gegen die Amerikaner hatte doch Hochstimmung gefördert. Jetzt winkte die Chance, die Heimsuchung Deutschlands aus der Luft zu beenden.

„Das Gebrüll" Hunderter startender viermotoriger Bomber dringt so weit durch abendlichen und nächtlichen Sommerhimmel, dass jeder funktionierende Horchdienst es mitbekommt. So war es auch am Abend des 25. August. Schon wenige Minuten nach dem Start, noch in Sichtweite Englands, als die Maschinen Höhe gewannen und sich eng zu formieren begannen, mussten die Besatzungen feststellen, dass es heute Nacht mit einem

Überraschungsangriff nichts werden könne. Denn die Deutschen waren schon da! Ihre viermotorigen Condor, für die britischen Besatzungen unbekannte Wesen, setzten sich über die Spitze des langgezogenen Verbandes und ließen aus den Schächten große runde Kugeln fallen, die sich als Minen höchster Sprengkraft entpuppten. Allerdings durften sie nicht weiter als zweihundert Meter neben einem Flugzeug explodieren, um mit ihren Splittern und Druckwellen Löcher und Risse in die Bomberrümpfe zu treiben. Eine Kriegsuraufführung war das hier, elf Bomber wurden zerrissen, in einem Dutzend weiterer brach Panik aus, so dass es zu Zusammenstößen kam. Die tödliche Last für Stettin wurde verringert, als diese Bomber in die Weiten der Nordsee stürzten.

Ehe der Verband die Dänische Küste erreichte, hingen 50 Me 110 an ihm, bewaffnet mit Raketen kleineren Kalibers, die sich aus hundert Metern Entfernung „in die heißen Abdämpfe der Motoren" fraßen. Jede Maschine schoss einen Bomber ab, dann musste sie zum Nachtanken den nächsten Flugplatz aufsuchen. Auf den dreihundert Kilometern zwischen Dänemark und Schweden von hundert Me 110 bearbeitet, die wegen der Auflockerung des Verbandes mehr Schwierigkeiten mit den Abschüssen hatten und nur achtzig zu Boden schickten. So war der Verband noch weit vor dem Ziel von einem großen zum mittleren geschrumpft. In Großbritannien hörte man mit, Entsetzen breitete sich aus, Rufe wie „holt sie zurück!" ertönten – umsonst, niemand mochte das befehlen. Entsetzen auch „unter" dem Bomberstrom: durch Notabwürfe.

Dreihundert Kilometer über Schweden bis Bornholm. Niemand der Kombattanten in der Luft kümmerte sich um die Neutralität Schwedens und Dänemarks. Hier kamen nun die an der Ostsee stationierten 250 Hes und Jus zum Zuge, so dass der Verband nun vom mittleren zum kleinen schrumpfte. Die Schweden zählten in den folgenden Tagen 90 Wracks auf ihrem Territorium und nahmen 100 britische Piloten in Gewahrsam, nicht weniger werden in der Ostsee umgekommen sein. Verlassen wir nun den unermüdlich und „tapfer“ weiter vordringenden Bomberverband und begeben wir uns nach Stettin. Die Sirenen heulten, doch wurde „der Verband befindet sich im Anflug auf die Reichshauptstadt“ gemeldet. Aufatmen, Bedauern für diese geplagte Stadt. Keller und Bunker waren sowieso nur lässig aufgesucht worden. Doch dann:

„Feindlicher Verband nähert sich von Süden!“

Britische Pfadfinder, das waren Einzelflieger, die von der deutschen Abwehr nur schwierig zu bekämpfen waren, bedachten Stettin mit so genannten Christbäumen, - welch' beleidigende Namenwahl! -, die das Ziel für die nachfolgenden Bomber absteckten. Nachfolgende? Es waren nicht viele mehr: Zwischen Ostseeküste und dem Vorfeld Berlins gingen über sechzig Bomber zu Boden, wo sie Kornfelder, Dörfer und Bauernhöfe ansteckten, dann begann endlich der Anflug aufs Ziel. Dort „wimmelte es von Nachtjägern“, wie ein geretteter Flieger aussagte. Sie konnten sich ja, erinnern wir uns, ungestört vom eigenen Flakfeuer, ihrer Arbeit widmen.

Diese beobachtete Luftschutzwart Karl Amadeus Wortmann von unten:

„...ein Feuerwerk, wie es kein Silvesterabend hervorbringen konnte. Raketen zogen ihre rötlichen tödlichen Bahnen, ehe sie in die Flugzeuge fuhren, Explosionen, man konnte die Bomben aus den aufgerissenen Rümpfen wie reife Äpfel fallen sehen. Leuchtspurmunition zog fantastisch aussehende Striche und Linien durch den Himmel, ehe sie Leitwerke und Flügel zerfetzte. So habe ich, gewiss wohl an die hundert abstürzende Maschinen gezählt...“

Später sagten Besatzungsmitglieder, die gefangengenommen wurden, zitternd und bibbernd aus, „wir haben vollständig Kopf und Orientierung verloren, unsere Bord-MGs waren längst leergeschossen“. Das war einer der Hauptgründe, dass die deutschen Verfolger, Me 110 hauptsächlich, die sonst wenig Chancen gegen die schwer bewaffneten Viermotorigen ausrichten konnten, nun tatsächlich freies Schussfeld bekamen und jeden Bomber abschossen, hinter den sie sich setzten.

„Eine richtige sportliche Fasanen- und Taubenjagd, ein Schützenfest", beschrieb es ein deutscher Pilot, der vor Begeisterung seinen Tank vergaß, ihn leer flog und damit noch drei Bomber erwischte, ehe er seine Maschine verlassen musste und durch Fallschirmabsprung überlebte. Zynischer drückte sich ein anderer Pilot aus:

„Schade, dass der Führer nicht mehr lebt, er hätte zwei Dutzend Ritterkreuze spendieren können heute Nacht."

Fazit: Fünfzig Feindbomber nur befanden sich auf dem Heimflug. Sie nahmen einen „individuellen" Kurs, um Jagdjägern zu entgehen und flogen sogar über Hamburg zurück, wo, wie sie wussten, mit Flak nicht mehr zu rechnen war. Vielen ging der Sprit aus, anderen versagte erst ein Motor, dann noch einer, Besatzungen stiegen komplett aus und landeten in west- und norddeutschen Forsten, Teichen, Vorgärten, Dörfern und Kuhherden, auf Dächern und auch direkt vor Kasernen und Polizeistationen. Indessen in britischen Dienststellen mehr Alarmglocken läuteten als in Deutschland Entwarnung gegeben wurde. Noch bevor der neue Tag anbrach, weckte man Winston Churchill mit der Meldung:

„Waterloo on the air."

Zuletzt hatte man ihn zu wecken gewagt, als im Mai 1941 die Meldung vom Endkampf um das deutsche Schlachtschiff Bismarck einging – welch ein Kontrast! Nun ließ er sogar seine Zigarre ausgehen und das Frühstück kalt werden, um Luftmarschall Harris herzuzitieren und ihm den Hals umzudrehen. Inzwischen hatte dieser den Abschuss von 599 Maschinen bekanntgeben müssen. Der deutsche Rundfunk gab im Lauf des Vormittags die Namen der vielen überlebenden Besatzungsmitglieder durch: Es waren 65! Diese Meldungen verschlugen selbst den größten Spöttern Großbritanniens den Atem, die den Engländern nachgesagte Fairness wurde dieses Mal bestätigt: Kein hasserfülltes Wort gegen Deutschland, nur ein nicht enden wollendes „Ausgießen des Zorns“ über die Verantwortlichen. Der strikten Forderung nach Einstellung des Bombenkrieges gegen deutsche Städte musste Churchill sich beugen, er wäre sonst mitsamt seinen Ministern fortgejagt worden.

In Deutschland war die Freude groß, zumal die eigenen Verluste nur zehn Maschinen betrugen, deren Besatzungen abgesprungen waren. Zum ersten Mal seit Hitlers angezetteltem Krieg brachten deutsche Zeitungen Stellungsnahmen und Leserbriefe, in denen Bürger ihre Bestürzung „über ein Morden ausdrückten, das seit Hitlers Tod und dem Untergang des Nationalsozialismus jeden Sinn verloren hat“. Auffallend war auch, dass die abgesprungenen und von Zivilisten eingebrachten britischen Flieger „anständig“, wie sie später aussagten, behandelt und verpflegt wurden. Allgemein verbreitete sich in den Kriegslagern, von Stalins abgesehen, eine Hoffnung auf baldigen Frieden. Aber das Wichtigste und Aktuellste war:

„Endlich wieder Nachtruhe in deutschen Städten!“

Berlin und die meist genutzten Gebiete der feindlichen Einflugschneisen waren schon seit Monaten nicht mehr in den Genuss ungestörter Nächte gekommen. Nachdem die Engländer in den Folgewochen hohe Verluste bei ihren Stör-, Aufklärungs- und Moskitoflügen erlitten, auch befürchteten, deutsche Flugzeuge könnten London mit den neuen Brandwaffen angreifen, löste sich „die Front über Deutschland“ tatsächlich in Nichts auf. Auch Großbritannien beorderte den Hauptteil seiner Bomberflotte nach Fernost.

Demontagen

Adolf Hitlers Halbschwester Raubal war nie eine richtige Nazifrau gewesen, die unmenschliche Art ihres Bruders gefiel ihr ganz und gar nicht, er selbst hatte ja tatsächlich ein gestörtes Verhältnis zu seiner Verwandtschaft gehabt. Nun jedoch fühlte sie sich verpflichtet, „für ein ordentliches Begräbnis“ ihres Bruders zu sorgen. Darum erbat sie sich von der neuen Regierung „letzte Requisiten des Führers“, eine Uniform nebst Mütze,

Koppel und Schuhen, das von ihm gehegte Originalbild „Friedrich der Große“ von Antoine Pesne und andere Kleinigkeiten – genehmigt, klar, außer dem Gemälde, „das Staatseigentum sei“ und nicht heraus gegeben werden könne.

Und jetzt Ende August in Braunau am Inn, das „noch“ zum Reich gehörte: Ein durch und durch brauner, nicht schwarzer Trauerzug, bewegte sich auf dem Friedhof einer frisch ausgehobenen Grube entgegen. Kein Geistlicher war dabei, „ganz so“, behauptete Frau Raubal, „wie der Führer es sich immer gewünscht habe“. Im Sarg lagen die erwähnten Utensilien Adolf Hitlers, auf dem Sarg nicht, wie von den Teilnehmern gewünscht, die Fahne der Bewegung, denn die Polizei hatte aus Vorsicht ein Verbot „aller Zeichen der ehemaligen NSDAP“ verboten. Auch war der örtlichen Blaskapelle untersagt worden, am Grab „Die Fahne hoch, die Reihen fest geschlossen“ zu intonieren. So blieb es bei „Ich hatt einen Kameraden“, was auch Tränenfluss bewirkte und traurige Erinnerungen aufsteigen ließ. Nach dem Ablassen des Sarges schütteten „alte Kameraden“ das Grab zu, stellten den bereits fertigen Grabstein, der nur Name, Geburts- und Todesdaten des Verblichenen zeigte, unter Schluchzen, Jammern, Zetern, Meckern und Fluchen auf, dekorierten die Blumen und Kränze anmutig reihum, grüßten ein letztes Mal und machten sich zum Totenschmaus in einem Lokal davon – nur Frau Raubal blieb noch eine Weile...

Der Demontage des alliierten Luftkriegs war also der Abgesang Adolf Hitlers gefolgt. Sein Mythos wurde zerpflückt, zerfleddert, Feder um Feder gerupft wie eine suppentopfzeitige und zum Eierlegen unfähig gewordene Henne oder Gans. Jetzt endlich folgten die Deutschen dem früher tausendfach gebrüllten Befehl „Deutschland erwache!“

„Wie taktvoll von uns“, sagte der zynisch angehauchte Tresckow, „dass wir ihm kein echtes Grab gegönnt haben – so braucht er sich nicht darin umzudrehen.“

Die Voll- und Totaldemontage der NSDAP und ihrer Begleiterscheinungen und Gliederungen war den Deutschen erstaunlich gut gelungen, aber es wäre widernatürlich und unlogisch gewesen zu glauben, das schafften sie auch mit ihrem Leiter und Schöpfer. Erst jetzt lernten und erfuhren die Deutschen, dass Adolf Hitler für alle Verbrechen, die man jetzt noch seinen Lehrlingen, Gesellen und Meistern in die Schuhe schob, verantwortlich war. Das vielzitierte Wort „Wenn das der Führer wüsste" sprach für sich und für die leichtgläubige deutsche Mentalität.

Die deutschen Medien begannen sich an des Niveau der Zeit vor 1933 zu erinnern. Ja, sie überboten sich geradezu in objektiver Berichterstattung, nach langen Schmachtjahren und Dauerabstinenz. Auch Privatleute bemühten sich, die Hitlerlegende vom angeborenen Führer- und Feldherrntum, Allwissenheit, Weitsicht, Tatkraft und Unfehlbarkeit zu zerstören.

„Er war aber in Wirklichkeit", sagte einer seiner engstnen Vertrauten im Vorwort der bald erscheinenden

und geplanten Memoiren, „ein kleiner Hosenscheißer, ein Schisser und Angsthase sondergleichen, der sich mit diktatorischen und theatralischen Gestikulationen vorm Wohnzimmerspiegel Mut machen musste..."

Von Adolf Hitler geschasste, aber nun dem Henker entkommene Generale taten sich besonders hervor, seine Feldherrnqualitäten einem breiten Publikum darzulegen. Zum Beispiel durch einfache Fragen:

„Warum war dieser oberste Kriegsherr nicht darauf vorbereitet, um nach dem Sieg über Frankreich sofort über den Kanal und England an den Wickel zu gehen?"

Oder dicker und härter:

„Wer, wenn nicht Hitler, hat die Tausende Erfrorenen im ersten Russlandwinter zu verantworten?"

Ein ehemaliger hoher Regimentsarzt berichtete der Zeitung „Nationaler Beobachter", vormals „Völkischer Beobachter" genannt:

„...Noch lange vor dem ersten Russlandfrost meldeten die Truppenführer ihren Bedarf an Winterbekleidung für die Truppe an – es gab keine Antwort darauf. Als dann der Winter wirklich einbrach, standen unsere Soldaten in Sommerkleidung in den Schützengräben, unten die Füße im gefrierenden Matsch, oben den Kopf im eiskalten Stahlhelm, der am Gehirn festfror. Jeden Tag gingen Hunderte, gar Tausende an Kälte zugrunde, noch mehr kamen mit Erfrierungen in Lazarette, die unbeheizbar waren und nicht einmal genügend Decken besaßen. Im April und Mai wurden wir dann endlich mit warmen Sachen beliefert – kann es mehr Idiotie geben!"

„Warum?", fragte ein Soldat, ein mit letzter Maschine herausgekommener verwundeter Infanterist, „ist diese verdammte Sache mit Stalingrad passiert? Weil Hitler eine Niederlage, die dann doch kam, nicht eingestehen konnte. Und ein Feldherr, der dieses nicht kann und Ratschläge von Fachleuten verwirft, ist eben keiner. Nur Adolf Hitler, sonst niemand, hat unsere 6. Armee auf dem Gewissen."

Zuschriften von Offizieren verrieten, dass Hitler vorm starren Festhalten des spitzen Frontkeils nach Stalingrad von seiner Umgebung gewarnt wurde.

„Aber für ihn waren die Russen bereits erledigt, obwohl unsere Aufklärung von riesigen Aufmärschen jenseits der Wolga meldete."

Ein Wehrmachtsoffizier berichtete als Augen- und Kamerazeuge von Morden in der Ukraine:

„Sie, diese so genannten Einsatzgruppen, trieben Juden, dabei komplette Familien mit Kindern und Greisen, an den Rand ausgehobener Gruben und schossen so auf sie, dass sie in diese stürzen mussten und sofort, ohne darauf zu achten, ob einige noch lebten, wurden sie mit Erde und Chlorkalk bedeckt. Dann kamen die nächsten an die Reihe und so fort den ganzen Tag lang..."

Auf diesen brutalen Bericht hin beschloss das Triumvirat die Verhaftung und Aburteilung aller Leiter dieser Einsatzgruppen noch vor Kriegsende.

Die ersten positiven Anzeichen einer erwachenden Boulevardpresse machten sich bemerkbar, als man „attraktive Damen", dabei vornehmlich Witwen, als Zeitzeugen zu interviewen begann:

„Frau Himmler, Sie waren mit einem Massenmörder verheiratet. Wie fühlen Sie sich jetzt?"

„Nun, mit seinem Beruf, außer als Hühnerzüchter, hatte ich gar nichts zu tun. Zu Hause war Heinrich ein aufmerksamer Ehemann, der es an Fürsorge nicht fehlen ließ. Da konnte er sich ausspannen von einem Beruf, wie er schwerer nicht sein konnte."

„Haben Sie mal, gnädige Frau, mit Ihrem Mann über Hitlers Befehle zum Massenmord gesprochen?"

„Nein, er sagte immer, ‚der Heydrich macht das'."

„Hat Ihr Mann mit Ihnen über den Ausgang des Krieges gesprochen?"

„Ja, sogar kurz vor seinem Tod noch. Er hielt ihn für total verloren."

„Und trotzdem ließ er weiter ausrotten?"

„Er hatte schon die Befehle zur Einstellung der KZ-Betriebe gegeben und war froh darüber. Er litt sehr, aber Heydrich war sein böser Geist."

„Erklären Sie uns das."

„Nun, mein Heinrich wollte die humane Lösung des Judenproblems durchführen, nämlich ihre Auswanderung oder Ausweisung aus Deutschland, ohne grausam zu ihnen zu sein."

Na, kommentierte da der Reporter, noch ein paar solcher Interviews, und dieser tote Heinrich Himmler kann einem Seligsprechungsprozess Roms entgegensehen.

Bormanns brave Witwe konnte nur Gutes über ihren braven Mann aussagen, er sei zwar eine sexuelle Kapazität gewesen, die ein halbes Dutzend Damen hätte bedienen können.

„Aber mich vergaß er nie. Er war doch nur Sekretär Hitlers, was ist da Schlimmes dran. Warum hat man auch ihn umgebracht! Wenn ich an die Überstunden denke, die er für Hitler gemacht hat – da müsste ich glatt eine Nachzahlung von ein paar Tausendern bekommen."

Frau Lina Heydrich, im Exil in Holstein lebend, arbeitete ebenfalls an der Vita ihres Mannes.

„Frau Heydrich", sagte der Reporter, „Ihr Mann geht als größter Massenmörder in die Geschichte ein. Wie fühlen Sie sich als seine Witwe?"

„Größter? Das wird noch zu klären sein. Schließlich war er Himmlers und Hitlers Untergebener."

„Aber wir wissen heute bereits, dass er weitgehende Vollmachten besaß und weniger mörderisch hätte vorgehen können."

„Himmler war sein böser Geist."

„Erklären Sie das unseren Lesern."

„Ganz einfach. Reinhardt wollte die humane Lösung schon 1938 vor dem Pogrom, und zwar freiwillige Übersiedlung deutscher Juden nach Madagaskar oder eine gemütliche Abschiebung nach USA und in andere Länder. Aber Himmler setzte bei Hitler die radikale Lösung durch."

„Ihr Mann ist ja zu früh ermordet worden, um die ganzen Folgen und Auswirkungen seiner Planungen noch erleben zu können. Wie benahm er sich zu Hause?"

„Als Kavalier alter Schule, schließlich stammte er aus der Marine. Übrigens muss ich einflechten, dass er nur als ein stellvertretender und nicht hauptamtlicher Reichsprotektor bei den Tschechen beliebt war. Er ließ sich das Wohl der Arbeiter sehr angelegen sein."

„Hat er durchblicken lassen, ob alle Mordbefehle direkt von Hitler kamen?"

„Ja, hat er. Hitler erteilte sie – aber immer nur mündlich."

Da haben wir's wieder: Auch Reinhardt Heydrich könnte für sich, geriete er auf eine Anklagebank, einen Ausspruch Kaiser Justinians von 528 in Anspruch nehmen: „In dubio pro reo – Im Zweifel für den Angeklagten".

Mit Erstaunen musste Frau Heydrich bald in Illustrierten lesen, dass ihr Mann „ein ungeheurer Hurenbock" und Stammgast bei „Kittys Salon" in Berlin gewesen sei.

Frau von Schirach, Gattin des Exreichsjugendführers und letzten Gauleiters von Wien Baldur, drängte sich der Presse auf, um ebenfalls Teil deutscher Geschichte zu werden:

„...Ich habe in Holland einmal den Abtransport von Juden beobachten können und war aufgeregt und empört über diese Grausamkeiten, von denen mein Mann und ich nichts wussten. Stracks ließ ich mir einen Termin beim Führer geben und habe ihm Vorhaltungen wegen dieser Sache in Holland gemacht. Er ließ mich abblitzen und befahl mir, ‚meine Nase nicht in Angelegenheiten zu stecken, die Sie nichts angehen', und damit war mein Mann bei ihm in Ungnade gefallen. Hitler ist es, der alles zu verantworten hat."

So bröckelte Stein um Stein aus einem Monument, das tausend und mehr Jahre hatte stehen sollen. Und als Internas von Hitlers Eskapaden vor der Machtergreifung ins Volk sickerten, zum Beispiel seine klägliche Rolle vor der Feldherrnhalle 1923 und die „Geschichte" mit Geli Raubal, da gebar das Monument beim endgültigen Einsturz eine „ganz fiese, miese Kröte".

Einer prominenten Person ward's gar unheimlich bei der Kampagne der Demontagen, die übrigens von der Regierung weder gesteuert noch beeinflusst wurde: Hermann Göring, derzeitiger Reichspräsident. Wenn von Hitlers Untaten und Fehlentscheidungen die Rede war, musste er sich angesprochen fühlen. Was hatte er zu verantworten? Wie lange würde es dauern, bis man sich auf ihn einschoss? Sein Instinkt trog ihn nicht, aber er fiel über einen anderen Stein als den erwarteten. Mutig geworden kramten auch an Untaten Beteiligte ihr Wissen aus. Da war von

Hitlers aktiver Beteiligung am Röhmputsch von 1934 die Rede, oder seiner Nichtbeteiligung am Pogrom von 1938, bis zu seinem „törichten Verhalten“ in den letzten Stunden des August 1939. Ein ehemaliger SS-Mann packte aus, wie man die Polen kurz vor Kriegsbeginn geprellt habe:

„Der Überfall auf den Sender Gleiwitz wurde von Heydrichs Leuten ausgeführt. Zu diesem Zweck hat man deutsche KZ-Häftlinge in polnische Uniformen gesteckt und dann ermordet. Bei aller Grausamkeit war das Ganze ein idiotisches Amateurunternehmen...“

Auch Privatleute bemühten sich, den Hitlermythos zu zerstören. Wir haben schon erwähnt, dass versteckte und gedeckte Juden nun wieder aus Kellern, Höhlen, Hinterhöfen und Geheimzimmern ans Tageslicht treten durften – es waren, zur Ehre der Deutschen sei's anerkannt, gar nicht wenige. Beinahe komisch wirkte die Geschichte eines Berliner jüdischen Arztehepaars mit Vornamen Armin und Hilda, das nun offenbarte, jüdisch zu sein. Sie stellten Arier wie aus einem Nazilesebuch dar: Er der reinste Odin, sie eine Walküre, die ohne Verkleidung in Bayreuth hätte auftreten können. Mit Weitblick versehen besorgten sie sich schon vor 1933 einen arischen Stammbaum, „dessen Wurzeln bis 9 v. Chr. reichten. Weitblickend war auch, dass Armin sein 1932 fertig gewordenes Manuskript „Juden in Deutschland“ zur Veröffentlichung zurück hielt. Jetzt bemühte er sich um Veröffentlichung und gab im Vorabdruck seine Weisheiten preis:

„...Seine Behauptung vom Schmarotzertum der Juden und die von ihnen ausgehende Gefahr hat Adolf Hitler natürlich nicht ernsthaft geglaubt, schließlich war er kein Doofmann. Er mag die Juden gehasst haben, womit er bekanntlich nicht allein stand, aber auch bei ihm und seinen artigen Gefolgsmännern ging es nur, wie seit dem Mittelalter und eher noch, bei jedem Pogrom um Bereicherung am Vermögen der Juden. Hitler lagen alle Zahlen über deutsches Judentum vor, ihr Prozentsatz an der Bevölkerung, ihre bevorzugten Berufe und so weiter, und es ist unmöglich zu glauben, dass er von einer ernsten Gefahr für Volk, Vaterland und Partei überzeugt war. Die in staatlicher Obrigkeit befangenen Deutschen waren eine leichte Beute für Hitlers, Goebbels' und Streichers Polemiken gegen Juden..."

Erst, argumentierte der Arzt, als Hitler seit dem Russlandwinter 1941 auf 1942 den Krieg verloren gab, beschloss er, nicht unterzugehen, „ohne die Juden Europas mitzunehmen", nur in einem totalen Krieg, der absoluten Gehorsam verlangte, seien Vernichtungslager möglich gewesen.

Hermann Göring, auf Reputation bedacht, stimmte zu:

„In den Führungskreisen unter Hitler kursierten Aussprüche wie ‚Adolf mit seinem Judentick', ernsthafte Bedenken wurden geäußert, aber aufgemuckt hat niemand."

Einer allerdings muckte jetzt auf: Dr. Roland Freisler, ehemaliger Staatssekretär der Justiz, von seinem Minister degradiert und auf die Bezüge eines Amtsrichters hinabgestuft. Im Reich bekannt wurde er durch seine Prozessführung gegen „die Geschwister Scholl und andere", die im Urteil zwar als korrekt angesehen, aber im Verfahren unwürdig und erniedrigend betrachtet wurde. Genau dieses, nämlich „erniedrigen", war sein Zweck gewesen. Nun hatte er in München den „Bund reindeutscher Juristen" gegründet und er polemisierte in seiner Antrittsrede gegen die neue Regierung in einer Art und Weise, die, so meinten einige Opfer des Nationalsozialismus, nicht ungesühnt bleiben durfte:

„...Der Tod des geliebten Führers, der unser Retter vor dem Bolschewismus hätte sein und werden können, ist eine Mordtat sondergleichen, aus welchem Aspekt sie auch betrachtet werden sollte. Wir kennen den Täter: Er kam mit einer prallen Aktentasche, scheinbar wichtige Akten, Karten und Berliner Butterstullen darin, ins Hauptquartier und stellte diese im Besprechungsraum ab. Warum hat er sich nie nach ihr erkundigt? Wir wissen von Augenzeugen, dass er es nicht getan hat. Er gehört wie alle Verräter vor Gericht und unter den Galgen wie alle seine Mitverschwörer auch, die noch in Amt und Würden sind..."

Solche Auslassungen waren einigen Leuten zuviel, darunter natürlich auch das Triumvirat, doch ehe es Zeit zu Gegenmaßnamen fand, wurde Freisler als vermisst gemeldet – er blieb es „für alle Zeiten"!

Redselige Krankenschwestern, denen jetzt das schlechte Gewissen wie ein Kloß im Magen lag, berichteten über Morde im Zuge der Euthanasie:

„Ich habe meinen Chefarzt und Professor, der jetzt weiter normal lehrt und praktiziert, gefragt, warum wir das machen. Er antwortete, das habe er Himmler gefragt und zur Antwort bekommen, es sei ein Führerbefehl."

Das Triumvirat erkannte, dass es nach dem Krieg viel aufzuarbeiten gebe, vielleicht auch Köpfe rollen müssten – aber würden die Deutschen dann noch zuständig sein?

Im Westen Neues

Die Marschälle Rundstedt und Kluge erwiesen sich als fähige Strategen – des disziplinierten Rückzugs. Das hätten sie sich nicht träumen lassen, als sie sich einst für die Laufbahn eines Soldaten entschieden. Aber sie wurden mit ihrer Tätigkeit Retter Tausender deutscher und alliierter Soldaten. Getreu der Devise des Triumvirat hatte der Rückzug im Westen nicht in eine Flucht auszuarten und vorerst rechts des Rheins zu enden.

Die Alliierten machten tatsächlich mit. Nicht aus Menschenfreundlichkeit, sondern weil sie, um einen Berliner Ausdruck zu verwenden, „eine lange Leitung" hatten. Strategie und Taktik war nie ihre Stärke gewesen, schon im vorigen Krieg nicht, denn wer aus dem Vollen schöpft, ob beim Essen und Trinken, in der Liebe oder auf „dem Feld der Ehre", pflegt lieber Kraft und Stärke als Überlegung zu zeigen. Oder war's doch anders? Hatten sie vielleicht, ob Ami, Tommi, Captain oder General, die Hosen voll? Diese deutschen Erfolge an der Ostfront mit ihrer entsetzlichen Kokelei! Wollten die Deutschen den Krieg verlängern, weil sie kurz vor der Vollendung der Atombombe standen?

Was hatten sie sonst in der Hinterhand? Die amerikanische Spionage wusste nichts darüber zu berichten.

Adolf Hitler hatte in seinen letzten Lebenstagen befohlen, die französischen Häfen und Festungen bis auf den letzten Mann zu verteidigen, damit sie noch in eigener Hand seien, wenn seine, Hitlers Gegenoffensiven anliefen – Fantasien eines Geschlagenen. Rundstedt und Kluge sorgten für ihre Räumung, ehe sie vollends abgeschnitten wurden. Noch vor dem Verlust von Paris landeten die Alliierten auch in Südfrankreich und schienen ein Wettrennen aufs Reich veranstalten zu wollen. Geschickt manövrierten sich die Deutschen „heimwärts" und wunderten sich nicht, dass die Alliierten nicht nachstießen.

„Sie hätten im Oktober in Berlin sein können."

Der Brite Montgomery, Rommels alter Kontrahent in Afrika, begriff die Absichten der Deutschen als erster. Wenn es nach ihm gegangen wäre, hätte er eine der Invasion gleichzusetzende Aktion gestartet: Landungen an der Deutschen Bucht, in Hamburg und in Schleswig-Holstein.

„Dann Abmarsch in gerader Linie auf Berlin."

Doch General Eisenhower, Oberkommandierender, war ein behutsamer methodischer Mann und sah keinen Anlass, derartige Risiken einzugehen. Das Schicksal zweier eigener Bomberflotten vor Augen, mochte er der Nation keine weiteren hohen Verluste zumuten.

„Er ist kein echter Draufgänger", brummte Montgomery verdrossen vor sich hin, durfte aber eine Entfremdung mit seinem Chef nicht herbeiführen.

Weil die deutschen Truppen sich „in höchst anständiger soldatischer Manier" zurückzogen, kam es nur zu vereinzelten kleineren Ausschreitungen fanatischer Widerstandskämpfer, die sich ums Finale betrogen sahen und gern ein historisches Massaker angerichtet hätten. Der Abzug der Deutschen zerriss überall zarte, normale, enge und geschäftliche Verbindungen, die sich in langen Besatzungszeiten gebildet hatten. Frankreich war bis zur Invasion ein Fettlebeland für Deutsche gewesen, nun brach alles zusammen. Die Holländer hatten nach dem Abservieren der Nazis und ihres Statthalters Seyß-Inquart und dem gleichzeitigen Ende der Judenverfolgungen aufatmen können, nun bekamen sie die Zusicherung der deutschen Führung, dass kein Deich, wie von Hitler bereits befohlen, gesprengt werden würde. Auch den Belgiern winkte man: Lasst uns ungeschoren abziehen, dann tun wir euch nichts! Der Respekt vor der Wehrmacht war ungebrochen und alle Welt wusste, dass sie sich, in die Enge getrieben, noch Monate und länger zu wehren vermochte. Oberst Warlimont, der in Hitlers Pläne eingeweiht war, verriet, dass dieser eine so genannte Westoffensive im Kopf gehabt hätte, „sie zu starten, wenn die Westalliierten mit einem Fuß in Deutschland ständen, so, damals geschätzt, um Anfang Dezember herum".

„Sollen solche Planungen?", fragte er vorsichtshalber, „fortgesetzt werden oder nicht?"

„Nein, auf gar keinen Fall."

Man durfte die allgemeine Stimmung nicht außer acht lassen: Es passte vielen Europäern, besonders hohen klerikalen Kreisen, gut ins Konzept, was die Deutschen da im Osten trieben: den Bolschewismus von Europa fernzuhalten. Nur simple Naturen wie Präsident Roosevelt glaubten, mit Onkel Stalin sei auszukommen – in einer Zeit, wo dieser sein Europaprogramm fertig im Kopf hatte! Auch war bekannt geworden, dass die neue Reichsführung von Hitlers Eroberungsplänen in Ost und West abgerückt war, so hatten Franzosen, Belgier, Holländer, Dänen und Norweger durchaus Verständnis dafür, dass die Deutschen im Osten hielten und im Westen aufgaben. Die Frage war: Würden die Westalliierten flexibel sein und mitmachen?

Greifen wir ein wenig den Abläufen vor. Trotz des „bereitwilligen" deutschen Rückzugs, bei denen nur Einkesselungen verhindert werden sollten, rückten die Alliierten kaum schneller vor, als sie es bei heftigem Widerstand geschafft hätten. Am 24. September standen sie in Belgien, Aachen als erste deutsche Großstadt war gefallen, im November rückten die Franzosen im Elsass bis zum Rhein vor. Aber was das Triumvirat sich erdacht hatte, nämlich zum Winter die Alliierten am gesamten Flusslauf stehen zu haben, um dann Verhandlungen zu führen, geschah nicht. Eisenhower sorgte sich übermäßig um seinen Nachschub und hatte gedanklich, vielleicht nach höchster geheimer Order, Berlin und ganz Deutschland jenseits der Elbe den Russen zugesprochen. Montgomery grollte und beschwerte sich bei Churchill.

Die Konferenz von Jalta

Als Generalissimus Stalin zur Konferenz nach Jalta aufbrach, kam er sich ungemein schlau und gerissen vor. Denn er trug etwas in der Joppentasche, das seine verbündeten Roosevelt und Churchill nicht aufzuweisen hatten. Er würde es bei passender Gelegenheit zu präsentieren haben...

Nachdem die Reichsregierung in Überlegungen einstieg, wie im Ostkrieg weiter zu verfahren sei, klopfte das Schicksal in Form zweier Russenkenner an die Türen Zossens: Friedrich Werner Graf von der Schulenburg, bis 1941 deutscher Botschafter in Moskau und Mitunterhändler des deutsch-russischen Vertrages von 1939, und General Köstring, damals Militärattaché in Moskau und Warner vor einem Angriff auf Russland. Seinen Angaben über die Stärke dieses Riesenreiches hatte Hitler nicht glauben mögen. Auch Schulenburg, von den Verschwörern des 20. Juli als Außenminister vorgesehen, hatte immer wieder gegen das östliche Abenteuer Einspruch erhoben - vergeblich, beide Männer verfielen der Ungnade Hitlers und wurden kaltgestellt.

Jetzt klopften sie also an die Türen der neuen Regierung und offerierten ihre Ideen für eine neuaufzulegende deutsch-russische Verständigung:

„Stalin sitzt in der Sackgasse und hat sich festgerannt. Alle seine Vorstellungen, als eigentlicher Sieger, jedenfalls als der Haupteroberer in Deutschland einmarschieren zu können, sind über den Haufen geworfen. Die Aussichten, wieder eine große Offensive wie die vom Sommer aufzunehmen, sind gering, da wir seinen Nachschub blockieren und jeden seiner Aufmärsche verbrennen können. Ehe er sich erholen kann, sind die Westalliierten in ganz Deutschland angekommen. Das kann ihm nicht gefallen, es entspricht nicht seinen Kriegszielen. Sollte es nicht möglich sein, sich mit ihm zu arrangieren?“

Das dachte unser Triumvirat natürlich auch.

„Stalin ist ein Realpolitiker, kein Schwärmer wie Hitler es war, und würde, wenigstens aus moralischen Gründen nicht, eigene Vorteile zu Lasten der westlichen Verbündeten suchen.“

So sahen alle Anwesenden die Lage auch.

„Wir sollten ihm also einen Antrag machen.“

Aber wie, und dabei nicht das Gesicht verlieren? Auch da wusste Schulenburg Rat:

„Als ersten Vermittler sollten wir den Schweden Graf Folke Bernadotte losschicken, er ist neutral und genießt internationales Ansehen. Wenn Stalin anbeißt und nähere Gespräche wünscht, stehen General Köstring und ich zur Verfügung. Ich denke, dass wir bei Stalin noch nicht ganz unten durch sind.“

Das wurde sofort genehmigt.

Sie reisten gemeinsam nach Schweden und boten Bernadotte zum Weitersagen an:

1) Sofortiger Waffenstillstand für zwei bis vier Monate.
2) In dieser Zeit Sondierungen über die Möglichkeiten eines deutsch-russischen Friedens.
3) Für die Verhandlungen zu ihm folgende Angebote:
    a. Geordneter, ungestörter Rückzug der deutschen Armee hinter die Reichsgrenzen,
    b. Anerkennung der Grenze zu Polen nach dem Status von 1939,
    c. Nichteinmischung des Reiches in alle russisch-polnischen und natürlich auch russisch-baltischen Angelegenheiten,
    d. deutsche Reparationen nur in Form von Arbeiten zum Wiederaufbau in Russland.

4) Ausschluss aller weiteren Forderungen,
5) Friedens- und Handelsvertrag auf zwanzig Jahre.

Der Schwede fand diese Vorschläge moderat, räumte ihnen Chancen ein und machte sich unverzüglich auf den Weg zu Marschall Stalin.

Obwohl Stalin mit dem Roten Kreuz nicht viel im Sinn hatte, so respektierte er doch diese internationale Organisation und ließ einen hochrangigen Politiker mit Bernadotte verhandeln. Dieser Politiker stand in der sowjetischen Rangordnung sogar über Stalin: Es war Wjatscheslaw Michailowitsch Skrjabin, besser bekannt als Molotow, Außenkommissar und Vizepräsident des nationalen Komitees der Verteidigung, Mitaushandler des deutsch-russischen Vertrages von 1939. Als Graf Bernadotte dann die ersten klaren Andeutungen zur Friedensbereitschaft der Deutschen machte, stöhnte Molotow gequält auf:

„Immer diese Deutschen..."

Das sollte klingen wie „diese Idioten", eine durchaus verständliche Formulierung.

„Immerhin", fuhr er fort, „die Idioten und Verbrecher der Regierung Hitler sind nicht mehr am Ruder. Kann man den neuen Männern trauen?"

Bernadotte bejahte. Er war nie ein Deutschen-, nur ein Nazifeind gewesen. Zu den dargelegten Vorschlägen verzog Molotow, wie ihm von Stalin geheißen, keine Miene, er war vom Naturell der Prototyp des finster-verschlossenen Pokerers.

„Die Hitlers kommen und gehen", sagte er zu sich selbst, „die Deutschen bleiben."

Damit war die erste Sitzung beendet; die Aussichten der Deutschen schienen nicht schlecht zu stehen.

Selbst seinem Außenminister gegenüber machte Stalin sein übliches ausdrucksloses Gesicht, doch gerötete Augen und flackernde Blicke verrieten die Stimmung des Diktators: Alarmstufe Eins für alle Mitarbeiter, denen NKWD-Keller zu feucht,

Arbeitslager zu unwirtlich und die Tundren Sibiriens zu monoton waren. Stalin dachte wehmütig an die Teheraner Konferenz vom 28. November bis 1. Dezember 1943 und wie obenauf er damals gewesen war. Er, der zu Weltreisen keine Lust hatte, konnte es sich leisten, die beiden anderen alliierten Staatsmänner in seinem Machtbereich zu empfangen. Er musste dort allerdings feststellen, dass Mister Roosevelt nicht ganz in Ordnung war. Neben Kriegsthemen wie zweite Front gegen Deutschland wurden in Teheran auch bereits einige Friedensregelungen besprochen, denn Deutschland schien erledigt und eine „Europäische beratende Kommission“ war in London gegründet worden. Als die militärischen Fortschritte im ersten Halbjahr 1944 Formen des Triumphes angenommen hatten, fassten die Alliierten eine nächste gemeinsame Konferenz für Anfang des Jahres 1945 ins Auge, bei der es bereits um Einzelheiten gehen sollte:

- Aufteilung Deutschlands in Besatzungszonen,
- Reparationen und deren gerechte Verteilung auf die Siegermächte,
- Grenzregulierungen,
- Abstecken der Interessensphären und
- Fortsetzung des Krieges gegen Japan.

Stalin griff in Vorbereitung auf diese Konferenz schon 1944, als sich seine Truppen immer weiter nach Westen vorschoben, weit nach vorn und dachte an die einmalige, seit vielen Jahrzehnten angestrebte Gelegenheit, den kommunistischen Einfluss in Europa bis zur Oder, gar zur Elbe, zur Weser oder dem Rhein auszudehnen.

Jetzt, nach deutschen Erfolgen an der russischen Westfront und tatsächlich vernichtenden Schlägen gegen westalliierte Luftflotten, standen alle russischen Erfolge wieder auf tönernen Füßen. Tiefes Misstrauen, sein politisch-revolutionäres Erbe, kroch in Stalin hoch wie eine in den Füßen beginnende Podagra (Gicht). War nicht alles ein Komplott zwischen Deutschland und den Westalliierten? Mussten die Deutschen, jetzt ohne Hitler und seine Gesellen, Staatsmännern wie Roosevelt und Churchill nicht näher stehen als er, Stalin, mit seinen Russen! In diese Gedanken Stalins platzte der Schwede mit seinem deutschen Angebot mitten in den Kreml hinein.

„Jalta muss vorverlegt werden!“, befahl Stalin Molotow, „bemühen Sie sich um einen neuen Termin Mitte September. Bieten Sie den Teilnehmern besonders nette Quartiere und Lagen an der Küste an, vielleicht kann Roosevelt sich dann ein wenig erholen.“

„Eine Antwort an die Deutschen?“

„Darüber reden wir nach der Konferenz.“

Molotows Bemühungen fielen auf fruchtbaren Boden, nach wenigen Telefonaten stand der Termin fest: vom 15. bis 20. September sollte diese Konferenz tagen.

Herbst auf der Krim! So etwas Schönes gab es kaum noch einmal auf der Erde. Diese Halbinsel hatte 1941 und 1942 unter den Deutschen viel zu erdulden, noch waren nicht alle Schäden beseitigt, aber das Wachstum einer gnädigen Natur deckte vieles zu.

„Wie total ungeschickt und banal kurzsichtig“, mokierten sich amerikanische und britische Reporter nach ihrer Ankunft hier, „warum hat das russische Sowjetsystem diese Halbinsel nicht längst zu einem Zentrum des internationalen Tourismus ausgebaut?“

Laue Winde wehten vom Schwarzen Meer herüber, die Gebirge im Norden hielten jeden kalten Zustrom ab, als die drei großen Staatschefs mit ihrem Tross eintrafen, um über das Schicksal von Menschen und Völkern zu entscheiden.

„Er sieht“, bemerkte Stalin zu seinen Begleitern, „recht klapprig aus und wird wohl nicht mehr in den Genuss des Sieges kommen.“

Gemeint war US-Präsident Roosevelt, der sichtlich Mühe hatte, sich auf den Beinen zu halten und Haltung zu bewahren. Winston Churchill demonstrierte dafür umso mehr Optimismus und kühles Selbstvertrauen. Stalin zeigte hier den georgischen Biedermann, der er als früherer Berufsrevolutionär nie war.

„Mag kommen, was will“, dachte er, „den einmal eingeschlagenen Weg gehe ich zu Ende.“

Erst gestern hatte er die Nachricht erhalten, dass deutsch-finnische Kommandos die Eisenbahnstrecke Murmansk-Moskau erneut angegriffen und gesprengt und einen kompletten Materialzug, der Reste der großen Verbrennungen bringen sollte, in Flammen gesetzt hatten. Auch hielten, meldeten die Marschälle bedrückt und verschreckt, die Desertionen von Rotarmisten in einem dünnen aber stetigen Zug an – trotz aller Gegenmaßnahmen wie „in den Rücken schießen“ und vorsorglicher Exekutionen.

Und dann die beiden Herren ihm gegenüber: Zeigten sie nicht ein verändertes Benehmen? Mochten sie die Lust verloren haben, Deutschland bis zur letzten Konsequenz zu Boden zu werfen? Stalins Misstrauen ließ seine gewohnte Migräne, trotz des Wodkas, in seinen Gedärmen aufblühen. Zuerst kam das Gespräch auf die Front in Frankreich:

„Die Deutschen werden immer weiter zurückgedrängt“, sagte Churchill und sagte nicht, dass sie freiwillig wichen, „und können bald im Rhein baden.“

„Dort steht irgendwo ihr Westwall“, sagte Stalin.

„Den knacken unsere Pioniere und Panzer“, antwortete Roosevelt und erging sich in der Schilderung amerikanischer Heldentaten.

„Unser Mister Montgomery“, sagte Churchill mokant, „möchte Weihnachten unter dem Brandenburger Tor feiern.“

Ein Adjutant reichte ihm einen Zettel, der die Kontaktnahme der Deutschen mit Stalin meldete. Dann ließ Stalin sich vom britischen Luftmarschall Tedder die Tragödie der Luftschlachten schildern und die deutschen Abschussmeldungen bestätigen, die Stalin bisher für Göringsche Übertreibungen gehalten hatte. Schließlich klagte er Großbritannien an, dessen Kriegsmarine den massiven Einsatz der deutschen Ostseeflotte nicht verhindert habe:

„Sie hätten nur ein paar Ihrer dicken Schlachtschiffe zu schicken brauchen", nörgelte Stalin.

„Und wo sind Ihre Ostsee U-Boote geblieben?", fragte Churchill zurück.

Um die Stimmung nicht verhärten zu lassen, beschloss Stalin zu lamentieren:

„Sie, diese deutschen Brandstifter, verbrennen uns alles, Soldaten, Unterkünfte, Stellungen, Panzer, Generalstäbe. Nur durch ein Wunder ist unser bester Mann, General Schukow, Anschlägen seiner eigenen Landsleute entgangen. Wir sollten hier festlegen, dass ich die Verräter Wlassow und Pannwitz bei einer Kapitulation, wo sie stattfinden mag, haben muss – das ist mir sogar der Verzicht Königsbergs wert."

Stalins Schnauzbart zuckte, was nur seine nächste Umgebung richtig zu deuten wusste. Er fuhr fort:

„Jeden Aufmarsch, den wir heimlich beginnen wollen, jede Offensivplanung, noch so verborgen angestellt, die Deutschen erfahren alles und schicken Raketen – wer verrät da unsere Geheimnisse?"

Churchill, der vom Verrat des Stettin-Luftangriffs halb ahnte, halb wusste, dachte sich schweigend seinen Teil.

„Wenn Ihre Geleitzüge", fuhr Stalin fort, „in unseren Nordhäfen eintreffen, die Deutschen wissen's und bombardieren prompt."

„Sie sollten", riet Roosevelt, „mit den Finnen Frieden machen und die Deutschen aus diesem Land jagen lassen."

„Wenn Sie den Finnen", legte Churchill nach, „zu harte Bedingungen stellen, werden sie mit den Deutschen bis zur letzten Konsequent weiterkämpfen. Ist Mannerheim nicht akzeptabel?"

War er als alter Antikommunist für Stalin natürlich nicht, aber Stalin war aus eigener Erkenntnis zum Schluss gekommen, dass man Finnland wohl nie bolschewisieren könne und es mit dem Verlust von Karelien davonkommen lassen müsse. Dann kam die Sprache auf das neue Polen: Ob die beiden Herren dessen jetzigen Status als Dauerzustand ansähen?

„Man hätte die Bildung dieses Staates in London nicht billigen dürfen!“

Stalin schimpfte moderat, die erste Sitzung wurde bald vertagt.

Vor der zweiten teilte Churchill seinem Partner die Nachricht von deutschen Angeboten an Russland mit und konnte Roosevelt nur mühsam zum Stillschweigen überreden. Churchill missfiel Roosevelts Gutgläubigkeit Stalin gegenüber und er tat alles, diese zu untergraben. Aber der amerikanische Präsident wollte eine Probe haben.

„Wir sollten hier besprechen“, sagte er, „wie es weitergehen soll.“

„Es ist vor allem zu klären“, sagte Churchill, „ob wir auf eine bedingungslose Kapitulation Deutschlands bestehen sollen, falls ein Friedensangebot hereinkommt.“

„Sie sind zur Zeit die beiden Stärksten“, gab Stalin zu, „sagen Sie mir, ob Sie Deutschland schlagen werden oder nicht.“

„Das wird gewiss geschehen“, antwortete Churchill.

„Wenn nicht in diesem Jahr noch“, fügte Roosevelt hinzu, „dann im nächsten. Auch wir werden dann wohl eine neue Waffe entwickelt haben.“

Stalin horchte unbemerkt auf, sein Geheimdienst hatte bereits einige Andeutungen gemacht.

„Ich hoffe“, sagte er, „Sie machen guten Gebrauch von ihr gegen Deutschland oder Japan.“

Stalin wurde schließlich von seinen Partnern überzeugt, dass es nach wie vor „Germany first“ hieß und dass kein Sonderfriede angenommen würde, es sei denn...

„Es sei denn...?“

...dass Deutschland mit Waffen auftritt, mit denen es seine Gegner vernichten kann. Stalin schluckte zwar, musste aber das Vernünftige dieser Erklärung einsehen. Auch ihm war an einem

Zerwürfnis nicht gelegen. Churchill brachte das Gespräch wieder auf glattes Gelände:

„Es ist aber doch zu besprechen, ob wir das neue Deutschland genauso zu behandeln haben wie das Hitlers."

„Ich sehe kaum Unterschiede", log Stalin.

„Sie morden nicht mehr", erklärte Churchill, „und sollen alle Lager aufgelöst haben. Überlebende Juden sind wieder in ihre früheren Positionen eingesetzt worden, die Kriegsgefangenen werden gut behandelt, ehemals besetzte Gebiete sind frei, Österreich wird bald selbständig werden und jetzt planen sie sogar Prozesse gegen Lagerkommandanten und andere Nazimörder."

„Aber Deutschland muss", maulte Roosevelt verdrossen, „zurecht- und zurückgestutzt werden. Unser Henry Morgenthau ist gerade dabei, einen entsprechenden Plan auszuarbeiten."

„Ja", stimmte Stalin zu, „wer garantiert uns sonst, dass der Hitlerismus oder eine ähnliche Seuche nicht eines Tages Auferstehung erlebt."

Man schritt zum Abendessen und spazierte anschließend auf der lauwarmen und ebenen Schwarzmeerpromenade. Nur Churchill kam der Gedanke, dass die Deutschen hier noch vor einem Jahr spazierengingen...

Die Landkarte Deutschlands und Polens lag auf dem Tisch und drei Weltaufteiler beugten sich über sie. Erst waren es Arme und Hände, die über das Papier huschten wie böse dunkle Wolken, dann, als man konkreter wurde, Stifte, die Linien zogen und damit eine neue Völkerwanderung vorbereiteten. Nachdenklich und die Folgen kalkulierend war nur Winston Churchill, eben ein europäischer Denker und Weitblicker.

„Was soll werden?", warf er ein, „wenn hier 15 Millionen Menschen ausziehen und nur 3 bis 4 nachrücken?"

Roosevelt begriff nicht, Stalin wollte nicht begreifen.

„Was soll dann werden?"

„Nun“, sagte Churchill bestimmt, „es sind die Kornkammern Europas. Wenn 11 Millionen Menschen fehlen, kann das Land nicht bestellt werden – es wird Hungersnöte geben.“

Zur Debatte stand das Land zwischen Weichsel und Oder und Ostpreußen. Molotow zog im Namen seines Herrn neue Grenzen: Polens Ostgrenze sollte die von 1939 sein, als die Russen hinterrücks dort einmarschierten, und zur Entschädigung könnte man Polen nach Westen bis zur Oder schieben. Und Ostpreußen?

„Es war immer schon polnisches Land“, log Stalin erneut, „und wir schlagen es ihm zu. Allerdings benötigt Russland einen eisfreien Hafen an der Ostsee und muss den nördlichen Teil mit Königsberg beanspruchen.“

Stalins besonders lauernder Blick ruhte jetzt auf seinen Gesprächspartnern: Würde einer von ihnen wissen oder durchschauen, dass Königsberg mit seinem Hafen Pillau gar nicht eisfrei sein konnte? Er kalkulierte ganz richtig, dass ein Amerikaner, ob Präsident oder Holzfäller Montanas, sich für eine Provinz in Osteuropa nicht interessieren könne; aber Churchill? Ach, auch für einen gebildeten Briten war alles Land östlich der Weichsel bereits Asien! Roosevelt glaubte menschliche Regungen zeigen zu müssen:

„Und die deutsche Bevölkerung, wollen Sie sie behalten?“

„Es sind arbeitsame Leute“, warf Churchill ein, „die das Land besser in Schuss halten werden als alle Polen und Russen zusammen.“

„Die Polen werden sie nicht übernehmen wollen“, wich Stalin für Russland aus, „und wir sollten sie verpflichten, eine ordentliche und humane Aussiedlung so zu betreiben, dass, sagen wir mal, 1948 alle Deutschen aus dem Land umgesiedelt sind.“

„Ja, schreiben wir das fest“, sagte Roosevelt spontan.

An diesem Punkt der Besprechung begannen er und Churchill, wie sie später verlauten ließen, froh zu werden, dass es aller Voraussicht nach nicht zu einer gewaltsamen Besitznahme der deutschen Ostgebiete kommen werde, sondern nur zu einem

„Nachrücken“ der Roten Armee. Churchill waren nämlich die Gräuel, die Rotarmisten bei ihren ersten Einbrüchen in Ostpreußen veranstaltet hatten, von neutralen Augenzeugen gemeldet worden. Auch kannte er natürlich von der polnischen Exilregierung her das leidige Katyn-Thema: Bei Katyn hatten die Russen im Jahr 1940 10.000 polnische Offiziere ermordet – was nur auf persönlichen Befehl Stalins geschehen sein konnte. Für solche „Bagatellen“ interessierte sich Roosevelt nicht. So wurde in einer Stunde das Problem der polnischen Westverschiebung und der Verkleinerung Deutschlands durchgepaukt und verabschiedet. Die Abtrennung Österreichs vom Reich wurde in einer Minute erledigt.

Roosevelt wollte jetzt Stalin verpflichten, sich in die inneren Angelegenheiten Polens, der Tschechoslowakei und der Balkanstaaten nicht einzumischen.

„Diese Nationen“, sagte er fest, „müssen in den Genuss demokratischer Verfassungen kommen.“

„Wir sollten nur“, fügte Churchill hinzu, „sie ermahnen und anhalten, sich nicht wegen Lappalien an die Köpfe zu kriegen.“

Stalin nickte zustimmend. Niemand weiß, ob er bereits jene Strategie bedachte, die dann später zu den Okkupationen dieser Länder führte. Sicher ist aber, dass Marionettenfiguren wie Walter Ulbricht und Konsorten in der Startlöchern hockten, um im Dienst Stalins tätig zu werden. Solche Hinterhältigkeiten waren Staatsmännern wie Churchill und Roosevelt nicht geläufig, sie mussten sich mit Stalins Zusicherungen zufrieden geben.

Nächstes Thema: Die Aufteilung Deutschlands in richtige Besatzungszonen. Amerikaner und Briten waren inzwischen über einen Tausch, nach der ersten Fassung, einig geworden: Der Norden Westdeutschlands wird britische, der Süden amerikanische Zone, die Amerikaner erhalten eine Enklave mit Bremen und Bremerhaven; an Frankreich dachte noch niemand. Die russische Zone sollte im Osten dem Verlauf von Oder und Neiße folgen, im Westen an die Elbe bis ins Lauenburgische hinabreichen. Sehr großzügig glitten glatte Regierungschefhände und -finger über Karten, eilfertig trugen Stabschefs die Linien ein, welche Geschichte machen sollten.

„Reparationen Deutschlands an die Sieger, wie sollen sie gehandhabt werden?“

„Diese Frage“, schlug Churchill vor, „sollten wir für eine Konferenz nach dem Krieg aufsparen, dann wissen wir, was in Deutschland heil geblieben oder kaputt gegangen ist.“

Vorletztes Thema: Verfolgung der Kriegsverbrecher. Sollten man sie den Behörden Nachkriegsdeutschlands überlassen oder ihre Bestrafung selbst in die Hand nehmen? Stalin und sein Terrorgenosse Andrei Wyschinskij, Spezialist für Terror- und Schauprozesse, plädierten energisch sogleich für einen großen internationalen Gerichtshof, möglichst in Moskau.

„Mit ihnen muss kurzer Prozess gemacht werden“, sagte Wyschinskij genüsslich und demonstrierte die in aller Welt verständliche Geste des Aufknüpfens.

Roosevelt und Churchill wussten von der Bemerkung Stalins, „man solle vorher 50.000 deutsche Offiziere an die Wand stellen“.

„Unsere Expertengruppe“, sagte Churchill darum fest, „arbeitet an den Statuten, der Prozess selbst muss zwecks Abschreckung in Deutschland stattfinden.“

Stalin gab mit dem Hinweis nach, selbst genug Landsleute exekutieren zu müssen. So einigte man sich und beschloss, den Kreis der Anzuklagenden erst dann zu bestimmen, wenn man ihrer habhaft geworden war.

„Die wichtigsten und bösesten dieser Kriegsverbrecher“, knurrte Stalin ergrimmt, „Hitler und Himmler, sind leider schon perdu.“

Letzter Tagesordnungspunkt: Der Eintritt Russlands in den Krieg gegen Japan. Hieran war Roosevelt besonders interessiert, denn die Amerikaner trugen die Hauptlast dieses Krieges:

„Sie machen uns viel Ärger, diese Japse, und je eher Sie, Marschall, ihnen in den Rücken fallen, desto besser für uns. Die Japaner drohen uns für den Fall einer Invasion ihrer Inseln an, dass es dann Abermillionen von beiderseitigen Toten geben würde."

Stalin betonte seine Schwierigkeiten an seiner Westfront und bat, sich hier und heute nicht entscheiden zu müssen.

So ging, unter einigen Gläsern Krimsekt, eine Konferenz zu Ende, welche die Strukturen Europas wohl „für immer", wenn so etwas behauptet werden darf, umgestaltet hat. Erster Leidtragender wird Deutschland sein, es ist der Verursacher aller Leiden, weil es einem hergelaufenen Abenteurer wie Adolf Hitler auf den Leim gegangen ist.

„Bedenken wir stets", meinte Stalin versöhnlich-aufgeräumt, „bei allen diesen Härten, die mit unseren Entscheidungen verbunden sein mögen, dass niemand das Deutsche Volk auszurotten gedenkt. Die Hitlers kommen und vergehen, (sagte schon Molotow ähnlich), und vergehende Zeiten werden selbst ungeheure Verbrechen vergessen machen können."

Man schwatzte noch über den geplanten Völkerbund, bald „Vereinte Nationen" genannt, ein Fötus des amerikanischen Präsidenten, was Stalin wenig interessierte, was er aber nicht schlechtmachen konnte.

„Hauptsache", sagte er gnädig und sektlaunig, „wir Großen Drei halten zusammen, dann wird's keine Kriege mehr geben."

Errare humanum est! Churchill bekaute seine Zigarre, Roosevelt nickte müde und gesundheitlich angegriffen – er würde Meister Stalin nie wiedersehen...

Auf dem gemeinsamen Heimflug besprachen die beiden westlichen Staatsmänner Marschall Stalins sichtbare Verschlagenheit, Brutalität und Heimtücke:

„Er ist nicht aufrichtig und hat uns die deutsche Kontaktnahme verschwiegen."

So beschlossen sie, sollten die Deutschen an sie herantreten, genauso zu verfahren.

„Überhaupt", schlug Churchill vor, „sollten wir ein etwaiges deutsches Angebot, die Kämpfe im Westen einzustellen und im

Osten die Russen halten zu wollen, nicht von vornherein verwerfen. Mir graut, muss ich Ihnen gestehen, vor einem kriegerischen Einzug der Roten Armee bis zur Elbe."

„Wir sind doch nicht mehr im Mittelalter, wo man nach Herzenslust marodieren konnte", wandte Roosevelt ein.

„Ja", antwortete Churchill, „aber ist unsere Zeit tatsächlich humaner geworden!"

Ein Präsident tritt zurück

Reichspräsident Hermann Göring, wir deuteten es bereits an, begann noch mehr Angst vor Vergangenheit und Zukunft zu bekommen. Wenn er die in- und ausländischen Zeitungen aufschlug und die eigentlich begrüßenswerten Artikel über Nazigräuel las, kroch ihn das schlechte Gewissen bis zum Hals hinauf. Jetzt waren es hauptsächlich die Toten und Entmachteten, über die man herzog, doch bald würden Überlebende wie er an die Reihe kommen.

„Hast du denn Schlimmes getan, Hermann?"

Emmy konnte sich das alles gar nicht vorstellen: Ein Ehemann ohne Tadel und Vater erster Klasse sollte unter Adolf Hitler Unrecht begangen haben? Um sein Ansehen aufzupolieren beschloss Göring, ein alter Trick das kluger Potentaten, unters Volk zu gehen. Er besuchte zum Beispiel ein Konzert der Berliner Philharmoniker unter Wilhelm Furtwängler, das in den Hallen der Siemenswerke gegeben wurde. Bildung unter die Arbeiterschaft zu bringen war ein Anliegen Adolf Hitlers und Goebbels' gewesen, warum sollte man da nicht anknüpfen? Applaus für Göring, der auf den Dirigenten zuschritt und ihm die Hand reichte – da wurde das eigene Herz warm und Angst verdrückte sich ins vorläufige Vergessen. Obwohl der Bombenkrieg offensichtlich überstanden war, gedachte Göring seinen Opfern Trost zu spenden und Mut zu machen. Das klappte deswegen ausgezeichnet, weil Hitler der Schisser nie den Mut aufgebracht hatte, sich den Folgen seiner Eskapaden öffentlich zu stellen. In München besichtigte Göring die Verwüstungen und sprach dann auf den Stufen der Feldherrnhalle vor Versammelten. Er wies auf diesen historischen Ort hin, an dem er selbst Verwundungen erlitten habe, die ihn heute noch peinigten:

„Wir waren damals guten Glaubens, dass uns Hitler in eine bessere Zukunft führen würde, sonst hätten wir nicht mitgemacht. Immer wieder habe ich ihn vor verwegenen Taten gewarnt, so vor den Einmärschen in Österreich und in die Tschechoslowakei. Denke ich an die letzten Tage des August 1939, so kann es mich heute noch erschauern."

In einem Zeitungs- und Rundfunkinterview legte Göring dar, wie er sich gemeinsam mit dem Schweden Birger Dahlerus bemüht habe, 1939 den Frieden zu erhalten, Großbritannien aber habe nichts davon wissen wollen. Er verschwieg wohlweislich, dass seine Bemühungen nur der Verhinderung des Krieges mit Großbritannien galten. Göring war nämlich in den genannten dramatischen Wochen dann für einen Krieg, wenn er sich, wie sein Meister versicherte, auf Polen allein beschränken ließe. Er war 1918 ein Habenichts wie viele seinesgleichen, besaß 1939 ein Schloss, Jagden und Kunstgüter, war ein brauner, machtvoller Krösus geworden – so konnte ihm ein europäischer Krieg nur ungelegen sein. „Gnade uns Gott", sagte er am Vormittag des 3. September 1939, „wenn wir diesen Krieg verlieren!" Nun war man drauf und dran dazu.

„Als der Führer zum ersten Mal einen Angriff auf die Sowjetunion andeutete", behauptete Göring jetzt, „dachte ich, ‚jetzt ist er total meschugge geworden'. Auch Generalstäbler und Feldmarschälle, selbst glatzköpfige unter ihnen, rauften sich die Haare ob dieser wahnwitzigen Idee."

„Aber warum haben Sie mitgemacht?", ertönte ein Zwischenruf, „und alle anderen Verantwortlichen auch?"

„Es herrschte Befehlsnotstand. Außerdem hätten weder handfeste Proteste noch Rücktritte etwas ausgemacht. Wenn Hitler entschlossen war, ‚zum Äußersten' nannte er das, gab es für ihn kein Halten mehr."

„Sie hätten ihn, Herr Präsident, erschießen können, Sie hatten doch immer eine Pistole am Gürtel hängen!"

„Dann hätte man mich gehenkt oder geköpft."

Wohl, wohl – sehr richtig!

Wenn Göring auch nicht überall launisch und sicher wirkte und zeigte, dass er kein demokratischer Redner war, so waren doch viele Sympathien bei ihm, zumal er das Nazivokabular von „Endsieg", „Tausendjähriges Reich" und „Herrenmenschentum" vermied. Wie früher einem Monarchen überreichte man ihm Bittschriften und Suchlisten, die er gewissenhaft an sich nahm und bearbeiten ließ. In vielen kleinen finanziellen Fällen half er aus eigener Tasche, andere musste er auf die Nachkriegszeit vertrösten.

„Herr Reichspräsident, wann ist der Krieg zu Ende?"

„Im nächsten Jahr", behauptete er keck.

Niemand wagte zu fragen, „wie er zu Ende ginge". Im Westen rückte der Feind an die Grenzen des Reiches, war in Aachen, wo man mit Bekannten und Verwandten im ganzen Reich telefonieren konnte, im Süden erblickte er die Kämme der Alpen, im Osten allein hielt man ihn zurück – rege Fantasien suchten einen Ausweg aus diesem Dilemma.

Erst angespannt und dann verzweifelt wartete das Triumvirat auf eine Offerte aus Moskau. Sie kam nie. Stalin zog es vor, das deutsche Angebot zu ignorieren. Also, beschloss das Triumvirat, müssen wir es mit der anderen Seite versuchen. Schon drei Tage nach Schluss der Konferenz von Jalta waren die Deutschen über alle Besprechungen informiert und sie machten lange Gesichter. Sollten alle Bemühungen um einen erträglichen Frieden ergebnislos bleiben?

„Wir haben das Erbe Hitlers zu verkraften", sagte Stauffenberg lakonisch.

„Aber den Westalliierten kann doch nicht daran gelegen sein“, sagte Manstein, „die Russen ganz nach Mitteleuropa hereinzuholen.“

Wir bemerken, in welch unrealistischen Gedanken auch diese Männer noch befangen waren.

„Wir werden bescheiden sein müssen“, sagte Guderian, „und durch unsere Maßnahmen nichts anderes erreichen können als ein paar Tote und Zerstörungen weniger.“

Als Hermann Göring von den Bestrebungen um eine Verbindungsaufnahme zu den Westalliierten hörte, erbot er sich, „über meinen alten Freund Birger Dahlerus“ die Sache in die Hand zu nehmen. Schulenburg und Köstring waren aus Schweden ohne Erfolg zurückgekehrt, hatten aber die Zusage mitgenommen, dass Schweden, sollte es gebeten werden, sich um Kontakte zu England und Amerika bemühen werde. Karl Goerdeler wurde ausersehen, unauffällig und wie privat nach Schweden zu reisen.

„Bestellen Sie Herrn Dahlerus herzliche Grüße“, bat Göring, „und erinnern Sie ihn an die alte Freundschaft von 1939. Er wird Sie freundlich aufnehmen.“

Doch da irrte Herr Göring und der erste Zacken brach aus seiner frischen Krone. Schon am dritten Tag war Goerdeler zurück. So hoffnungsvoll-optimistisch er aufgebrochen war, so hoffnungslos-pessimistisch kam er heim. Er berichtete zuerst in Abwesenheit Görings dem Triumvirat und sagte diplomatisch versiert vorab:

„Meinen schriftlichen Bericht werde ich maßvoller halten als diesen mündlichen, damit auch der Herr Reichspräsident ihn lesen mag.“

Das klang wenig versprechend und kam auch so:

„Birger Dahlerus ist ein sehr solider schwedischer Geschäftsmann, er hielt mich für einen deutschen Kollegen, als ich angemeldet wurde. Mein Name sagte ihm nichts, sie haben in Schweden keine Ahnung von einer deutschen Verschwörung gegen die Nazis, es interessiert sie wenig. Als ich die Grüße des Reichspräsidenten ausrichtete, ging eine erschreckende Veränderung im Gesicht des Gastgebers vor: Unsere Begriffe ‚Verhärtung' und ‚Versteinerung' genügen nicht, um dies auszudrücken. Er sah aus, als wenn er sich von der Welt verabschieden wollte und nur nordische Höflichkeit war es, dass ich nicht hinausgeschmissen wurde."

Goerdeler genehmigte sich einen Erholungsschluck. Er führte dann aus, Dahlerus habe ihm sinngemäß folgendes gesagt: Er, Dahlerus, habe sich bei seinem rastlosen Einsatz 1939 mit vielem Hin und Her von Deutschland nach England und umgekehrt vom damaligen Feldmarschall Göring hinters Licht geführt gefühlt, benutzt als Botenjunge eines Regimes, für das der Krieg bereits beschlossene Sache gewesen sei. Göring habe sich als Friedensengel profilieren wollen, vielleicht mit Blick auf eine weniger rosige Zukunft, und jetzt wohl auch wieder.

„Jetzt ist die Situation aber anders", warf ich tapfer ein.

„Ja", antwortete Dahlerus, „anders: Das Wasser steht Göring jetzt bereits bis zum Hals."

„Wir haben die Nazibande davongejagt", sagte ich noch tapferer, „und einer von uns hat Hitler sogar ins Jenseits geschickt. Über die anderen werden wir Gericht halten."

„Das glaube ich Ihnen, Herr Goerdeler, aber mit mir können Sie nicht mehr rechnen. Außerdem hat Hermann Göring jetzt ein höheres Amt als vorher. Werfen Sie ihn raus, wenn Sie bei den Alliierten Erfolg haben wollen."

Das war im Prinzip alles, auch eine zwischen den beiden aufrechten Männern keimende Sympathie konnte daran nichts ändern. Nachdem Göring Goerdelers Bericht gelesen hatte, kam ihm sein jetziger Status nicht mehr begehrenswert vor, er begann innerlich von ihm Abschied zu nehmen. Doch bedurfte es noch eines Schusses stärkeren Kalibers, bis es dazu kam.

Graf Bernadotte war es, der den Karren wieder flott machte. Er hatte an der großen Aufgabe, als Friedenstifter in die Geschichte einzugehen, Geschmack gefunden und offerierte sich zu einer Reise nach London. Er nahm folgende Forderungen des Triumvirat mit:

1.) Sofortiger Waffenstillstand für zwei oder drei Monate an der französischen und italienischen Front.

2.) In dieser Zeit Sondierungen über die Möglichkeiten eines deutsch-westalliierten Friedens.

Bedingungen für diesen Frieden wagte man noch nicht anzubieten.

Bernadotte konnte in London ziemlich weit vorstoßen: im ersten Anlauf bis zum Unterstaatssekretär im Außenministerium Sir Alexander Cadogan. Natürlich ahnte dieser den Zwecks des Besuches.

„Es sind andere Deutsche“, sagte Bernadotte behutsam, „die jetzt den Frieden wünschen, keine Himmlers, Heydrichs und Goebbels’ mehr.“

„Das erkennen wir an“, sagte Cadogan, „sonst säßen wir nicht hier“

„Das neutrale Ausland“, sagte Bernadotte, „ist geschlossen der Meinung, dass eine Forderung nach bedingungsloser Kapitulation Deutschlands nicht mehr zeitgemäß ist.“

„Darüber lässt sich reden, wenn Deutschland seine Forderungen bekannt gibt. Kennen Sie diese schon?“

„Man hat mir keine mitgegeben. Meine persönliche Ansicht ist, dass sie schließlich keine anderen stellen werden als von einem mit Kämpfen und Schlachten verbundenen Einmarsch der Roten Armee verschont zu werden.“

„Sie sind die großen Verwüster Europas“, stellte Cadogan fest, „und jetzt bitten sie um Gnade.“

„Das ist keine Schande, Herr Staatssekretär.“

„Was sind das für Leute?“, fragte Cadogan, „im Triumvirat und im Generalstab?“

Bernadotte verwies auf Manstein und Guderian, die den Alliierten bekannt sein dürften. Sie seien ordentliche Soldaten alter deutscher Schule und hätten wohl keinen Dreck an ihren Schuhen.

„Stauffenberg und Tresckow“, erklärte er, „sind Widerständler seit 1942 oder 1943, ich glaube, dass einer von ihnen der Attentäter auf Hitler ist. Genaues ist nicht zu erfahren.“

„Wir haben nicht nötig zu verhandeln“, sagte Cadogan, „weil wir Deutschland schlagen und besetzen werden.“

„Daran zweifelt niemand“, antwortete Bernadotte fest, „aber wenn sie die Deutschen nutzlos in die Enge treiben wie eine räudige Ratte, werden sie entsprechend um sich beißen.“

Und er gab folgendes zu bedenken: Deutschland hielte immerhin die Rote Armee in Schach, womit niemand vor Monaten habe rechnen können, es habe den Bombenkrieg unter Kontrolle beziehungsweise unmöglich gemacht, es kontrolliere die britische und amerikanische Hilfe für Russland, niemand wisse, was für fürchterliche Waffen, die Atombombe vielleicht, es noch in petto habe, noch wisse niemand, ob es einen Gegenumsturz gebe und alte radikale und brutale Kräfte die Oberhand gewännen, um dann einen Götterdämmerungskrieg führen zu können.

„Käme es so“, warnte Bernadotte, „dann hätten Großbritannien und Amerika ihr Ansehen in der freien Welt verspielt.“

Dieser Ansicht eines gebildeten und wohlinformierten Neutralen konnte sich der Engländer nicht entziehen und er versprach, neue Instruktionen einzuholen.

„Der Premierminister“, sagte er, „ist von Jalta mit neuen Ansichten und Vorstellungen zurückgekommen. Ich werde ihm Bericht erstatten.“

Bernadotte flog nach Schweden zurück und informierte von dort das Triumvirat. In drei Tagen müsse er wieder in London sein. In dieser Zeit verstärkte sich die Position Deutschlands durch drei Ereignisse.

1) Ein britischer Geleitzug, der es noch einmal wagte, sich nach Murmansk zu schleichen, wurde von den Finnen gemeldet. Dieses Mal wartete man zwei Tage, bis das Ausladen der Schiffe in vollem Gange war, und schickte dann fünf R3-Raketen hinüber. Von einem Aufklärer

kamen Nachrichten, „dass es dort aussieht, als gingen Hafen, Stadt und Schiffe in einem Feuer speienden Berg unter".

2) Deutsche Düsenjäger überfielen drei Flugplätze der US-Airforce in Frankreich, auf denen 500 Viermotorige zur Überführung zum pazifischen Kriegsschauplatz bereit standen. Da die Mannschaften bereits in den Maschinen saßen, kam es zu schwersten Menschenverlusten, auf die eine gereizte amerikanische Öffentlichkeit empört reagierte. „Die Hälfte der Maschinen explodierte", berichteten die Franzosen, „alle anderen wurden so beschädigt, dass ihre Überführung ausfallen musste".
3) Fünfzehn britische Moskitos, welche die Flugplätze dieser Düsenjäger auskundschaften und eventuell überfallen sollten, wurden allesamt abgeschossen – es gab keine Überlebenden.

Nun begannen bisher Zagende Überzeugte zu werden:
„Was sollte dieser Krieg noch bezwecken?"

Als die beiden Unterhändler sich wieder trafen, herrschte eine durchaus verheißungsvolle Atmosphäre, Cadogan berichtete von Churchills Reaktion auf das erste Gespräch:

„Der Premierminister ist sehr interessiert, hat aber die brennende Sorge, nämlich die Frage des U-Bootkrieges. Ohne Zusicherung, dass er eingestellt wird, möchte er nicht verhandeln."

„Ich habe zwar keine Vollmacht", sagte Bernadotte, „hierüber zu verhandeln, weiß aber aus den Gesprächen mit der deutschen Führung, dass er gegen England und die USA endgültig eingestellt ist. Alle Boote befinden sich zur Zeit in der Ostsee. Admiral Dönitz hat strikte Anweisungen und ist persönlich haftbar."

„Der Premierminister fragt, ob Deutschland auch mit Russland verhandelt."

Diese Frage war natürlich eine Falle, auch eine direkte für den Schweden. Jetzt stand seine Glaubwürdigkeit auf dem Spiel.

„Ja“, antwortete Bernadotte, „ich selbst bin damit beauftragt worden.“

Aus Cadogans Reaktion glaubte Bernadotte erkennen zu können, dass die Engländer Bescheid wüssten. Cadogan sagte, dass sie sich am Nachmittag wieder treffen sollten.

„Dem Premierminister liegt der U-Bootkrieg sehr am Herzen.“

Um 17 Uhr eröffnete Cadogan die Sitzung mit einer lakonischen Feststellung:

„Als ich dem Premierminister von unserer heutigen Sitzung berichtete, nickte er besonders beifällig, überlegte in seiner zigarrepaffenden Art und sagte dann drei bedeutende Worte.“

Bernadotte versuchte in der Pause zu raten: „Wir tun’s nicht“, „Nicht mit uns“, „Das geht nicht“ oder ähnliches. Dann zitierte Cadogan seinen Regierungschef:

„Without Hermann Göring.”

Nun, dachte Bernadotte wenig überrascht, das sollte für die Männer des Triumvirats kein Problem sein. Aber er musste nachhaken:

„Und wenn er abgesetzt und aller Ämter enthoben ist?“

„Dann können wir vielleicht sofort weiterreden, meint der Premierminister“, versicherte Cadogan und fügte erklärend hinzu, „Sie müssen einsehen und die Deutschen sollten es auch tun, dass Göring für uns und unsere Verbündeten weniger ist als eine ‚persona non grata’. Er ist ein Verbrecher mit Jovialgesicht und Schurkengehabe, wir wissen, dass er tief in die Verbrechen der Judenverfolgungen verstrickt ist.“

Bernadotte hatte davon auch läuten gehört.

„Er hat“, fuhr Cadogan fort, „in Frankreich geplündert, mehr als Napoleon es in Italien getan hat.“

Damit war dann der offizielle Teil der Unterhandlungen beendet, es lag nun an den Deutschen, sie wieder in Gang zu setzen.

Beim Abendessen im Klub berichtete Bernadotte von seinen Eindrücken in Deutschland, von Land und Leuten, von Stimmung und Verhalten:

„Mit Hitlers Sturz scheint ein schwerer Betonklotz von ihren Schultern gefallen zu sein. Sie bemitleiden sich nicht nur, nein, starke Kräfte beschäftigen sich mit Aufarbeitung von Schuld und Sühne und sind bereit, sie kompromisslos auf sich zu nehmen. England und die USA sind nicht verhasst, die Italiener verlachen, Russen fürchten sie. Ganz Ostpreußen war schon bereit, nach Westen zu flüchten. Sollte es Umsiedlungen geben müssen, sollten diese vom Internationalen Roten Kreuz kontrolliert werden. Bitte tun Sie alles, Polen und Russen zur Mäßigung anzuhalten. Niemand weiß heute, wie die politischen Konstellationen Jahre nach dem Krieg aussehen werden."

Die entscheidende Berichterstattung Bernadottes fand wenige Tage später in Zossen statt. Anwesend waren das Triumvirat, Tresckow, der dreiviertelgenesene Erwin Rommel, Goerdeler, Speer und Beck. Hermann Göring, den das Triumvirat bereits abzuschreiben begann, war nicht geladen worden. Bernadotte machte es wie Cadogan:

„Without Hermann Göring – nicht mit Göring."

Damit stand diese erste und wichtige Bedingung für den Waffenstillstand im Raum, sie war durchaus erfüllbar, sehr leicht sogar. Wie setzt man einen Reichspräsidenten ab? Nach Stalingradscher und Hitlerscher Manier, wie die alten Römer ihre Kaiser, die Ägypter ihre Könige, durch eine „anempfohlene" Erkrankung? Das war Nebensache, man würde sehen. Während Bernadottes Bericht taten sich nun doch unverhoffte Horizonte auf: Morgendämmerung einer neuen Zeit? Sollte Deutschland noch einmal davonkommen? Kein „Finis Germaniae"? Wenn da nicht die Bedenken um die Haltung Roosevelts wären! Er war noch immer der stärkste Mann des gegnerischen Dreigespanns und dem roten Diktator leider sehr zugetan. Zugegeben: Er dachte mehr global, mehr erdumspannend als Europäer und Deutsche es tun, vor allem in wirtschaftlichen Fragen – war sein Krieg gegen Japan nicht ein Wirtschaftskrieg? Was mochte ihn eine Verkleinerung und Zerstückelung Deutschlands interessieren? Aus den „Großen Drei“ würden in absehbarer Zukunft wohl die „ganz Großen Zwei“ werden.

Noch einmal, ehe man auseinanderging, bekräftigte die versammelte Regierung den Entschluss zur Friedensbereitschaft nicht um jeden Preis. Speer hatte eine Idee:

„Als letztes Bonbon können wir den Amerikanern, wenn sie sich sträuben, die Patente und Konstruktionspläne unserer Raketen und Düsenjäger in den Hals werfen.“

„Sie werden sie sowieso erbeuten.“

„Nicht, wenn wir sie vorher vernichten.“

Man trennte sich. Wie man Hermann Göring abservierte, blieb jetzt dem Triumvirat überlassen.

Hermann, Emmy und Edda Göring wandelten über ihr Anwesen Karinhall. Er blieb öfter stehen, schaute sich um, beäugte mit Jägeraugen dieses und jenes und benahm sich im übrigen wie ein Abschiednehmer, sprach endlich auch so:

„Sie sollen nichts hiervon erbeuten und bekommen.“

Emmy versuchte ihn zu beruhigen:

„Noch sind sie nicht da – glaubst du denn, dass sie hier erscheinen werden?“

Die Rede galt den Russen, klar, wem sonst, die ja schon einmal bis auf gefährliche 600 Kilometer herangekommen, nun vorerst zurückgeschlagen worden waren.

„Lieber sprenge ich alles hier in die Luft.“

Ja, das hatte er vorbereitet, als Mitte Juni die Rote Armee ihren Siegeszug antrat, bis zur Weichsel stürmte und er Adolf Hitler in Berchtesgaden besuchte – da war der schon ein Wrack, das gleichzeitig vom Endsieg und Untergang faselte.

„Ich habe dir noch nicht gesagt“, verkündete Göring, „dass wir Besuch vom Triumvirat erwarten.“

Es fiel ihm immer noch schwer, dieses Fremdwort ohne Geringschätzung auszusprechen. Was wollten diese Burschen? Wenn sie sich von Zossen herbemühten, konnten sie gewiss keinen angenehmen Grund haben. Allerdings: Man musste ihnen lassen, dass sie dem Krieg eine Wendung gegeben haben, die dem Führer, erlebte er sie noch, die Schamröte ins Gesicht getrieben haben müsste.

Unsere wackeren und überarbeiteten Triumvirater, im Privaten bescheidene Zeitgenossen, hatten noch nie eine jener Festungen und Schlösser gesehen, die ehemalige Nazigrößen sich beiseite geschafft, geklaut oder erbaut hatten; Ribbentrop hatte sein Schloss inzwischen abgeben müssen. Ihre Stimmung, als sie in Karinhall einfuhren, begann mit Staunen, ging in Groll über und endete mit grober Verachtung.

„Spätestens nach dem Krieg wird er alles hergeben müssen“, orakelte Guderian.

„Er soll furchtbar in europäischen Museen geplündert haben“, verkündete Manstein.

„Es wäre vielleicht sogar besser gewesen“, sinnierte Stauffenberg, „dieser Mann wäre mit seinem Führer hopsgegangen.“

Beim Aussteigen umwuselten freundliche Hunde die Männer, bleiben aber beim Anblick Stauffenbergs konsterniert stehen – seine schwarze Augenklappe mochte sie irritieren.

„Sie äugen wie Hitler damals, Oberst“, sagte Manstein, „als er Sie zum ersten und letzten Mal sah.“

Hermann Göring war wie ein treibjagdbereiter Wotan gekleidet und geleitete seine Gäste durch die walhallagleiche Vorhalle in sein Arbeitszimmer, das mit der Atmosphäre eines biedermeierlichen Weltmannes gefüllt war. Aber: Man sah, dass Gemälde gehangen hatten. Wo waren sie geblieben? Hatte er sie den Besitzern zurückgegeben?

Was die Besucher nicht wussten: Auf Karinhall war es inzwischen bescheidener geworden, „Knechte“ und „Mägde“ waren gegangen, die Dienerschaft aus Luftwaffensoldaten war eingezogen worden, junge kräftige Gärtner waren in Panzer gestiegen. Frau Göring bot Tee und Waffeln an, das Triumvirat kam schnurstracks zur Sache:

„Herr Reichspräsident, Sie sollten krank werden...“

Göring lag der Hinweis auf der Zunge, er sei nie, von normalen Zipperlein abgesehen, gesünder gewesen.

„...damit wir einen Vorwand für Ihren Rücktritt haben."

Wie von Donars Donner gerührt fuhr Göring hoch.

„Soll ich denn jetzt auch Gift nehmen wie dieser verdammte Himmler?", murmelte er.

„Keinesfalls", sagte Stauffenberg, „es ist nur so, dass Ihre Person unseren Verhandlungen zu Waffenstillstand und Frieden im Weg steht."

„Wer behauptet das?"

„Zuerst die Engländer, unsere eigene Presse schießt sich ebenfalls auf Sie ein."

Man berichtete dem Geschlagenen nun einen Teil der Unterhandlungen, und Göring sah ein, dass es „eine vaterländische Verpflichtung" gebe. Damit war die Sache bereits abgetan.

„Ein heftiges altes Leiden", hieß es locker im Kommunique der Reichsregierung, „in direkter Verbindung mit chronischer Überanstrengung hindert Hermann Göring an der Wahrnehmung dienstlicher Geschäfte. Er tritt deshalb mit sofortiger Wirkung von seinem Posten zurück, wird aber der Regierung mit Rat und Erfahrung verbunden bleiben."

Keine Abschiedsrede, nichts. Über eine Neubesetzung des ersten Amtes im Staat gab es keine Angaben.

„Ich weiß nicht", sagte Göring ahnungsvoll, „ob wir uns auf das Kriegsende freuen sollen."

Rüstungsaufgaben und Rüstungsaufgabe

Von allen neuen und alten Kabinettsmitgliedern war der Rüstungsminister inzwischen der begehrteste geworden. So hatte er zum Beispiel dem Triumvirat zu antworten:

„Wie weit sind die Amerikaner beim etwaigen Bau einer Atombombe?"

Trotz aller Bemühungen deutscher Stellen, von Canaris bis Gehlen, wusste man nichts, aus Amerika kamen keine landesverräterischen Nachrichten. Albert Speer versuchte sich bei deutschen Wissenschaftlern wie Hahn und Heisenberg schlau zu machen:

„Arbeiten die Amerikaner an der Atombombe und wie weit sind sie?“

Regierung und Triumvirat machten sich große Sorgen: Sollte der Krieg noch lange andauern, bestand die Gefahr, dass die Amerikaner „ihre Bombe“ fertig bekämen und auf Ziele in Deutschland abwerfen würden. Hahn und Heisenberg vertraten die Ansicht, dass die Amerikaner aufgrund ihrer unbeschränkten Mittel ziemlich weit sein und spätestens im Frühjahr 1945 parat sein müssten, Deutschland zu bedienen.

„Werden sie die erste Bombe ohne Vorwarnung abwerfen?“

„Davon muss man ausgehen.“

„Wir sollten uns bemühen, den Krieg in Europa eher zu Ende gehen zu lassen als es in Fernost geschehen kann.“

„So eine Bombe“, erklärten die Wissenschaftler, „kann die Sprengkraft von 20.000 Tonen TNT entwickeln und eine Fläche von zwölf Quadratkilometern zerstören. Im Zentrum der Explosion wird alles Leben zu Nichts verbrannt werden. Noch in Kilometer weiter Entfernung wird es Verbrennungen ersten Grades geben. Damit wäre eine mittlere Stadt wie Frankfurt an der Oder vernichtet.“

Hauptthema der Besprechung mit Speer war aber das Problem „Rüstung“. Der Minister berichtete, die Rüstung liefe wie nie zuvor und dass bereits ein Überhang an Panzern und Flugzeugen bestehe, weil die Front wegen geringerer Verluste weniger Stückzahlen abnehme.

„Außerdem“, sagte Speer, „ist die Produktion viel effektiver und gründlicher geworden, seitdem die armen so genannten Zwangsarbeiter human behandelt und versorgt würden. Sie singen während der Arbeit ihre Lieder, lachen, scherzen und flirten wie alle Menschen es an Arbeitsplätzen gern tun. Eine humanere Behandlung der Zwangsarbeiter, Juden und Häftlinge, die in den Werken arbeiten, habe ich Hitler oft genug vorgeschlagen. Er lehnte stets ab und wurde ausfallend gegen mich. – Ich schlage vor, gewisse Industrien schon jetzt auf Friedensproduktion umzustellen."

„Wir haben", sagte Tresckow, „wenn uns nicht alles täuscht, noch einen Russlandwinter vor uns. Wir sollten alles tun, um unsere Soldaten und die vielen russischen Freiwilligen ausreichend zu versorgen."

„Wie sieht die Kohlenlage aus?", fragte Guderian.

„Auch besser denn je", antwortete Speer, „weil die Luftangriffe ausbleiben."

„Dann wollen wir die Bevölkerung, die schon einige Frierwinter hat überstehen müssen, besser versorgen."

„Es ist viel gemogelt, gemauschelt und verschoben worden", berichtete Speer, „Gauleiter und andere Bonzen zweigten Lieferungen und Fördermengen für sich ab, außerdem müssen wir bedenken, dass nun keine KZ- und Vernichtungslager mehr versorgt und beliefert werden müssen. Ich habe auch in dieser Beziehung Hitler Vorhaltungen gemacht, dass man in einer schwierigen Kriegslage solche Lager nicht unterhalten dürfe. Vergeblich, die Vernichtung von Juden war ihm zweifellos ein inneres Anliegen."

Albert Speer war, befand man im Triumvirat, der einzige führende Mann, bei dem Adolf Hitler „ein gutes Händchen" gehabt habe...

Ein Handstreich im Schwarzen Meer

Karl Dönitz, als Großadmiral jetzt wohl ein wenig unterbeschäftigt, spielte seine bekannte norddeutsche „Niggeligkeit" aus:

„Wie wär's, wenn wir Stalin, um ihn aufzuscheuchen und an unsere Stärke zu erinnern, an einem Ort Feuer unterm Hintern machen, wo er es nicht erwartet?"

Eine gute Frage. Und der Fragesteller hatte natürlich schon eine Vorstellung entwickelt. Schalten wir also ein paar Tage voraus, in denen die ungewöhnliche Aktion bereits im Gange ist.

„Geschafft!“

Kapitänleutnant Wolfgang Schauber atmete auf, mit ihm seine ganze Mannschaft.

„Die Straße von Gibraltar – geschafft!“

Sein U-Boot war das letzte von fünfen dieser Fahrt, die anderen waren Stunden voraus. Mit diesem Durchbruch ins Mittelmeer war die Meldung des deutschen Nachrichtendienstes bestätigt worden, die Engländer hätten die Sperren abgebaut. Was ist los im Mittelmeer? Die fünf deutschen U-Boote des neuen Walther-Typs waren von Kiel aufgebrochen, umfuhren die britischen Inseln, bogen in den Atlantik ein und nahmen Kurs auf die Straße von Gibraltar. Nach Passieren ging es weiter Richtung Osten, tags unter, nachts über Wasser. Die Stimmung der Besatzungen war ausgezeichnet, sie alle waren Freiwillige, begeistert von Dönitz’ aufstachelnder Vaterlandsrede.

Die Boote, alles was Dönitz zusammenkratzen konnte, liefen fehlerlos und niemand beachtete die Risiken, die der Admiral angedeutet hatte: Wenig erprobt, das Antriebsmittel Ingolin, eine hochkonzentrierte Form von Wasserstoffsuperoxyd, brauchte zwar zur Verbrennung keinen Sauerstoff, war aber enorm hochexplosiv. Es ermöglichte Unterwasserfahrten bisher unbekannter Dauer in allen Tiefen und ohne verräterische Anzeichen an der Wasseroberfläche. Man hätte auch den ganzen Weg unter Wasser fahren können, aber die Männer drehten durch, wenn sie nicht zwischendurch an die frische Luft kamen. Ab Gibraltar schlichen die Boote scharf an der nordafrikanischen Küste entlang, bis südlich Kreta, um dann auf Nordkurs zu gehen.

„Überall“, berichtete ein Teilnehmer der Fahrt, „boten die Ortschaften an der Küste ein friedensmäßig beleuchtetes Bild. Hier war der Krieg bereits zu Ende. Die Atmosphäre verlockte zur Unaufmerksamkeit, wenn man auf der Brücke stand, aber es ging alles gut.“

Der Kurs ging durchs inselreiche Ägäische Meer an der Küste der Türkei entlang bis zum nächsten Durchbruch: Dardanellen,

Marmarameer, Bosperus, Gewässer des „kranken Mannes", wie es so schön hieß. Die Neutralität der Türkei durfte auf keinen Fall verletzt werden, hatte die Regierung bestimmt, sollte weder Mitwisser noch Helfer werden – mochte die Welt später rätseln, wie deutsche U-Boote ins Schwarze Meer geraten konnten.

Das also war Karl Dönitz' Niggeligkeit gewesen! Die Boote kamen in behutsamen, langsam ausgeführten Unterwasser- und Nachtfahrten unbehindert und ungesehen ins große Binnenmeer, dessen Hauptanlieger ihnen feindlich gesonnen war. Die russische Schwarzmeerflotte lag in den Häfen von Sewastopol, Odessa und Jewpatorija verteilt. Sie hatte im Krieg keine große Bedeutung erlangt und dümpelte jetzt „gelangweilt" vor sich hin. Die deutschen Boote verteilten ihre Beute untereinander auf, und im Morgengrauen des 25. September brach eine unerwartete Hölle los, denn man wähnte den Krieg weit weg und bald gänzlich vorüber. Kreuzer und Zerstörer, wie bei einer Seeparade fein säuberlich aufgereiht, boten für die deutschen Torpedooffiziere „manöverartige" Ziele, Öltanker, die ihre Ladung an Frontlastwagen abgaben, explodierten nach Treffern in hier nie gesehenen Feuerschlünden und himmelhohen schwarzen Rauchwolken.

„Wir verbrennen!"

Wieder diese Hiobsbotschaften an Stalin! Ein paar russische Zerstörer liefen aus in Richtung rumänische Küste, da man dort die Urheber des Spektakels vermutete, doch die deutschen Boote gingen weiter nach Osten, wo in Tuapse und Batum die ganz großen Öltanker lagen, von deren Lieferungen die russische Westfront abhängig war. Beide Häfen wurden in Flammenmeere verwandelt, „die mehr Schäden anrichteten", wie die Russen zugeben mussten, „als die ganze deutsche Kaukasus-Armee 1942 zustande gebracht hatte". Weil jetzt russische Flugzeuge Jagd auf die erkannten U-Boote machten, mussten diese tagsüber unter Wasser bleiben, beschossen aber mit letzter Munition die Ölfelder und verschwanden dann auf „herzliches Nimmerwiedersehen".

Sind sie nach Deutschland heimgekehrt, machten sie noch einmal die gefährliche Fahrt? Nein! Das durfte nicht riskiert werden. Sie steuerten die Reede des rumänischen Hafens Konstanza an, vom dem sich die Russen nach ihrer erfolgreichen Sommeroffensive wieder bis an die Dnjestrmündung zurückgezogen hatten. Dort stiegen die Mannschaften in Schlauchboote, versenkten ihre braven Boote und ruderten zum Erstaunen des rumänischen Bundesgenossen in den Hafen. Über Ungarn kehrten sie nach Deutschland zurück. Mehr als verbale Anerkennung konnten sie nicht ernten, denn die Zeiten des Hitlerschen Ritterkreuz- und EK-Segens waren ja vorbei; nichts wurde mehr verliehen, die Betriebe zur Ordensherstellung fertigten jetzt nur noch Rangabzeichen und Knöpfe für Uniformen. Dieser Streich im Schwarzen Meer war das letzte Bubenstück der deutschen Kriegsmarine.

Bettlaken sind gefragt

Heutzutage, weil wir modisch aufgeschlossener geworden sind, gibt es nicht nur unifarbige Bettlaken und –bezüge. Das war zur Zeit des Frontberichts des US-Sergeanten Glenn Mayer anders, lesen wir ihn darum aufmerksam mit:

„Obwohl der Winter noch nicht eingezogen war, sahen wir überall und hauptsächlich weiß. Es hing an Fahnenmasten, aus Fenstern und Dachluken, lag auf Rasenflächen, Vorgärten und Bürgersteigen und wurde auch geschwenkt. Ich kann mir nicht vorstellen, worauf und worunter die Deutschen dieser Gegenden in diesen Wochen geschlafen haben. Aber vielleicht waren ja ihre Truhen und Bettkästen übervoll von vererbter und vorsorglich gehorteter Bettwäsche. In Schulungen und Vorträgen waren uns die Deutschen als Bestien in braunen oder schwarzen Uniformen geschildert worden, immerzu sehr zackig dahergehend und redend. Als Heckenschützen, geborene Partisanen und germanische Samurai, die nichts lieber täten als ihr Kamikaze zu befriedigen. Ich muss gestehen, dass wir noch nie von unseren Vorgesetzten derartig belogen worden sind.“

Glenn machte eine Pause und schimpfte auf seine Ausbilder, nicht auf Deutsche, was nahe gelegen hätte.

„Ich erinnere mich an meinen ersten Deutschen. Er war ein Eifelbauer, der unverdrossen und unbekümmert um unsere dröhnenden Panzer seinen Acker pflügte, um Roggen einsäen zu können. Ich hielt ihn am Ackerende beim Wenden seines Gespannes an und er fragte mich sogleich ‚Wo kommen's denn her?' ‚Aus Alabama', antwortete ich. ‚Och, das is ja nich weit weg. Und wo wollen's hin?' ‚Nach Berlin.' ‚Nach Berlin? Dat is aber noch weit.' Und er zeigte mit lebhaften Armbewegungen den Weg nach Berlin. ‚Und wat wollen's in Berlin? Den Führer besuchen?' ‚Yes, wenn ich ihn kriegen kann.' ‚Soll aber schon dot sein, der Führer.' Nach diesem hübschen Zwiegespräch fragte ich ihn nach deutschen Truppen, ob welche im Dorf lägen oder auf seinem Hof dahinten am Waldrand. ‚Nee, de sin alle längs weg. Aber schauen's doch mal rein, meine Frau wird Ihnen eine feine Schinkenstulle schmieren.' Während wir mit unserem Jeep auf den Hof zufuhren, kramte ich in meinen Deutschkenntnissen nach ‚Schinkenstulle', fand aber nichts. Aber diese lag bald auf dem derben Holztisch und duftete und schmeckte verdammt gut. Unsere Leute fraßen wie kanadische Weizendrescher und bekamen so ihr erstes Deutschlandbild, das sie sich nie wieder vergrämen ließen. Neben Schinken und Kaffee aus Roggenkörnern hätten sie zwar noch gern die zwei Mägde, 24 und 28, und die Tochter des Hauses, 19, vernascht, wenn sie nicht so anständig empfangen worden und wohlerzogene Amerikaner gewesen wären. Warum, verdammt noch mal, haben wir zu Hause nicht solche Frauen und Mädchen!"

Glenn und seine Männer hinterließen hier nicht nur tiefe Spuren ritterlicher Amerikaner, sondern auch Kisten Schokolade, Päckchen des gänzlich unbekannten Kaugummis, Packen blütenweißes Weißbrot, Zigaretten und Tabak und kassierten eine Einladung, auf dem Rückweg von Berlin nach Alabama noch einmal reinzuschauen.

„Warum?“, fragten sie sich, „wird hier eigentlich Krieg geführt?“

Beim Einzug der Alliierten in Aachen glich die Stadt einem Bettlakenurwald.

„Sie haben rasch getauscht“, stellte Lieutenant Albert Darker fest, „Schwarzweißrot in Weiß.“

Ob das Braun schon fort ist?, fragten sich andere. Auf jeden Fall zeigten sich beide Kriegsparteien von ihrer besten Seite, denn von echten Eroberungen im Sinn erbitterter Kämpfe konnte nur in seltenen Fällen die Rede sein: Dort, wo junge naziinfizierte Offiziere glaubten, „im Angedenken des ermordeten Führers“ Widerstand leisten zu müssen. Als Aachen besetzt war und schließlich das ganze westliche Rheinufer bis Breisach hinauf, konnte man noch immer von hier aus ins Reich telefonieren und umgekehrt. Alle Bewohner der von den Westalliierten besetzten Städte atmeten tief durch und vor allem auf: Sie konnten zwar nicht wissen, ob der Bombenkrieg über Deutschland zu Ende war, aber diese besetzten Städte wurden, ganz klar, nicht mehr bombardiert. Hatte das Triumvirat nicht verkündet:

„Für jede Stadt hinter der Frontlinie ist der Krieg beendet.“

Keine Sirenen mehr, keine Kellernächte!

Beinahe kurios war die Situation in der vom Rhein geteilten Stadt Köln: westlich Alliierte, östlich Deutsche. Je näher die Alliierten Deutschland kamen, desto mehr vernahmen sie „von letzten Widerstandsnestern“ im Süden des Reiches – im Zuge des Gerüchts einer „Alpenfestung“. Altnazikreise waren wohl die Aussäer dieser Idee echt Hitlerscher Prägung, dass sich nämlich Deutschland niemals ganz und total ergeben werde. Ehemalige Waffen-SS- und SS-Leute und andere Personen mit Dreck am Stecken und Blut an Händen und Füßen seien dabei, sich in den Alpen einzurichten, Vorräte und Munition für Jahre anzuhäufen in der idiotisch-vagen Hoffnung, dass sie, die echten Nationalsozialisten eines Tages wieder gebraucht würden – dann nämlich, „wenn sich die jetzigen Verbündeten an die Köppe kriegen“. Wir sehen: Hitlers Saat ist noch nicht verdorrt. Angsthase (coward) Ike Eisenhower glaubte diese Gerüchte im Großen und Ganzen, so wie er Deutschen gegenüber von Misstrauen erfasst war und tatsächlich Meldungen ernst nahm, „hinter den deutschen zurückgehenden Linien gibt es große Versammlungen von Werwölfen“. Man muss ihn verstehen: Er war seinem Präsidenten verpflichtet, so wenig eigene Verluste wie möglich zu verursachen.

Trotz der strikten Befehle der Reichsregierung und der Regierungsbesuche Goerdelers bei Bürgermeistern und Stadtverwaltungen der Frontstädte kam es zu einigen militärischen Eskapaden Unverbesserlicher. Zum Beispiel vor der Stadt Rheydt, Goebbels’ Heimat. Schon kurz vor Hitlers Abgang trug Goebbels sich mit dem Vorhaben, ein Kommando aufzustellen, das den Bürgermeister der Stadt liquidieren sollte, falls er Rheydt übergeben sollte. Nun war Goebbels entmachtet und wagte kein Aufmucken mehr, aber eine kleine Clique um Goebbels-Verehrer, den Ex-HJ-Fähnleinführer August Lankenau erbot sich, die Stadt „bis zum letzten Mann“ zu verteidigen. Dass es nur bis zum vorletzten Mann reichte, darüber berichtete Ex-HJ-Zugführer Bernhard Zurbrüggen später aus dem Abstand eines Jahrzehnts:

„Unser Fähnleinführer war ein Fanatiker finstersten Stils, was ich aber als damals Vierzehnjähriger nicht erkannte. Nach der Auflösung des Nationalsozialismus machte er weiter, als stünde Hitlers baldige Auferstehung bevor, und wir trafen uns in Wäldern und Scheunen, um zu spielen, aus dem bei Annäherung des Feindes Ernst werden sollte. Lankenau besorgte tatsächlich für unsere „Gruppe der Standhaften“ für jeden eine Panzerfaust und wir machten uns daran, die strategisch günstigste Verteidigungsstellung zu erkunden. Wir fanden sie an der Straße nach Krefeld, wo wir uns Erdlöcher tief in den Sand buddelten, fünfzig Meter neben der Straße und von Gebüschen verborgen. ‚Sie kommen gewiss von dort’, prophezeite uns Lankenau in römischer Feldherrnpose, ‚lasst euch nicht von ihnen einschüchtern, das sind richtige Flaschen'. Und sie kamen von Krefeld her, britische Panzer in gemütlichem Tempo siegesgewisser Eroberer, sie hatten schon tagelang keinen Schuss mehr abgegeben. Lankenau hatte befohlen, falls mehrere Panzer kämen, sie in der Reihenfolge der Anordnung unserer Erdlöcher aufs Korn zu nehmen, ich hatte demnach den fünften der Zehnerkolonne abzuschießen. Uns klopfte das Herz, raste der Puls und pochte die Stirn, wir ließen jedoch scheinbar kaltblütig die Panzer bis zum rechten Winkel herankommen, dann zischten ihnen unsere Geschosse in die Flanken. Fünf, sechs brannten lichterloh, ihre Mannschaften stiegen aus, aber im Nu ergossen sich MG-Garben der ungetroffenen Panzer in unsere Verstecke und die heilen Panzer kurvten auf uns ein. Ich drückte mich tief ins Erdloch, vergaß aber das bei Begräbnissen angebrachte Beten – und überlebte als einziger dieses irrsinnige Abenteuer: Mein Erdloch ist wohl übersehen worden..."

Ein bisher unbekanntes US-Soldatenspiel kam auf: „Siegfried-line-hopping". Das war zwar mit „Westwall-Hüpfen" zu übersetzen, sollte aber nicht die militärische Überwindung von Hitlers Lieblingsbefestigung bedeuten. Es ging springtüchtigen Soldaten darum, möglich oft und lange von einem Betonhöcker auf den nächsten oder gar übernächsten zu springen. Ein Spiel, das deutsche Halbstarke, gestern noch Mitglieder von Hitlers Jugend, wie in einem Wehrsportkindergarten mit- und nachmachten. Amerikanische Soldaten, denen ihr Büchsenfleisch zum Hals hinaushing, weiteten ihren Befreiungsfeldzug gegen jene Sesshaften aus, die den Westwall trotz Schießereien, Knallereien und Ausräucherung von Bunkern nicht räumen mochten: Karnickel, auch Kaninchen oder graue Flitzer genannt, ihre langohrigen Vettern namens „Meister Lampe" und Fasane und Rebhühner. In „the battle of rabbits" gab es mehr Tote als Verteidiger des Westwalls infolge militärischer Notwendigkeiten. Somit trat eine geschichtliche Rarität ein, eine Duplizität der

Ereignisse: Man nannte 1939 und 1940, ehe es hier losging, die Lage „drole de guerre" – jetzt schien der Krieg wieder lustig geworden zu sein. Die Art, wie hier erobert wurde, ließ die Deutschen glauben und hoffen, mit den Westalliierten sei gut Kirschen zu essen, eine Nachkriegszeit könne „so schlimm" nicht werden. Dass ihre ganze Nation Schuldner der Welt sein könnte, ging den Deutschen noch nicht auf.

Die nachhaltigste Völkerverständigung fand im Rahmen des (angeblich) ältesten Gewerbes der Welt statt: Damen, die noch gestern in den Armen deutscher Landser hingen, hakten sich heute bei GIs und Tommies ein – freilich nur, wenn diese willens waren, in heiß begehrten Naturalien zu zahlen. Wir erkennen aus diesem Verhalten alliierter Soldaten folgendes und sollten Lehren ziehen: Unseren Soldaten wurde nach dem Krieg der Vorwurf gemacht, sie hätten undurchführbare Befehle blindlings befolgt – die erobernden Soldaten waren schon so weit, die Fraternisierung betreffenden Anordnungen ihrer Vorgesetzten nicht zu befolgen...

Die militärische Lage Ende 1944 Anfang 1945

Der Zeitplan lief nach den Vorstellungen des Triumvirats und Generalstabs ab. Feldmarschall Erwin Rommel war genesen und nahm seinen Dienst an der Westfront auf. Dass er in seiner Laufbahn mehr verloren als gesiegt hatte, tat seiner Popularität keinen Abbruch, zumal er während des dramatischen Tages in Ostpreußen bettlägerig gewesen war. Sein Erscheinen im Westen warf jedoch die Bevölkerung in einen Zwiespalt: Die einen waren Anhänger einer weiteren relativ friedlichen Eroberung rechts des Rheins bis zur Oder hin, die anderen meinten, hier am Rhein müsse endlich Schluss sein mit ewigem Rückzug. Tauchte Rommel an der Ostfront auf, dann gab es diese Zwistigkeit natürlich nicht. Ziehen wir Bilanz der hitlerfreien Zeit bis Dezember 1944.

Eine stabilisierte Ostfront zog sich „von Finnland bis zum Schwarzen Meer“ und hielt Verbündete bei der Stange, die schon beinahe abgesprungen waren. Die direkte Bedrohung des Reiches im Norden der Ostfront war abgewendet, in der Mitte lag das unabhängige Polen, das die deutschen Truppen nicht des Landes verweisen konnte, und im Süden hielten die Verbündeten mit deutscher Hilfe ihre Linien. Hier war die deutsche Balkanarmee eingerückt. Den nachdrängenden Verbänden Titos, die Kärnten für Jugoslawien okkupieren wollten, brauchte man nur ein paar „Spritzer“ der neunen Flammenwerfer zu demonstrieren, um sie in Schach zu halten. Immer wieder versuchte die Rote Armee Vorstöße und Aufmärsche, die entweder von den Deutschen erkannt oder an sie rechtzeitig verraten wurden: Sie scheiterten immer. Das Einsickern russischer Überläufer hielt an, Wlassows Leute stießen wie die Horden Attilas hinter die russische Front und richteten Verheerungen und Unsicherheit an, so dass die russischen Kräfte gelähmt wurden. Überhaupt schienen diese hohen Militärs nur als Sieger Helden zu sein, im Unglück verzagten sie und mochten Stalin, der nicht besser war, nicht unter seine finsteren Augen und tauben Ohren treten. Die russische Luftwaffe, welche die deutsche bis Mitte des Jahres klar geschlagen hatte, war zu Untätigkeit oder Untergang verurteilt, denn deutsche Jäger und Stukas erzielten Abschusszahlen in solch unvorstellbaren Höhen, dass, lebte der braune Ritterkreuzspender noch, er mit dem Dekorieren nicht nachgekommen wäre. Zwar floss von Persien her nach wie vor amerikanische Hilfe nach Russland, die nur durch eine R 4 hätte unterbunden werden können, doch kam sie in Frontnähe, wurde sie prompt vernichtet. Wie lange noch dieser „Krieg der stehenden Fronten“ von beiden Seiten durchgehalten werden konnte, wusste niemand zu beurteilen.

In Oberitalien verlief die Front, an der auf deutscher Seite keine Italiener mehr beteiligt waren, von La Spezia nach Osten zur Adria. Niemand schien hier zur Zeit noch den Heldentod sterben zu wollen, aber die Alliierten bereiteten sich in ihrer methodischen Langsamkeit und Sicherheit durch Nachschub und Versorgung auf eine Frühjahrsoffensive über den Po nordwärts vor.

Die Westfront folgte der Rheinlinie von Basel bis Nimwegen und von dort zur Zuidersee in Holland. Der übrige Teil Hollands war frei, ebenso Belgien. Diese beiden Staaten, so lange unterm deutschen Joch verharrend, waren nun böse auf die Alliierten, vor allem auf die Engländer unter Montgomery, der, statt die Zeit arbeiten zu lassen, ihre Länder in Schlachtfelder zu verwandeln gedachte, „nur weil er als erster in Berlin einziehen wollte“. So hatte er eine tollkühne Luftlandeoperation, gegen den Rat der Amerikaner, im Raum Arnheim zu einer Zeit starten lassen, als die Deutschen schon fortgezogen waren. Die Lastensegler krachten in holländische Bauernhäuser und Dörfer und zündeten sie an, die beklagenswerten Fallschirmspringer landeten vom Wind getrieben auf Wasserflächen und in Grachten und Kanälen. Die Holländer mochten sich gar nicht vorstellen, was geschehen wäre, wenn die zwei deutschen Divisionen, vormals der Waffen-SS zugehörig, noch in diesem Raum gelegen hätten.

Und die Luftfront? Was war aus dem Versprechen geworden, das Reich 1944 in Grund und Boden zu bombardieren? Die bisherigen Zerstörungen waren schwer genug, überschwer sogar, aber noch gab es Städte, die kaum gelitten hatten: Königsberg, Dresden, Potsdam zum Beispiel. Im westlichen Bereich flogen einzelne Briten und Amerikaner, scheinbar tollkühne Freiwillige, Aufklärungs- und Erkundungsflüge, stets auf der Hut vor den schnellen Deutschen, und einige von ließen sich dazu hinreißen, militärisch ganz sinnlos, Tiefflugattacken auf Zivilisten, zivile Züge und auf Dampfer auf den Kanälen zu veranstalten. Geben wir hierzu einem Augenzeugen und Leidtragenden das Wort, nämlich Bauer Fritz Kerkering aus dem Emsland, tapferer Weltkrieg-1-Teilnehmer und durchaus schlachtenerprobt:

„Ich fuhr mit meinem eisenbeschlagenen Ackerwagen auf den Kamp, der zu bestellen war. Es ging über einen tiefen Sandweg und die beiden Pferde hatten ordentlich zu ziehen. Plötzlich spitzten sie die Ohren nach hinten, wurden unruhig, und da hörte ich selbst das von rückwärts anschwellende Brausen. Ich brauchte die Peitsche nicht zu benutzen, von selbst setzten sich die Tiere in Trab und Galopp und unser Gespann donnerte davon. Natürlich nicht schnell genug für den Jagdbomber, der augenblicklich heran war und aus allen seinen Rohren feuerte. In den Wagen, rechts und links des Wagens, vor und hinter die Pferde klatschten die Geschosse. Schon war die Maschine vorüber und benötigte einen großen Bogen, um wiederum von hinten angreifen zu können. Das war meine und meiner Pferde Chance: Buchstäblich wie vom Teufel gejagt und mit erbarmungslos die Pferderücken beklatschender Peitsche rasten wir auf einen Fichtenwald zu, den unser Weg durchschneidet, der uns Deckung geben würde. Als wüssten die Pferde Bescheid ließen sie sich hier anhalten, sie blieben dampfend und mit geblähten Nüstern tief atmend und zitternd stehen. Ich sprang vom Wagen und nahm Deckung hinter einem Baumstamm. Zweimal umkreiste das Flugzeug den Wald und feuerte wahllos um sich, dass Holz und Zweige stoben, dann drehte es ab. Wir waren noch einmal davongekommen..."

Leider nicht für lange. Denn Fritz Kerkering lockte das Schicksal heraus, indem er statt nach Hause auf seinen Acker weiterfuhr, denn eigentlich gibt es nichts, das einen braven Landmann von der Arbeit abhalten kann. Dort, auf freiem Feld, schoss ihm ein anderer Tiefflieger sein Gespann zusammen, er selbst überlebte, „indem ich mich wie ein Hase in die Furche niederdrückte". Diese Methoden der Menschenhatz machte viel böses Blut unter den Deutschen, die den westlichen Gegnern so etwas niemals zugetraut hatten – die deutschen Medien, - nicht mehr von Goebbels gesteuert -, beschwerten sich denn auch...

Im Großen und Ganzen ging die Reichsregierung voller Zuversicht ins Jahr 1945. Gemäßigte Zuversicht freilich, denn das Ziel, den Krieg im Frühjahr ohne großes Blutvergießen und erhebliche weitere materielle Schäden zu beenden, schien erreichbar. Gefragt waren nun die Reste jener Vernunft, die dieser fanatisierte Krieg den Alliierten gelassen hatte.

Weihnachtsansprachen und Neujahrsreden

Keine Staatsführung glaubt auf solche verzichten zu können, ganz gleich, ob sie Monarchien, Diktaturen oder Demokratien vertritt, ob Kriege herrschen oder satte Friedenszeiten. Adolf Hitler hatte sich in letzter Zeit merkwürdig zurückgehalten, aber, man wusste es aus Unterlagen, zum 30. Januar 1945, den zwölften Jahrestag seiner Machtergreifung, zu einer gewaltigen Endsiegrede vorgesehen. Das neue deutsche Reich aber befand sich im Dilemma, Festredner zu finden – „Militärs", sagte Stauffenberg, „sollten zu Weihnachten gefälligst ihre Schnauzen halten". Nach langem Hin und Her befand die Reichsregierung nur eine Person als geeignet, nämlich Karl Goerdeler, der nach dem Krieg gewiss einer neuen zivilen Regierung angehören würde. Seine Teilhaberschaft an der Verschwörung war in breiten Kreisen bisher kaum bekannt geworden, er war in den vorbereitenden Gesprächen als Reichskanzler vorgesehen.

„Deutsche Soldaten an allen unseren Fronten, in den Kriegsgefangenenlagern und zu Hause! Im christlich geprägten Abendland ist Weihnachten auch dann ein Fest des Friedens, wenn rundum alles brennt und einige von Ihnen in Schützengräben hocken müssen, wenn das Licht der Kerzen nicht durch verdunkelte Fenster dringen kann, wenn manche Familie nicht feiern mag, weil vielleicht wenige Tage zuvor eines ihrer Mitglieder verwundet wurde, gar gefallen ist. Denn törichtes Tun der Menschen hat wenig mit den großen Strömen der Welt zu tun. Deutsche! Heute gibt es nicht, wie von euren früheren Machthabern praktiziert, irgendwelche Versprechungen oder Hintröstungen auf bessere Zeiten. Voraus blickend wissen wir wenig, rückblickend vieles: Denn wir haben es davon gejagt, das Böse in uns, aufgekommen auf uns in Zeiten der Verblendung und Abkehr von allen uns überkommenen Traditionen. Beglückwünschen wir uns dazu, auch jetzt zum Friedensfest, an dem normalerweise von Attentaten und Selbstmorden nicht gesprochen wird. Aber erst mit der Tat des 20. Juli ist der Grundstein gelegt worden, die Voraussetzung geschaffen, von unseren Kriegsgegnern, die nicht unsere wahren Feinde sind, erneut anerkannt und eines Tages wieder in die große Völkerfamilie aufgenommen zu werden. Nur dieses eine Ereignis mag ich Ihnen prophezeien, es mag lange Jahre auf sich warten lassen, bis es eintritt. Bis dahin lassen Sie uns der Dinge harren, die das Jahr 1945 uns bringen wird..."

Der Neujahrsredner war Erwin Rommel. Sein Ansehen im In- und Ausland war erheblich, er war so wenig in den Umsturz verstrickt, dass er als neutral gelten konnte. Wenn auch der größte Teil der Deutschen die neuen Verhältnisse akzeptierte, so gab es doch, wie schon dargelegt, Gruppen der Reaktion, des Widerstandes und sonstige unzufriedene Zeitgenossen, die offen oder verdeckt der Meinung waren: „Man hätte Adolf Hitler nicht morden müssen, um ihn loszuwerden". Ein Leserbrief wollte es auf den Nenner bringen:

„Das Gesocks um den Führer?, ja, weg damit! Aber ihn einfach so in die Luft jagen...?"

Noch konnte nicht allgemein bekannt sein, dass „er" tatsächlich und beweisbar die Ursache aller Untaten, Verbrechen, fehlerhafter Entscheidungen und damit des Unglücks war, das auf dem deutschen Volk lastete.

Nachdem Rommel von einem Tiefflieger in Frankreich beschossen und so schwer verwundet worden war, dass niemand mehr einen Pfifferling für sein Wiederkommen gegeben hätte, war er nun wieder ordentlich zusammengeflickt und kriegsverwendungsfähig geworden. Sein Ruhm als Feldherr basierte allein auf seinen Erfolgen im Afrikafeldzug, wo er sich jedoch nicht als Feldherr sondern „nur" als Truppenführer bewährte hatte. Die britische Armee unter Montgomery war schließlich so überlegen mit Menschen und Material ausgerüstet worden, die Amerikaner landeten in Nordafrika, so dass das schwache Afrikakorps ohne Chancen bleiben musste. Rommels Groll auf Hitler hatte mit politischen Motiven nichts zu tun, er war allein enttäuscht und hatte erkannt, dass ein Adolf Hitler zur militärischen Führung vollkommen untauglich war. In die Kreise des Widerstandes, übrigens schon vor dem 20. Juli von Himmler durchschaut, war er nur durch unvorsichtige schriftliche Notizen geraten, die als „gegen Hitler verwendbar" zu bezeichnen waren. Sein Ruf als „aufrechter Soldat" war unangetastet, und als Soldat sprach er zu Soldaten:

„...Ihr tretet in den sechsten Jahreswechsel eines Krieges ein, den man Euch als kurz und bündig verlaufend schmackhaft gemacht hat - Ihr seid belogen worden wie nie eine Armee zuvor! Viele von Euch, die 1939 angetreten sind, weilen nicht mehr unter Euch, sie ruhen in überfallener Erde, verwittern in Wracks ihrer Schiffe, sind in Nichts aufgelöst, unbekannt verschollen, wer Glück hat verbringt die besten Jahre seines Lebens in Gefangenenlagern. Warum? Wir wissen es: Weil ein gewissenloser Rädelsführer deutsche Tugenden zur Großmannssucht umfunktioniert hat. Die Quittung steht nun ins Haus. Es gilt, sie mit Anstand und Würde abzuzeichnen, das heißt, alles auf uns zu nehmen, was wir uns aufgeladen haben. Wie in den letzten Wochen allmählich und Grauen erregend durchgesickert ist, waren deutsche Soldaten auch an zivilen Verbrechen in einigen Kriegsgebieten beteiligt – auch hier wird man bezahlen müssen. Die Beseitigung des Urhebers unseres Niedergangs, die Männer aus Euren Reihen vollbracht haben, ist nur ein Anfang. Ihr steht noch immer außerhalb und innerhalb des Reiches an den Fronten, aber die Neue Regierung wird Euch nicht mehr zu Eroberungen und Verbrechen missbrauchen..."

Man kann sich hier, in diesem Moment, das Aufhorchen jenseits der Grenzen vorstellen. Die Deutschen ihrerseits stellten sich vor, dass solche Formulierungen die Kriegsgegner milder stimmen müssten.

„...und es geht in kommenden Aktionen nur darum, den Bestand des Reiches zu sichern, Menschenleben zu erhalten, nicht sie zu vernichten. Ich verspreche nichts. Ihr werdet bemerkt haben, dass es keine Orden und Ehrenzeichen mehr gibt. Warum nicht? Zum einen sollten wir unsere Fertigungskapazitäten nicht mit solchen Nebensächlichkeiten belasten, zum anderen sollte es eine Ehre für Euch sein, diesem neuen Vaterland zu dienen und eines Tages sagen zu können ‚Ich bin dabei gewesen', und zum dritten sollten deutsche Soldaten zum ersten Mal bekennen, dass man fürs Abschießen von Panzern und Flugzeugen und das Versenken von Schiffen, Vorgänge, in denen unzählige Menschen sterben müssen, nicht auch noch öffentlich belobigt werden darf. Soldaten, Eure Offiziere vom Feldmarschall bis zum Leutnant haben allen kriegerischen Schmuck abgelegt, was manchem Ritterkreuzträger nicht gefallen mag – er mag aber bedenken, aus wessen Händen er es umgehängt bekommen hat..."

Das mochte manchen Unverbesserlichen treffen.

„...Kameraden, lasst uns in das Neue Jahr mit einem der Lage angepassten Optimismus gehen! Die Regierung der Nationalen Not übermittelt Euch durch mich mit einem Zitat des großen Friedrich die besten Wünsche: ‚Ihre Majestät wünscht den Soldaten alles Gute und wer nicht so ist wie er sein sollte möge sich bessern'."

Ein Neujahrsfeuerwerk

Was der damalige Reichsmarschall mit einem rachsüchtigen Adolf Hitler noch vor dem 20. Juli besprochen hatte, fand am 1. Januar 1945 statt: ein 1.000-Bomber-Angriff. Jedoch unter anderen Vorzeichen, denn Hitler und Göring hatten geplant, den Westalliierten mit „diesem Donnerschlag" einen solchen Schrecken einzujagen, dass ihnen der Appetit auf einen Deutschlandeinmarsch vergehen müsste. Deutsche Aufklärer meldeten um Weihnachten Bedrohliches hinter der russischen Front, da braute sich etwas zusammen, ganz klar, und wenn man die Russen gewähren ließe „wie damals bei Stalingrad", würden sie nicht aufzuhalten sein. Winteroffensiven waren eine Spezialität der Roten Armee, deren Soldaten sich bereits alle in weiß verkleidet und

Panzer und Flugzeuge mit weißen Bettlaken getarnt hatten. Doch Spionage und Verrat sind farblos, sowohl Wlassows Partisanen als auch Gehlens Agenten signalisierten den Aufmarsch der 1. und 2. Weißrussischen Front im Raum zwischen Königsberg und Warschau.

„Sie wollen sich“, berichteten Überläufer, „weit genug von der Küste fernhalten, denn vor Tirpitz und Prinz Eugen haben sie eine Höllenangst.“

Tausend Flugzeuge! Beladen mit zigtausend Bomben und Raketen! Viele von ihnen wurden mit lakonischen Neujahrsgrüßen versehen, obwohl das russische Neujahr noch ausstand, sogar mit Hitlers Briefmarken beklebt, die, wenn sie heil blieben, den Findern nach dem Krieg einen guten Philatelistengewinn bescheren würden.

Teilnehmer und Augenzeugen kommen jetzt zu Wort. Flugzeugführer Richard Bellmann:

„Ich habe niemals so viele deutsche Maschinen auf einmal gesehen und habe doch alle Luftschlachten um England mitgemacht. Es war wie ein Zug Kraniche, als Geschwader auf Geschwader abhob und Kurs nach Osten nahm.“

Die Russen glaubten wohl, die Deutschen hätten sich in der Silvesternacht ordentlich volllaufen lassen und sie würden bis in den Mittag des Neujahrtages schlafen und unaufmerksam sein. Die weit in den Räumen von Gomel, Orscha und Polozk zurück liegenden russischen Flugplätze wurden jedoch schon in den Morgenstunden von Schwärmen He 111 und Ju 87 überfallen und mittels Feuerbomben total vernichtet. In das Durcheinander am Boden stießen Me 110 und einmotorige Jagdflugzeuge mit MG- und Kanonenfeuer hinein. Rudels Stukarudel von Ju 88 fielen wie in früheren Feldzügen wie Habichte vom Himmel und warfen ihre Bomben, ebenfalls mit den neuesten Ladungen versehen, auf Benzintanks, Munitionslager und Unterkünfte. Rudel selbst war Spezialist für Einzelziele, so versuchte er erfolgreich, die ihm von Wlassows Leuten genannten Befehlsstellen auszuschalten. Verbände von hundert und mehr Panzern standen in lichten Wäldern, von den erwähnten weißen Laken scheinbar verborgen, doch brauchten die Deutschen diese Wälder nur anzuzünden, um die dicht aufgefahrenen, munitionierten und teilweise besetzten T 34 allesamt zur Explosion zu bringen.

„Nur eine Bombe hinein geworfen“, schilderte Kopilot Waldemar Völkers, „und ausgreifende Flammenmassen erfassten die nächsten Panzer, die in Sekunden platzten und ihre Mannschaften ins Verderben rissen. Wenn wir mit unseren MG in die Mannschaften schossen, hoben die entsetzten Leute beide Arme und schwenkten uns weiße Taschentücher entgegen – man hätte sie alle auf der Stelle gefangen nehmen können.“

Die Wucht der explodierenden Munitionsstapel war so groß, dass einige allzu kecke deutsche Tiefflieger erfasst und vom Himmel geholt wurden. Riesige Rauchpilze stiegen empor und wiesen nachfolgenden deutschen Verbänden den Weg. Schon waren die ersten, Stalin sattsam bekannten Funksprüche unterwegs nach Moskau:

„Wir verbrennen!“

„Übungsangriffe“ der schnellen Düsenjäger gab es auf Dörfer und größere Anwesen, die man von russischen Truppen besetzt wusste. Ehe ihre Bewohner gewarnt waren, rauschten die deutsche Jäger mit großem Getöse über sie hinweg, drehten eine Kurve und kamen aus allen Rohren feuernd und Minibrandbomben werfend zurück. Im Nu brannten die einfachen Häuser lichterloh, in Scheunen und Unterständen waren Fahrzeuge abgestellt, die sofort explodierten.

Die Bilanz des Schreckentages, der um 13 Uhr beendet war, belief sich auf Tausende russische Panzer und Fahrzeuge, riesige Munitionsbestände und unzählbare menschliche Opfer – wieder war eine russische Offensive schon im Entstehen zerschlagen worden. 34 deutsche Flugzeuge wurden abgeschossen. Wie war das damals, über Russland vom Himmel geholt zu werden und in Kriegsgefangenschaft zu geraten? Mussten die Deutschen nicht wegen ihres rigorosen Vorgehens das Schlimmste befürchten?

„Ich musste auf einem glatten Schneefeld", berichtete Leutnant Kurt Meister später, „unsere brave Ju notrutschen lassen. Wir konnten aussteigen ehe sie explodierte und wurden sogleich von wild gestikulierenden Rotarmisten in Empfang genommen. Schlug unsere letzte Stunde? Nein, wie in einem Triumphzug und unter Anbieten von Zigaretten und Wodka geleiteten sie uns ins nächste Dorf, das soeben von uns angezündet worden war. Jetzt lynchen uns die Bewohner, dachten wir, eingedenk des Gelesenen, dass Delinquenten auf ihrem letzten Gang gut zu behandeln seien. Doch zwei Russen, Offizier und Kommissar, luden uns in eine Hütte ein, bewirteten uns und fragten sinngemäß: ‚Warum kämpft ihr noch wie die Teufel, der Krieg ist doch für euch verloren? – Woher wisst ihr so genau, wo unsere Einheiten stehen? – Ist Gittler kapuut? – Kommt Rommel an die Ostfront?' Fragen, die wir natürlich nicht beantworteten. Sie nahmen uns unsere Uhren ab, ein ganz normaler russischer Vorgang, waren aber sonst freundlich bis neutral und ließen es an Anerkennung nicht fehlen."

Dieser Neujahrsangriff der deutschen Luftwaffe, ausgeführt mit allem, was man zusammenkratzen konnte, hatte eine hohe psychologische Wirkung auf die Alliierten der Westfront. Mit Schrecken erkannten Eisenhower und Montgomery, dass auch sie selbst von solch einer Katastrophe überrascht worden wären, wenn die Deutschen hier statt im Osten zugeschlagen hätten. Noch einmal stritten die beiden Feldherren über die Strategie ihres Vorgehens: Jetzt mit allen Kräften losbrausen und in einer Woche in Berlin sein oder wie geplant das Ruhrgebiet einkesseln, ausräumen und dann weitersehen? Wir brauchen nicht darzulegen, wie der Oberkommandierende entschieden hat. Getreu der alliierten Absprachen über die Einteilung Deutschlands in Besatzungszonen wollte er über die Elbe gar nicht hinausgehen. Das stieß Montgomery sauer auf, vergeblich versuchte er klarzumachen, dass niemand Deutschlands Verhalten nach dem Tod Hitlers kalkulieren könnte und man jetzt die Gelegenheit wahrnehmen müsse, die in Bedrängnis geratenen Russen östlich Berlins heraushauen sollte. Das war für Eisenhower keine Kriegs-, aber höhere Politik, die von den Großen Drei entschieden werden müsse.

Neue Friedensinitiativen

Graf Bernadotte wollte nicht arbeitslos sein und drängte auf Wiederaufnahme der Verhandlungen – jetzt, da Hermann Göring in den Ruhestand versetzt worden war.

„Stellen Sie Ihre äußersten Bedingungen, unter denen Sie die Waffen strecken würden!"

Dass Bescheidenheit angesagt war, sah die Regierung ein, aber vier Punkte gab es, die sie durchzusetzen wünschte.

„Glückt dies nicht und beharrt man weiterhin auf bedingungsloser Kapitulation, wird es keine Regierung geben, die sie unterzeichnet."

1) Geordneter Rückzug der deutschen Armeen durch Polen ins Reich zurück.
2) Die noch kämpfenden Soldaten der Ostfront werden nicht russische Kriegsgefangene.
3) Nachrücken der Roten Armee erst zehn Tage nach dem Waffenstillstand.
4) Die russischen Soldaten der deutschen Armee fallen nicht in russische Kriegsgefangenschaft und werden auch nicht gezwungen, nach Russland zurückzukehren.

Besonders der letzte Punkt lag dem Triumvirat am Herzen, weil man vermeiden wollte, als Verräter an diesen Idealisten in die Geschichte einzugehen. Sollten sie in Stalins Hand fallen – nun, das braucht nicht näher ausgemalt zu werden!

Man besprach noch das Für und Wider höherer Forderungen, die man ja Zug um Zug zurücknehmen könnte, aber Bernadotte war für ein klares Konzept, um seine Reputation zu wahren. Nur einen bedeutenden Punkt in petto zu behalten stimmte er zu, nämlich Albert Speers Idee, deutsche Erfindungen und Patente als Tauschobjekte zurückzuhalten.

„Mit ihnen“, sagte Rommel, „könnte man Roosevelt kirren, der einer deutschen Kapitulation unter Bedingungen gewiss weniger aufgeschlossen gegenüber steht als Churchill. Notfalls muss die Drohung, den Russen das ganze Material auszuliefern, angewandt werden.“

Damit war Bernadotte einverstanden. Er sah nun die ganze Sache realistisch und versprach, sein Bestes zu geben.

Sir Alexander Cadogan blieb der vollendete Gastgeber. Er ließ nicht durchblicken, dass er entsetzt war gesehen zu haben, wie Churchill, die englische Regierung und das englische Volk auf den deutschen 1.000- Bomber-Angriff gegen Russland reagiert hatten. Churchill hatte sogleich mit Roosevelt telefoniert, der sich sehr aufregte und Stalin bedauerte, aber doch bereits nicht mehr von dieser Welt schien. Es war wohl bezeichnend, dass man Churchill zuerst mit Vizepräsident Harry S. Truman verbunden hatte, der kommende Mann der USA wohl.

„Woher haben die Deutschen diese Flugzeuge“, fragte Cadogan.

„Nun, die fabrizieren jetzt wie die Teufel, da die Bombardements aufgehört haben.“

„Wo bauen sie denn ihre Raketen?“

Na, damit durfte man Bernadotte nicht kommen! Er hatte zwar von unterirdischen Stollen gehört, die Himmlers SS als Zwangsstätten der Arbeit eingerichtet hatte, aber er hütete sich, hier billig ausgefragt zu werden:

„Das haben sie mir nicht gesagt.“

Seine Frage, ob die Verhandlungen mit Aussicht auf Erfolg weitergeführt werden könnten, bejahte Cadogan.

„Aber eines wird es nicht geben“, sagte er bestimmt, „einen Sonderfrieden zwischen den Amerikanern und uns unter Ausschluss der Sowjetunion.“

„Das wissen die Herren in Zossen und streben es auch nicht an."

Cadogan tat überrascht, aber der Weg war nun frei, da er seine Argumente verschossen hatte. Noch mehr überrascht war er, als Bernadotte ihm nun die vier deutschen Hauptpunkte nannte.

„Sie können nicht bestreiten", sagte Bernadotte, „dass die deutsche Regierung realistisch denkt und keinesfalls Forderungen stellt, die für die Alliierten unannehmbar sind."

Er setzte alle seine Beredsamkeit ein, Cadogan klarzumachen, dass eine Beendigung des Krieges auf diese Art und Weise allen Seiten gerecht würde.

„Haben Sie, Sir", stieß er nach, „von den Grausamkeiten gehört, die Marschall Stalin unter den Balten und allen Völkerschaften, die mit den Deutschen sympathisiert hatten, nach der Wiedereroberung anrichten ließ? Von den Morden an der Zivilbevölkerung Ostpreußens und in den Randgebieten?"

„Gehört? Nicht dass ich wüsste. – Aber die Deutschen sollen in Polen und der Ukraine noch schlimmer gehaust haben."

„Das mag sein, aber aufrechnen sollte man später, nicht jetzt."

Cadogan zweifelte, ob Stalin mit Punkt 4.) der deutschen Bedingungen einverstanden sein werde.

„Er wird es müssen", antwortete Bernadotte, „denn selbst wenn Briten und Amerikaner in Berlin einmarschieren, ist er die Deutschen im Nacken nicht los. Die deutsche Ostfront wird bis zuletzt halten. Außerdem hat hier auch Polen ein paar Wörtchen mitzureden."

Und er malte dem kritischen Engländer aus: Wenn die Deutschen die Westalliierten unbehindert bis Berlin ließen, diese gar Deutschland bis an die Grenzen Polens besetzten, könnten die Deutschen infolge ihrer Reserven die Front gegen Russland noch Monate lang halten und dort unverantwortliche Zerstörungen anrichten.

„Sie, Sir, haben dann genau das erreicht, was sie zu verhindern suchten, nämlich Deutschland die Möglichkeit zu geben, seine Feinde gegeneinander auszuspielen."

„Das war Hitlers Traum."

„Ich versichere noch einmal", sagte Bernadotte fest und erhob sich, „dass sie Reichsregierung nichts anderes wünscht, als ihre östlichen Provinzen..."

„Die wird sie sowieso los sein."

„...als ihre östlichen Provinzen von einem gewaltsamen Einmarsch der Roten Armee zu verschonen."

Schon gaben die beiden Männer sich die Hände.

„Und was Punkt 4.) betrifft", sagte Bernadotte noch, „Sie verstehen als Engländer bestimmt den Standpunkt der deutschen Regierung, dass es mit ihrer Ehre unvereinbar ist, nicht alles zur Rettung jener Menschen zu tun, die in Stalins Händen verloren wären."

„Wären sie es?"

„Ganz gewiss. Außerdem lüden Sie und die Amerikaner ewige Schande auf sich, wenn Sie 200.000 Soldaten, die schließlich gegen kommunistische Tyrannei kämpften, kaltblütig und mitleidlos ausliefern würden."

Cadogan versprach feierlich, alle Argumente vor seiner Regierung zu vertreten.

Sir Robert Anthony Eden, Earl of Avon, war stets ein unerschütterlicher Verfechter seines Standpunkts gegen jede Art Diktatur und mochte die deutsche um alles in der Welt nicht leiden, aber diese stets schlecht einschätzbaren Mitteleuropäer hatten sich ja nun der braunen Oberbonzen entledigt und rückten mit Vorschlägen heraus, die vernünftige Menschen nicht ohne weiteres verwerfen sollten. Vereinbarungen hin – Absprachen her: Wenn sich dieser Krieg nun beenden ließe, wäre es ein Verbrechen, es nicht zu tun. Die Russen? Sir Anthony war es immer schmerzlich vorgekommen, mit der Roten Diktatur paktieren zu müssen und er ahnte jene Tage herankommen, da es mit ihr internationale Querelen geben würde. Mit seinem Premierminister war er sich einig, dass die Gespräche mit den Deutschen weiter geführt werden müssten, nachdem Cadogan berichtet hatte. Aber die

Amerikaner? Sie benahmen sich einerseits burschikos, andererseits wie eine Diva und durften natürlich nicht übergangen werden.

Edward Stettinius, Edens amerikanischer Kollege, war aber nicht abgeneigt, die deutschen Vorschläge zu diskutieren, doch:

„Wie wird Stalin reagieren? Vielleicht täuschen wir uns und ahnen nicht, wie sehr ihm dieser Krieg zum Hals heraus hängt."

„Ja", antwortete Eden, „er misstraut uns und sollte doch froh sein, zur Erreichung seiner Ziele gar nicht in Ostdeutschland kämpfen zu müssen."

Beide Außenminister waren sich einig, Deutschland keine Zugeständnisse über die vier Punkte hinaus einzuräumen. Nach einer Stunde gesellte sich Harry Lloyd Hopkins, einflussreicher Berater Roosevelts, den beiden zu und gab bekannt, dass der Präsident trotz seiner Leiden von dem Gedanken begeistert sei, die Beendigung des Krieges in Europa noch erleben zu können. Er sei der Meinung, dass nun die drei verantwortlichen Außenminister sich zusammensetzen sollten, um über die deutsche Offerte zu beraten und abzustimmen. Solange nichts entschieden sei, müsse der Krieg weitergehen.

Als Graf Bernadotte erneut in Zossen aufkreuzte, war er über eine Konferenz der Außenminister der Großen Drei informiert und glaubte der Reichsregierung Hoffnungen auf gutes Gelingen machen zu können.

„Und wenn Molotow, dieser Sturkopf, nicht mitspielt?"

„Ich glaube, dass Eden und Stettinius ihn ins zweite Glied drängen werden. Stalin spürt, dass er im alliierten Orchester nicht mehr die große Geige spielt. Er schiebt auch die Kriegserklärung an Japan immer wieder vor sich her – ein Zeichen, dass er sich nicht als erster Sieger fühlt."

In diese Besprechung fiel die Nachricht vom Vorgehen der Westalliierten über den Rhein.

„Endlich", sagte Tresckow, „der Vorhang zum letzten Akt hebt sich nun wohl."

Wenden wir uns also diesem Akt zu...

Im Westen viel Neues

Die rechtsrheinische deutsche Bevölkerung lebte in Erwartung. Friedensmäßige Zustände herrschten in diesem Bereich, mit ganz normaler Landarbeit auf den Feldern, mit geregelten Dienst- und Schulzeiten und dem Krieg angemessenen Verkehr auf den Straßen. Alliierte Flugzeuge störten diese Idylle wenig – welch ein Unterschied zu Ostdeutschland, wo ein Atemhauch der Roten Armee ausreichte, Panik zu erzeugen. Bei Blickwechseln von Ufer zu Ufer sah man dem Feind ins Auge, der es sich offenbar am linken Ufer gut sein ließ. In den Nächten mit Westwind dröhnten seine Truppenbewegungen herüber und erinnerten daran, in welchen Zeitläufen man lebte. Als Kuriosität und Erstmaligkeit hatten die Alliierten einen Fluss vor sich, dessen Brücken völlig intakt vor ihnen lagen. Stellten sie deutsche Fallen dar? Würden sie gesprengt werden, wenn es losging? Privater Fußgängerverkehr lief über diese Brücken und wurde von Briten und Amerikanern nicht behindert, während die im Süden stehenden Franzosen ihn untersagten. Diese Franzosen! Die Bevölkerung Badens hielt nicht viel von ihnen und sollte sich nicht geirrt haben.

„Die haben doch in Wirklichkeit auch den Krieg verloren und wollen sich hier als Helden aufspielen."

Noch der langen Winterpause, für die übrigens Adolf Hitler einen „großartigen Überfall" geplant hatte, gingen die Alliierten ab Mitte Februar über den Rhein, die Franzosen im Süden der langen Front zuerst. Ihr Oberbefehlshaber Jean de Lattre de Tassigny war der „Angeber vom Dienst" der alliierten Armee, ein eitler Geck voller Arroganz, der auf eine mittelalterliche Methode des Schreckens zurückgriff: offiziell drei Tage Plündern für seine Soldaten.

„Ich hatte", berichtet Weinbauer und Kneipenwirt Adalbert Bitzenhofer aus Ihringen am Kaiserstuhl, „meine Spitzenweine unter den Brettern der Saalbühne versteckt und sie fanden sie auch nicht. Um sie, Neger der französischen Armee, nicht zu sehr zu reizen, verriet ich ihnen meine normalen Trinkweine. Sie soffen sie wie Wasser und bekotzten unser Dorf von oben bis unten. Aber das war nur ein Vorspiel. Denn sie fanden unsere Edelprodukte, nämlich Schnäpse aus Birnen, Äpfeln und Zwetschgen, mit denen sich einige zu Tode tranken. So dass ihre Offiziere uns hinterhältiger Anschläge beschuldigten."

„Ich muss sagen", ergänzt ein Ortsbürgermeister, „dass die Franzosen beim Einmarsch, der ohne Widerstand geschah, sich nicht besser benommen haben als jene, denen sie Untaten und größte Grausamkeiten anlasteten, uns Deutsche in Frankreich zum Beispiel. Man kann doch nicht Klagen über Unmenschlichkeiten führen und sie selbst gleichzeitig begehen!"

Doch, im Weichbild von Kriegen geht das.

Mit einer Finesse, als gelte es einen übermächtigen Gegner in die Knie zu zwingen, hatten Eisenhowers Strategen die Einkreisung des wichtigen Ruhrgebiets geplant. Deutschlands Waffenschmiede sollte endgültig der Garaus gemacht werden, wenn man sie schon nicht zerbomben konnte. Zwei starke Truppenkeile gingen nördlich und südlich Kölns über den Rhein, stießen nach Osten vor, der nördliche schwenkte nach Süden, der südliche nach Norden ein und beide vereinigten sich östlich des Ruhrgebiets, einen Sack schließend. Damit, glaubten die Alliierten, wäre das restliche Deutschland von seiner Waffenproduktion abgeschnitten und müsse die Verteidigung aufgeben. Ihrer Aufmerksamkeit schien entgangen zu sein, dass es auch im übrigen Deutschland noch Waffenschmieden gab. Groß war ihre Verwunderung, als sie bei Einnahme und Besichtigung der Kruppschen Werke feststellten, dass die Fertigung entweder eingestellt oder auf Friedenswaren umgestellt worden war. Da fertigten ältere Männer, mittelalte Frauen und freiwillige Fremdarbeiter Kochtöpfe, Herde, Heizkörper, Geräte der Landwirtschaft, Werkzeug, Pinkelpötte, Fahr- und Motorräder, gar Traktoren und andere nützliche Utensilien, die in allen Zeiten einen hohen Stellenwert besitzen. Auch staunten die Amerikaner, dass überhaupt noch produziert wurde: Haben denn unsere Bomber nichts ausgerichtet? Gewiss, Trümmerfelder überall, aber von einer Demoralisierung der arbeitenden Bevölkerung, Hauptziel doch der Tag- und Nachtbombardierungen, war nichts zu spüren. Auch hungerte die Bevölkerung nicht. Churchill, der sich das Schauspiel des britischen Rheinübergangs nicht entgehen lassen wollte, konnte nicht glauben, dass das deutsche Volk nicht darnieder lag. Diese Erkenntnis schließlich bestärkte ihn in der Auffassung, dass mit ihnen, diesen zähen und anpassungsfähigen Deutschen, so schnell wie möglich Frieden geschlossen werden müsste.

Südlich Köln bis in den Raum Stuttgart begannen amerikanische Armeen tief in Deutschland einzudringen. Die Bevölkerung dieser Gegenden zeigte nur vereinzelt weiße Tücher, weil eigene Truppen kaum noch vorhanden waren und sie zu Recht glaubte, dass die Amerikaner wüssten, dass kein Widerstand mehr stattfinden würde. Am Vorgehen der Alliierten erkannte die Bevölkerung bereits die Struktur der späteren Besatzungszonen: Die Franzosen besetzten das Dreieck Mülhausen-Mannheim-Lindau, die Amerikaner stießen östlich an ihnen vorbei nach Süddeutschland vor. Warum sie es gemächlich taten? Nun, das war hier schon eine Entscheidung der hohen Politik, über die wir noch berichten werden.

„Die Bevölkerung des Maingebiets tat", berichtete ein amerikanischer Reporter, „besonders in den ländlichen Gegenden, als ginge sie unser Einmarsch nichts an. Die Leute arbeiteten in den Weinbergen, auf den Äckern und in ihren großen, hübschen Gärten und war nur besorgt, dass wir mit unseren Panzern, Lastwagen, Kanonen und Jeeps nicht ihre Fluren, Wege und Straßen kaputt fuhren. Wenn wir Picknick und Informationspausen machten, kamen Kinder und Jugendliche herbei, bestaunten die Geräte, und die älteren unter ihnen, die wohl Gymnasien besuchten, begannen einen Schwatz in Englisch. Ich glaube, diese

Menschen begriffen alle noch nicht, dass sie einen von ihnen angezettelten Krieg verloren hatten, der, wenn er beendet war, würde bezahlt werden müssen. In Städten wie Ulm, Heilbronn und Pforzheim war die Bevölkerung dreigespalten: Ein Drittel begrüßte uns mäßig begeistert, ein anderes schweigend bis grollend, das letzte äußerst fraternisierungsbedürftig. Unter diesen befand sich jener in jeder Gesellschaft sich verbergende Anteil von Denunzianten, die instinktiv Bescheid wissen, wann umzuschwenken ist. Vor ein paar Monaten noch schwärzten sie Nazigegner an, jetzt glaubten sie sich einschmeicheln zu müssen, indem sie ehemalige Nazis anzeigten."

Ein amerikanischer Offizier deutscher Abstammung führte Tests durch:

„Eine Zeitlang fragte ich jeden Deutschen, ob er Mitglied der Partei und aktiver Nazi gewesen sei, fand aber bei hundert Befragten nur einen, der derartiges mit dem Einwand zugab, nicht an Verbrechen beteiligt gewesen zu sein. Nach meinen darauf beruhenden Berechnungen kann die NSDAP kaum tausend Mitglieder gehabt haben."

Hitlerbilder? In den Wohnungen, Klassenräumen, Firmen und Dienstzimmern? Keine mehr vorhanden! Sie hatten sich rechtzeitig „in Luft aufgelöst", indem sie verheizt wurden. Stadtväter waren natürlich ums Wohl ihrer Kommunen besorgt und boten auf breiter Basis Zusammenarbeit an. Der Korrespondent einer amerikanischen Zeitung berichtet:

„Ich möchte keinesfalls den Deutschen das Wort reden, aber die Ungeheuer, als die sie uns daheim geschildert wurden, können sie nicht sein. Ich bin zwar der Meinung, dass jedem Menschen in Notlagen Lügen leichter über die Lippen gehen als in normalen Zeiten, aber gewisse Kreise unserer Regierung sollten doch etwas zurückhaltender mit ihnen umgehen und bei jedem Krieg auch an die Zeit danach denken."

Nördlich des Ruhrgebiets stießen Briten und Kanadier gegen Holland und Nordwestdeutschland vor. Auch hier ziemlich gemächlich, während die wenigen Truppen der Wehrmacht sich zurückzogen oder gefangen gaben. Oberleutnant Bernd Niggemann näherte sich während des Rückzuges seiner emsländischen Heimat und mochte doch seine Kameraden nicht verlassen:

„Wir überlegten alle: gefangen nehmen lassen oder nach Hause gehen? Aber niemand mochte desertieren, keiner wusste, was noch kommen konnte, was unsere Führung vorhatte – auf keinen Fall aber wollten wir uns noch in Orts- und Häuserkämpfe einlassen.“

Ihnen allen, diesen langjährigen Überlebenden eines langen Krieges, waren inzwischen die Augen übergegangen:

„Diese properen, wohlgenährten und gelassenen Soldaten, die in unser Land kamen, ihre Massen von Panzern, Geschützen und Gerät, ihre Lebensmittel – wie konnte Adolf Hitler sie herausfordern zu kommen, um gegen uns zu kämpfen?“

Mehr oder weniger versehentlich machten die Deutschen noch Gefangene. Zum Beispiel wenn alliierte Soldaten allzu leichtsinnig vorgingen und auf ein Gehöft spazierten, in dem noch Feinde lagen.

„Hands up!“

Sie taten’s natürlich prompt, hatte Mutter zu Hause ihnen doch ans Herz gelegt, nicht zu fallen. Ein deutscher Offizier fragte seinen kanadischen Kollegen, wen er an Deutschen kenne.

„Marschall Erwin Rommel und Lilly Marleen.“

„Warum fuhren Sie Krieg gegen Deutschland?“

„Unsere Regierung hat’s angeordnet.“

Na, das war doch nicht anders als in Deutschland.

„Was würden Sie am liebsten aus Deutschland mitnehmen, als Andenken sozusagen?“

„Ein blondhaariges und blauäugiges Mädchen...“

Na, wenn das nicht Rassismus war!

„...meine Mutter hat gesagt, ich dürfe nicht ohne zurück kommen.“

Zur Zeit der Moskauer Konferenz, die nun stattfand und über die wir berichten werden, zog sich die Westfront in einer fast geraden Linie von Groningen, Osnabrück, Fulda, Augsburg und westlich München bis Tirol. In Italien warteten die britische 8. und die amerikanische 5. Armee auf besseres Wetter und das Ablaufen des Pohochwassers, um nach Norden gegen die Alpen gehen zu können. Dort, in der Gegend von Comer und Gardasee, vermutete man Benito Mussolini, Exfreund Hitlers, Halter einer treuen Geliebten und Inhaber einer Republik, deren Ende kurz bevorstand. Auf ihn hatte man kein Attentat unternommen, seine Landsleute, die ihn noch gestern als Imperator bejubelt hatten, neigten mehr zu spontanen Taten wie Lynchjustiz und dergleichen – so wie im alten Rom es immer gute Tradition gewesen war.

Die Moskauer Konferenz

Diese Konferenz, die eigentlich „die Londoner" hätte heißen sollen, fand vom 15. bis 20. März 1945 statt. Stalin hatte darauf bestanden, mit seinem Außenminister in stetem Kontakt bleiben zu müssen, und so einigte man sich auf Moskau. In Tresckows Generalstab kam der Gedanke auf, „ein paar R 3 hinüberzuschicken", um sich gehörig in Erinnerung zu bringen und Stalin klarzumachen, wer an der Ostfront das Sagen hatte. Doch sparte man sich erst einmal diese Raketen für Kiew auf, das, wie der Nachrichtendienst meldete, „voller Waffen, Material und Rotarmisten stecke", die für einen Angriff an der russischen Südfront bereitgestellt würden.

Eden und Stettinius waren sich nach Absprache mit ihren Regierungen vollkommen einig, dass ein deutscher Waffenstillstand dann bis spätestens Anfang Mai durchgepaukt werden müsse, auch gegen alle Einwände Stalins. Ihre Generalstäbe hatten die Lage gründlich erörtert und waren zum Ergebnis gekommen, das deutsche Angebot fördere den Krieg gegen Japan, den man dann mit aufgefrischten Kräften verstärkt führen könne. Stettinius, der von Roosevelts Russophobie angesichts eines baldigen Regierungswechsels nichts mehr hören wollte, eröffnete die Konferenz sogleich offensiv:

„Russland hat uns seine Kontaktaufnahme der Deutschen über Graf Bernadotte verschwiegen."

Molotow war ganz sibirischer Eisklotz und mit Misstrauen geladen wie eine Stalinorgel mit Raketen. Er hatte Stalin von der Konferenz abgeraten und vorgeschlagen, stattdessen „mit allen Kräften und ohne Rücksicht auf Mann und Maus über die deutsche Front herzufallen" und nicht eher als in Berlin halt zu machen:

„Sie haben hinten nichts mehr und wenn sie erst einmal rennen und laufen..."

Stalin schloss nicht aus, eines Tages ein solches Abenteuer eingehen zu müssen, aber wenn die Deutschen Waffenstillstand vorschlügen, könne man nicht ohne Anhörung ablehnen.

„Sehen Sie zu", befahl er, „dass diese Konferenz hier bei uns in Moskau stattfindet!"

„Eine Kontaktaufnahme mit den Deutschen", antwortete Molotow jetzt, „stand für uns nie zur Diskussion, wir haben ihre Anfrage gar nicht beantwortet. – Wir sind überhaupt dagegen, dass man hier sitzt und schwätzt."

Sein Ton klang bereits verdächtig nach kaltem Krieg.

„Wir sitzen hier Ihretwegen", sagte Eden kühl.

„Ja", bestätigte Stettinius, „denn wir haben bald unseren Beitrag zum Krieg geleistet."

Molotows anfangs zur Schau gestelltes eiskaltes Gehabe hatte den Nachteil, dass er nun nicht noch mehr erbleichen konnte.

„Unsere Truppen", fuhr Eden fort, „stehen jetzt schon in der Mitte Westdeutschlands und können in einer Woche in Berlin und Zossen sein."

„Und an Polens Westgrenze werden sie halt machen", ergänzte Stettinius.

Molotow wand sich und sprach von Verletzungen des Jaltaer Abkommens und dergleichen Ausflüchte mehr, schien tatsächlich aus seinem Konzept gebracht zu sein, so dass Eden beschloss, aufs Ganze zu gehen:

„Wir sind nicht gekommen, Herr Außenminister, um für uns oder für die Deutschen Vorteile herauszuholen, sondern klipp und klar (clear as daylight) um den Krieg so schnell wie möglich (as soon as possible) zu beenden."

„Unser Generalstab hat errechnet", log Stettinius ein wenig, „dass die Rote Armee bei einer Fortführung der Kämpfe bis zur Eroberung Berlins zwei Millionen Mann an Soldaten verlieren wird."

„Und währenddessen hocken unsere Soldaten", orakelte Eden, „an der Elbe und vergnügen sich mit Daumen drehen (twiddle one's thumbs)".

Molotow fühlte sich unter Druck gesetzt wie noch nie in seiner politischen Laufbahn, konnte aber das Handfeste und Richtige dieser Ausführungen nicht bestreiten. Dann kauten die Außenminister die vier deutschen Punkte durch, und wie vermutet sagte Molotow spontan zu Punkt 4.):

„Das macht der Generalissimus niemals."

„Reden Sie mit ihm darüber", antwortete Eden, „man muss auch als Chef mal über eigene Schatten springen können."

Damit vertagte man sich.

Nie ist geklärt worden, wie die deutsche Regierung während dieser doch sehr bedeutsamen Konferenz an Informationen aus erster oder zweiter Hand gekommen ist. Wo steckten die Verräter? Wie war es möglich, dass aus einem perfekten Überwachungsstaat wie der Sowjetunion solche wichtigen Nachrichten sickerten? Jedenfalls wussten die Deutschen Stunden später Bescheid und sie konnten durchschauen, wer sich gegen sie schoss oder in ihrem Sinn verfuhr:

„Natürlich Molotow, der alte Quertreiber!"

Da war nun doch eine wenig Nachhilfe angebracht, befand das Triumvirat. Während also Stalin mit seinem Außenminister und düsteren Blicks über den bekannten Punkt 4.) grübelte, zogen die Deutschen ihre verfügbaren R 3 gegenüber der 1. Ukrainischen Front zusammen und machten sich an die Errechnung ihrer notwendigen Kurse. Feldmarschall Weichs gab Meldungen von Überläufern herein, dass ein Angriff auf die Karpathen und Rumänien bevorstehe, um dieses Land für einen Abfall von Deutschland bereit zu machen.

„Stalin wünscht", meldete auch Gehlen, „Rumänien gewaltsam zu befreien, um es später leichter einsacken zu können."

Am zweiten Beratungstag platzte Molotow förmlich vor Mitteilungswut:

„Wenn wir den Wlassow nicht kriegen, brauchen wir nicht weiter zu verhandeln."

„Meinen Sie den General allein oder seine gesamte Armee?", fragte Eden.

Molotow wand sich wie gestern sein Meister, als die beiden sich durchrangen.

„Der General genügt uns", antwortete er, „mögen seine Soldaten hingehen wohin sie wollen. Mit solchen Verrätern will unser Land nichts zu tun haben."

Das war schon einmal ein Fortschritt. Die Realität war doch, dass Stalin sich diesen Renegaten schnappen würde, in welchen Winkel der Erde sich dieser auch verkröche – man kannte ja das noch gar nicht alte Schicksal Trotzkis. Außerdem: Besser 200.000 Menschen gerettet und einer verloren als 200.001 dem Untergang preisgeben. Die beiden westlichen Außenminister mochten sich mit solchen Spitzfindigkeiten nicht abgeben, also war's abgemacht. Kurz bevor das nächste Thema behandelt werden sollte, kam eine Ordonnanz herein und überreichte Molotow eine Nachricht. Sein Gesicht verwandelte sich beim Lesen in eine Totenmaske, er schien nach Luft ringen zu müssen, fasste an seine Herzgegend und entschuldigte sein „Fortgehenmüssen" mit höherer Gewalt – Meister Stalin zitierte ihn her! Was war geschehen?

Eisenbahner Maxim Jurew verrät es uns.

„In der Morgendämmerung machte ich mich auf den Weg zur Arbeit am Bahnhof, um rangieren und fahren zu helfen, als etwas in der Luft rauschte wie tausend Habichte. Dann gab es Knall und Blitz und eine versengende Hitzewelle kam mir aus der Unterführung entgegen gestürmt und warf mich auf die Treppe zurück. Instinktiv rannte ich diese wieder hinauf, gerade rechtzeitig, ehe mich die Feuerlohe erwischte und verbrannte. Die Treppe schwappte sie nicht mehr hoch, aber eine Atem stockende Hitze schoss nach oben auf den Bahnhofsplatz herüber. Jenseits des Gebäudes, dort wo ich hätte hinmüssen, sah ich Güterzüge in Flammen gehüllt und wusste sofort, was kommen würde: Sie waren übervoll geladen mit Munition, Raketen, Bomben, Granaten und Treibstoff, fünf Züge nebeneinander, und sie würden jeden Augenblick explodieren. Neben ihnen parkten Truppentransporter, die ganze Divisionen geladen hatten..."

Kiew, die ukrainische Metropole, war Leidensstadt dieses Krieges, durch Hin- und Hereroberungen stark mitgenommen, und ihre Bevölkerung, dem Stalinismus durchaus abgeneigt, durfte mit Recht annehmen, der weiteren Vernichtung durch die Rückeroberung der Roten Armee am 6. November 1943 endgültig entkommen zu sein. Nun dieser 17. März 1945! Der ersten deutschen R-3-Rakete, die prompt das Hauptziel Bahnhof traf, folgten bis 11 Uhr weitere vierzehn, die im Stadtgebiet verstreut einschlugen und riesige, sich vereinigende Brandherde entfachten. In einer Kaserne verbrannte ein komplettes Regiment der Roten Armee, bereit zum Abgang an die Front. Ein am westlichen Stadtrand errichtetes Depot mit wichtigen Ersatzteilen von Panzern und Hunderten frisch aus Persien eingetroffenen Jeeps, Lastwagen und Flugzeugteilen verbrannte zusammen mit über hundert Mann Personal und Bedienungen aus Amerika. In Panik begannen Zivilisten aus der Stadt zu fliehen und legten damit Fabriken und Werkstätten lahm, gefolgt von Rotarmisten, die sich auch nicht von um sich schießenden Kommissaren aufhalten ließen. Schlimmer noch:

„Nieder mit dem Krieg! Frieden mit Deutschland!“

Hatten russische Soldaten so nicht auch 1917 gebrüllt? Als sie ihre Opferungen endgültig satt hatten!

„Rebellion in der UdSSR?“

Diese Möglichkeit, nicht der Raketenangriff an sich, hatte Molotows Gesicht zur Maske werden lassen. Als er bei Stalin eintrat, hielt das vor Minuten begonnene Schweigen der Anwesenden noch eine Weile an, bis Wyschinskij sagte:

„Dann ist’s wohl an der Zeit, den Krieg zu beenden.“

Die Marschälle Schukow, Konjew und Rokossowskij stimmten zu, was für sie einen gewaltigen persönlichen Verzicht bedeutete: Träumten sie doch alle drei, getrennt und individuell, nach dem Motto „Wer ist zuerst da?“ von einem Wettlauf nach Berlin. Es lag nun am Herrn und Meister, zu entscheiden. Doch Stalin brütete finster vor sich hin, sein Misstrauen verhinderte heute die Entscheidung: Weil er sich nicht von dem Verdacht freimachen konnte, dass die Alliierten und Deutschen ihm eine riesige Falle stellten. Stalin beauftragte Molotow, das Hauptaugenmerk der kommenden Verhandlungen von Deutschland weg auf die Absprachen von Jalta zu lenken.

„Uns sollte weniger das Schicksal Deutschlands interessieren“, sagte er, „denn ich glaube nicht, dass wir es jemals kommunistisch machen können. Aber mit unseren näheren Nachbarn Polen, Ungarn, Bulgarien und Rumänien sieht das anders aus, konzentrieren wir uns auf diese und lassen Sie uns weiter auf Jugoslawien, die Tschechoslowakei und Griechenland greifen. Ihre Unterwanderung ist Ihre Aufgabe, Wyschinskij!“

Alles nickte artig mit den Köpfen – es war wichtig, den Diktator bei guter Laune zu halten. Dann bekam Molotow den Auftrag, als Kompensation zu russischen Zugeständnissen Thüringen der russischen Zone einverleiben zu lassen.

„Dort“, sagte Stalin geheimnisvoll, „haben die Deutschen unterirdische Rüstungsanlagen gebaut, diese dürfen die Amis auf gar keinen Fall bekommen.“

Molotow lud seine Kollegen zum Essen ein und berichtete ihnen vom deutschen Bombardement Kiews, verschwieg jedoch die Reaktionen von Bevölkerung und Soldaten. Er war freundlicher als jeder sibirische Bär und machte Andeutungen auf ein baldiges Ende des Krieges.

„Sie haben recht“, stimmte er zu, „wir sollten Menschenleben schonen, es hat wahrhaft genug Tote gegeben.“

„Je weniger zerstört wird“, sagte Eden altklug, „desto besser klappt der Wiederaufbau.“

„Und denken wir an den Welthandel“, belehrte Stettinius, „kaputte, am Boden liegende Staaten können jahrelang nichts kaufen.“

Nach dem Essen flogen die Außenminister nach Kiew, um die Zerstörungen aus der Luft zu beobachten. Über der Stadt stand eine träge Rauchwolke schwarzer Färbung, unten brodelten noch immer Brände, die nicht gelöscht werden konnten, weil alle Feuerwehren von später einschlagenden Raketen vernichtet worden waren. Die Thesen des Professor Lindemann, der für britische Bomberflotten die effektivsten Methoden von Bombardierungen ausgetüftelt hatte, schlugen nun auf Großbritanniens Bundesgenossen zurück:

„Man stecke erst die Städte in Brand, warte ein wenig, bis die Menschen aus den Kellern und die Feuerwehren zu Einsatz kommen, und werfe dann Sprengbomben unter sie.“

Hätte der Bombenkrieg gegen Deutschland noch ein halbes Jahr oder länger gedauert, wäre diese Vorstellung Lindemanns gewiss weiter perfektioniert worden. Bitter dachten die beiden westlichen Außenminister an den verlustreichen Aufwand, den sie zur Erzielung gleicher Zwecke wie hier unten getrieben hatten. Stettinius dachte aber weiter: nämlich dass die USA unbedingt diese deutschen Raketen besitzen müssten...

Am 18. März berichtete Molotow, dass Stalin sich noch nicht definitiv entschieden habe. Er berührte ein anderes Thema:

„Haben Ihre Truppen beim raschen Vormarsch durch Deutschland Konzentrationslager gefunden?“

Stettinius und Eden verneinten.

„Sie werden noch welche finden“, sagte Molotow, „wenn die Deutschen sie nicht vorsichtshalber aufgelöst haben. Unsere Truppen haben diesen Sommer eines erreicht, Treblinka in Polen, wo die Deutschen schon mit der Räumung begonnen hatten, aber nicht fertig geworden waren. Riesige Massengräber zeugen von gewaltigen Menschenvernichtungen, nicht nur Menschenhaltungen, dort müssen Hunderttausende ermordet worden sein.“

Stettinius und Eden waren zwar etwas skeptisch, denn der Begriff „Lager“ hat auch in der russischen Sprache unheilvollen Klang, aber sie wussten natürlich, dass etwas dran war und sie versprachen, das Thema bei General Eisenhower anzuschneiden.

„Haben Sie schon Kriegsverbrecher gefangen?“, wollte Molotow wissen.

„Nur kleine und mittlere Fische, Gauleiter, pensionierte Generale, alte Parteigenossen“, antwortete Stettinius.

„Wenn wir weiter nach Süd- und Ostdeutschland und nach Österreich vorstoßen“, sagte Eden, „werden wir wohl einige von ihnen packen.“

Am 19. erging sich Molotow nach bewährter Art russischer Verhandlungsführung in Kleinigkeiten, als stünde man am Anfang der Konferenz.

„Ehe wir der Aufnahme von Verhandlungen mit den Deutschen zustimmen, müssen wir noch einmal konkret über die Nachkriegsregelungen sprechen.“

Er nannte Stalins Wunsch auf Thüringen als Teil der sowjetischen Besatzungszone – Stettinius stimmte unter Vorbehalt der Genehmigung seiner Regierung zu.

„Auch muss“, schob Molotow nach, „die Grenzziehung bei Stettin so gelegt werden, dass Polen diese Hafenstadt übereignet bekommt.“

Genehmigt.

„Wir sind nicht daran interessiert, dass das Rote Kreuz die Aussiedlung der Deutschen beobachtet und kontrolliert.“

Abgelehnt.

„Kärnten sollte von Österreich getrennt und Jugoslawien zugeschlagen werden.“

Abgelehnt.

„Wir schlagen vor, auch Österreich zu besetzen und in Zonen aufzuteilen. Schließlich kommen einige Nazigrößen aus diesem Land.“

Genehmigt. Molotows „Salami-Taktik“ ging weiter.

„Von der deutschen Flotte, die jetzt in der Ostsee operiert, wünschen wir die dicksten Schiffe zu übernehmen.“

„Die Prinz Eugen kriegen wir“, sagte Eden, „sie hat uns zusammen mit der Bismarck ordentlich genarrt.“

Stettinius war uninteressiert, so dass Tirpitz und die Schweren Kreuzer außer Prinz Eugen hiermit den Russen zugeschlagen waren. Sie konnten, vorab gesagt, nicht viel mit ihnen anfangen, denn die Zeit der „Dicken Pötte“ war abgelaufen. Am letzten Tag der Konferenz gab es kaum noch etwas zu verhandeln. Nach Aufsetzung des Abschlusskommuniques gesellte sich Stalin zu den Außenministern, tat jovial und bat um Verständnis, noch nicht entscheiden zu können, ob Russland einem Waffenstillstand zustimmen werde oder nicht.

„Bestellen Sie dem Präsidenten meine Grüße und Wünsche zur Genesung“, sagte er zu Stettinius.

Von Churchill war keine Rede – Stalin spürte, wo künftige Antipathien liegen würden.

Schon am 21. wussten die Deutschen, dass dic Konferenz keine handfesten Beschlüsse und Verabredungen erbracht hatte. Wieder stand ein Bombardement Moskaus zur Diskussion, „sollte der rote Zar noch immer nichts begriffen haben“, aber man fürchtete doch, den Bogen zu überspannen. Die Offensive der Roten Armee im Südraum fand nicht statt, und damit kehrte an der Ostfront mit Ausgang des Winters Ruhe ein. Andreij Wlassow hörte das Unheil schon in den Ohren klingeln, dass es in Moskau auch um ihn persönlich und seine Soldaten gegangen war. Er bat um Audienz und wollte mehr wissen, aber das Triumvirat zögerte, ihn sein Schicksal zu offenbaren.

Augen öffnen sich

Je tiefer die Westalliierten in Deutschland eindrangen und gleichzeitig die Russen im eigenen Land stehen blieben, desto verwunderlicher schaute die Welt drein. Was hatten die Deutschen vor? Nur langsam dämmerte es allen Beteiligten, dass die neue Regierung von Anfang an nicht vorgehabt hatte, Hitlers heiß erstrebtem Endsieg zuzusteuern. Damit begannen in den betroffenen Gebieten die Gespenster heimlicher und unheimlicher Gerüchte umzugehen, zum Beispiel in Ostpreußen und Schlesien.

Maria Schnatmann wohnte in Danzig und pflegte angenehmen Verkehr mit heimgekommenen Polen, die 1939 vor den Deutschen geflüchtet waren.

„Einer sagte mir hinter hohler Hand“, berichtet sie, „dass ich gut tate, schon jetzt meine Zelte hier abzubrechen, alle Klamotten einzupacken und ins Reich abzuziehen, ehe es zu spät zu einer ordentlichen Ausreise sei. Als ich verwundert tat meinte er, genau zu wissen, dass der größte Teil Ostpreußens, das gesamte Westpreußen, Schlesien und Teile Ostdeutschlands bis zur Oder hin nach dem Krieg an Polen fallen würden. Ich entgegnete, dass doch ein neuer fairer Vertrag mit Polen bestünde. Der sei dann ungültig, hieß es, denn die Russen werden bestimmen, wo’s lang geht. Nach einer Weile fügte dieser Kenner der Lage hinzu, dass alle Deutschen bis spätestens 1948 ausgetrieben würden. Da mich nichts mehr hielt und ich Verwandte in Westdeutschland besaß, bin ich bei guten Wetter noch im April abgezogen.“

Bei dem vielen Hinter-der-Hand-Reden konnte es nicht ausbleiben, dass überall mitgehört wurde und sich Unruhe auszubreiten begann. Doch die Russen waren noch weit, die Polen freundlich bis normal gesonnen und wer war schon willens und in der Lage, „auf Gerüchte hin einfach abzuhauen“?

Die so genannten Verbündeten Deutschlands begannen nun ebenfalls über ihr Schicksal klarzusehen. Ungarns Admiral Horthy beschwerte sich, vom Triumvirat in falsche Hoffnungen gewiegt worden zu sein.

„Wir haben nie behauptet“, entgegnete ihm Stauffenberg, „den Krieg noch gewinnen zu können. Und Sie haben, Admiral, nichts verloren, denn wie die Dinge wohl liegen werden, wird Ihrem Land eine gewaltsame Eroberung erspart bleiben.“

„Die Sowjets werden Ungarn kommunistisch machen.“

„Gewiss, aber es wird überleben.“

Rumäniens Marschall Antonescu tutete auch in dieses Horn, als ob er einen Krieg gegen Russland nie begrüßt hätte:

„Deutschland hat uns ins Verderben gelockt.“

„Adolf Hitler war Ihnen sehr sympathisch“, konterte Stauffenberg, „und als es etwas zu erobern galt, war Rumänien mit von der Partie. Nun muss die Suppe ausgelöffelt werden.“

Die Finnen unter Marschall Mannerheim machten im März ihren Frieden mit dem übermächtigen Nachbarn und verloren ihr geliebtes Karelien. Die deutschen Truppen begannen sofort, sich aus Finnland zurückzuziehen. Große Bestürzung herrschte in deutschfreundlichen und antisowjetischen Kreisen der baltischen Staaten. Einen sehr grob daherredenden Beschwerdeführer Lettlands fertigte Stauffenberg mit dem Bemerken ab, „Letten sind treue SS-Leute gewesen und haben 1941 und 1942 aktiv an Judenverfolgungen teilgenommen“.

„Jetzt kehrt die Rache ein“, fügte er hinzu, „wie man es verdient hat.“

Polen war jetzt dreigeteilt: in deutschfreundliche, nationalpolnische und sowjetfreundliche Kreise. Die ersten wünschten die

Grenzen der Vorkriegszeit, die zweiten im Osten die Grenzen der Vorkriegszeit, im Westen die jetzt ins Auge gefasste Grenze an Oder und Neiße, und die dritte Gruppe natürlich die von Stalin geforderten Grenzen. Diese erwartete sehnsuchtsvoll den Einmarsch der Roten Armee in Polen, denn ihre Repräsentanten waren im Kreml geschult worden und sollten eine willige Regierung bilden. Optimisten hofften, die Rote Armee werde rücksichtsvoll sein und ihren Einmarsch nach Deutschland über Ostpreußen und Schlesien bewerkstelligen.

Da gab's doch noch die von uns schon erwähnte so genannte „Gruppe Ulbricht"! Wo steckte sie? Noch in Moskau, doch auf gepackten Koffern sehnlichst schmachtend und nach Westen stierend. Ihre Sorge: Würde es überhaupt eine „sowjetische Zone" geben, wenn die Westalliierten bis zur Oder vorrückten. Was war in Stalin gefahren, dass er zögerte, in einem gewaltigen Feldzug nach Berlin zu gehen?

Es gab ebenfalls noch Andreij Wlassow. Er sah all seine Träume von einem befreiten Russland davonfliegen, murrte aber nicht und machte nur Vorwürfe, man hätte sich die Aufstellung seiner Armee ersparen können:

„Jetzt sind meine Soldaten dem Tod oder einem tödlichen Lagerleben geweiht."

„Nein, nein", beruhigte ihn Manstein, „eine unserer Kapitulationsbedingungen ist, dass Ihre Männer von den Westalliierten nicht an Stalin ausgeliefert werden, dass sie selbst entscheiden dürfen, wohin sie nach der Waffenstreckung gehen wollen."

„Und das wird Stalin mitmachen?", fragte Wlassow ungläubig.

„Es sieht so aus – mit einem Haken allerdings, einer Ausnahme."

„Und die wäre?"

„Sie selbst, General, Ihre Person."

Guderian erklärte Stalins Bedingung „Wlassow oder nichts" und sagte ergänzend:

„Wir fühlten uns verpflichtet, darauf einzugehen."

Wlassow schwieg. Kein Klagen, Jammern, Entsetzen – ein Mann war bereit, aus der Geschichte abzutreten:

„Ich danke Ihnen und dem neuen Deutschland. Auch Ihr Schicksal wir hart und entbehrungsreich sein – alles Gute!“

Drei Händedrucke, kein „Auf Wiedersehen“...

Der erste Kriegsverbrecherprozess

Im neuen Justizministerium kam man auf die Idee, „es sei dem Ansehen Deutschlands dienlich“, (Amtsdeutsch), wenn man an einigen der bekannt gewordenen Judenmörder, die schon in Haft saßen, noch vor einer Kapitulation einen Prozess durchführe. Debattiert und genehmigt!

Stellvertretend für andere Mörderkollegen sollte es zwei Männern an den Kragen gehen, die sich in Russland, - nach Ansicht Hitlers und Himmlers -, bewährt und „besonders ausgezeichnet“ hatten: Odilo Globocnik und Otto Ohlendorf, ehemalige Einsatzleiter im besetzten Russland.

„Wir haben auf Befehl gehandelt“, sagte Globocnik.

„In jedem Krieg herrscht Befehlsnotstand“, sagte Ohlendorf.

„Wir konnten uns nicht weigern, ohne unser Leben zu gefährden“, sagten beide.

Das war richtig und falsch zugleich. Das Triumvirat hatte ermitteln lassen, was mit Leuten geschah, die sich weigerten, an den Erschießungen in Polen, dem Baltikum und in Russland teilzunehmen.

„Niemand wurde deswegen erschossen oder ins KZ gesteckt“, sagte Zeuge Ernst Kaltenbrunner, „aber...“

„Aber?“

„...seine Karriere in Partei oder SS war natürlich dahin und er musste damit rechnen, als gewöhnlicher Soldat an die Front versetzt zu werden.“

„Also keine direkte Bestrafung?“

„Keine, gar keine, es sei denn, der Betreffende machte Bemerkungen gegen das Regime.“

Hier nur ein paar wenige Fragen und Antworten aus dem ersten Prozess.

„Angeklagter Ohlendorf, wer gab Ihnen und Ihren Männern die entsprechenden Befehle?“

„Ich habe sie stets vom Reichsführer-SS persönlich erhalten.“

„Mündlich oder schriftlich?“

„Immer nur mündlich.“

„Und woher hatte sie Himmler?“

„Vom Führer persönlich und mündlich.“

„Angeklagter Globocnik, war Ihnen das Unmenschliche Ihrer Handlungen nicht bewusst?“

„War es. Doch auch das Notwendige. Der Führer hatte erkannt, dass die Juden Deutschlands Verderben sind.“

Hier der Tathergang, wie er aktenkundig war. Als die Deutschen 1941 in Russland einfielen, betraten sie ein von zahlreichen Juden dicht besiedeltes Gebiet. Das Reichssicherheitshauptamt schätzte ihre Anzahl in Ostpolen, Bessarabien, in der Nordbukowina und in den baltischen Staaten auf fünf Millionen. Sie waren in ihrer langen Geschichte Pogrome gewohnt und lebten mit ihnen. Sie waren ganz nach Hitlers krudem Geschmack, konnte er ihnen doch auch die Durchsetzung des Bolschewismus bescheinigen und die Bedrohung des Nationalsozialismus anlasten. Wenn er sie einmal persönlich besucht und dabei gesehen hätte, wie ärmlich und abseits sie sich durchs Leben wurschtelten – vielleicht wäre er von seinem Judentick kuriert worden! Aber er ließ nun einmal diese so genannten Einsatzgruppen, nummeriert von A bis C, aufstellen mit dem Auftrag, alle Juden der besetzten Gebiete auszurotten. Die Gruppe A meldete bereits zum 15. Oktober 1941 118.430 exekutierte Juden. An zwei Tagen, am 29. und 30. September, erschoss die Gruppe C bei Kiew 33.771 Juden. Am 29. November wurden bei Riga 15.000 Juden in einem Wald erschossen, am 8. Dezember weitere 12.000. Diese Daten sind nur ein paar Auszüge aus den der Anklage vorliegenden Akten. Ein Zeuge beschrieb:

„...das lettische Todesbataillon kam ins Ghetto und trieb uns mit Peitschenhieben ins Freie. Gehbehinderte wurden sofort erschossen, Kleinkinder warfen die Männer aus den Fenstern auf die Straße. Nachdem wir dort angetreten waren, gingen noch ein paar Häscher ins Haus um nachzusehen, ob sie wer versteckt hatte. Knallten dann Schüsse, hatten sie welche in Kellern und Dachböden gefunden."

„Wie ging's weiter?"

„Wir standen die ganze Nacht auf der Straße, wer schlapp machte wurde erschossen. Überall lagen Leichen herum, der Schnee war gerötet. Erst am anderen Morgen setzte sich der Zug in Bewegung, nachden die ganze Nacht durch Schüsse krachten und die Luft von Schreien erfüllt war. Ich konnte im Morgengrauen in einem unbewachten Augenblick entkommen..."

„Angeklagte, können Sie sagen, dass es so oder ähnlich abgelaufen ist?"

Sie konnten es und wurden zum Tod verurteilt.

Das Triumvirat beriet mit dem Generalstab und Rommel:

„Sollen die Urteile vollstreckt werden oder nicht?"

„Wäre es sinnvoll, die Angeklagten einem alliierten Gericht zu überlassen?"

„Bis zu Ende des Krieges können wir unmöglich alle Schuldigen aburteilen."

Man beschloss, die Vollstreckungen bis zum Ende des Krieges auszusetzen. Gleichzeitig beauftragte man Alfred Jodl mit weiteren Ermittlungen in Sachen „Verbrechen gegen die Menschlichkeit". Rommel war derjenige hohe General, der von den Judenverfolgungen am wenigsten wusste.

„Wie gut", bemerkte er, „dass wir in Afrika nichts davon hörten. Ich weiß nicht, ob ich's Hitler nicht ins Gesicht geschrieen hätte."

Je tiefer man in den braunen Sumpf tauchte, desto mulmiger wurde es allen:

„Wehe uns, wenn die Alliierten sich zu unseren Richtern machen!“

Verzögerungen

Bis zum 1. April hatte Molotow seinen westlichen Kollegen keine Nachricht über die Fortführung von Gesprächen gegeben. Der deutsche Nachrichtendienst fing das Gerücht auf, Stalin wolle mit den Deutschen separat verhandeln, um deren Patente und Erfindungen in die Hand zu bekommen. Doch auch von dieser Seite kam nichts herüber, so dass das Triumvirat nicht in Versuchung geführt wurde. In dieser Zeit begann die alliierte Offensive in Oberitalien. Wie schon beim Rhein nutzten die Alliierten, bestehend aus Amerikanern, Engländern, Neuseeländern und Polen, ihr Potential in großzügiger Weise aus, um einen Gegner zu schlagen, der schon geschlagen war und sich gegen das Gebirge zurückzog. Kesselring besaß aber Vollmacht, eine Teilkapitulation einzuleiten, aber noch wollten die Alliierten nichts davon wissen. So hatte er nichts anderes zu tun, seine Soldaten vor italienischen Partisanen zu schützen und nach Süddeutschland hin in Sicherheit zu bringen. Benito Mussolini und seiner Geliebten ereilte das unabwendbare Schicksal am 28. April: Beim Versuch, über die Schweizer Grenze zu entkommen, erwischten ihn Partisanen, erschossen ihn und Clara Petacci und hingen sie kopfunter in einer Mailänder Tankstelle zur Schau aus. Einen Prozess gegen ihn wollten diese tapferen Italiener wohl vermeiden.

Am 12. April erreichten die Amerikaner die Elbe, die Engländer stießen weiter nach Norddeutschland vor, am 26. April standen die Franzosen in Österreich, und Ende April teilte eine durchgehende alliierte Front das Reich in zwei Teile: Sie reichte von Wismar an der Ostsee über östlich Magdeburg nach Torgau und Pilsen, Budweis und Linz und von dort zum Endpunkt in Triest. Damit war auch der westliche Teil der Tschechoslowakei besetzt. Mit anderen, nichtmilitärischen Worten: Den Deutschen begannen nun doch die sorgfältig gepflegten Felle wegzuschwimmen. Doch Stalin starrte missvergnügt auf den westalliierten Vormarsch, und das war wohl der Grund, dass eine neue Aufforderung zu Verhandlungen über einen Waffenstillstand nun doch erging.

Etwas, das Adolf Hitler, der ja vor dem Attentat durchaus sein Ende näher rücken fühlte, vielleicht Ende April oder so, fand zum Segen vieler Menschen nicht statt: „Erbarmungsloser Widerstand bis zum letzten Mann!“ So hätte er um diese Zeit befohlen – gewiss wären viele Bürger, nämlich fanatisierte Soldaten, zum Letzten entschlossene Gauleiter, unverbesserliche und kurzsichtige Hitlerverehrer beiderlei Geschlechts, alternde Volkssturmmänner und pubertäre HJ-Führer, diesem Befehl gefolgt. Nun, da ihr Idol in Ostpreußen verscharrt und in Braunau ein nur symbolisches Grab gefunden hatte, gab es nur noch wenige Menschen, die dem untergehenden Dritten Reich zu folgen gedachten; wenige – eine äußerst prominente Selbstmörderfamilie werden wir noch kennenlernen.

Doch die Deutschen täuschten sich in ihrer Beziehung zu Stalin. Denn als dieser noch schwankte, erhielt er die Meldung, Andreij Wlassow habe sich der Roten Armee gestellt. Nun konnte Stalin nicht anders, als neuen Verhandlungen zuzustimmen, wollte er nicht alles Ansehen verlieren. Das Schicksal Wlassows sei hier kurz dargelegt. Als er sich von der deutschen Regierung verabschiedete, stand sein Entschluss zur Opferung fest. Er besprach sich mit dem engen Kreis seiner Offiziere, die ihn zurückhalten wollten aber nicht konnten, deren drei sich anschlossen, ihm zu folgen. Auch sein „Bursche“ ging mit, treu wie diese Burschen zu sein pflegen, „bis in den innersten Kreis der Hölle hinein“. So überschritt diese tapfere fünfköpfige Gruppe in der Morgendämmerung mit weißer Fahne, ohne von deutschen Posten bemerkt zu werden, die Linien zur Roten Armee. Schon eine Viertelstunde später wusste Stalin Bescheid, befahl die Offiziere dem NKWD zu übergeben, den Burschen freizulassen und Wlassow nach Moskau zu überstellen. Warum?, fragten sich Insider, schaffte Wlassow sein Problem nicht durch Selbstmord oder todeswütigen Einsatz an der Front aus der Welt. Sein Grund war: Er wollte einen Prozess, etwas dabei sagen, anklagen, Unrecht in die Welt schreien – er hätte es als ehemaliger Kommunist besser wissen müssen! Er bekam natürlich seinen Prozess, ihn einfach in einer GPU-Zelle kaltzumachen, das entsprach nicht Stalins Rachebedürfnis. Im Juli 1946 wurde Wlassow in Moskau ein kurzer, von der Welt kaum wahrgenommener Prozess gemacht, und am 2. August wurde er gehenkt.

Er hatte es seinen Leuten zur Pflicht gemacht, erst ein paar Tage nach seinem Übertritt die Deutschen zu informieren. So wusste das Triumvirat nichts um den Grund von Stalins plötzlicher Entscheidung. Für die Waffenstillstandsverhandlungen, die am 25. April in Warschau stattfinden sollten, benannte die deutsche Regierung Erwin Rommel und Henning von Tresckow, da sie Militärs und in den Nationalsozialismus nicht verstrickt waren. Die andere Seite stellte ebenfalls hochrangige Soldaten.

„Ich bin zum Kapitulieren untauglich, sollte man nach meinem Tod“, hatte Adolf Hitler vor einem Jahr monologisiert, „einmal kapitulieren wollen, so sind Sie, Keitel, der richtige Mann dafür.“

Nun, Keitel war mit seinem Herrn und Meister gemeinsam pulverisiert worden. Die Regierung war sich klar darüber, dass sie nun, wo Amerikaner und Engländer die Elbe überschritten und gemächlich auf Berlin marschierten, kaum noch Verhandlungsbasis besaß. In ein paar Tagen würden sie in Berlin sein und wenn sie denn wollten, die deutsche Ostfront von hinten hochnehmen. Doch die Verpflichtung, diesen Krieg nun sozusagen im Vorübergehen zu beenden, musste alle Bedenken und persönlichen Vorstellungen überlagern.

Der erste Exodus

Ein ungenannter Ministerialrat im Finanzministerium, Abteilung Liegenschaften, kam nach kurzem Büroschlaf, der jetzt nach Beendigung der Luftangriffe, auch in Berlin wieder abgehalten werden konnte, auf einen blendenden, jede Beförderung begünstigenden Einfall: Hermann Göring müsse enteignet werden! Zwar nicht total, da er ja einiges Eigentum als hoher Soldat und Reichstagspräsident legal erworben habe, aber immerhin:

„Womit hat er eigentlich sein Schorfheider Schloss bezahlt?"

Wusste auch der zur Zeit oberste Jurist des Reiches nicht, war sich aber sicher, dass eine so pompöse Immobilie entweder durch Steuerhinterziehungen oder andere nebulöse Transaktionen finanziert und unterhalten werden konnte.

„Da lief jede Menge Personal rum", erzählte eine Putzfrau, die ihre Stelle dort bereits eingebüßt hatte, „Lakaien, Gärtner, Förster, Köche, Parkettpflegerinnen, Klofrauen, Wachleute in Uniformen der Luftwaffe, Drückeberger genannt, Geweihputzer und Flintenreiniger und Gemälderestaurierer. Sie führten ein herrliches Leben, während ihre Altersgenossen an der Front waren..."

Behördens Mühlen mahlen langsam, ehe alle fälligen Unterschriften beisammen waren, hatte Hermann Göring schon Nägel mit Köpfen gemacht. Er wurde der prominenteste Flüchtling dieser Tage. Seine kleine Familie wohnte bereits in der Berliner Wohnung, während er selbst jetzt, am 24. April vormittags, noch einmal durch sein Karinhall stolzierte, sich Tränen abdrückte, ein Staubkörnchen wegwischte und dann die große eichene Tür zum letzten Mal hinter sich verschloss. Wir Deutsche, murmelte er versonnen, sind auch dann noch ordentliche Menschen, wenn alles keinen Zweck mehr hat. Hermann Göring gab zuerst einem Begleiter ein Zeichen, dann seinem Auto Gas und fuhr ohne einen Blick zurück von dannen. Er mochte die folgenden Detonationen, welche die Schorfheide erschütterten und die dort wohnenden stolzen Rothirsche erheblich beunruhigten, nicht aus der Nähe hören. Landschloss Karinhall versank in Schutt und Asche und ließ nichts übrig als eine Staubwolke, die nach Verfliegen den Blick auf einen gigantischen Steinhaufen freigab. Berliner Schnauzen dichteten:

„Nicht einmal eine Säule zeugt von vergang'ner Pracht –

versunken und vergessen ist Hermann Görings Macht!“

Noch entvölkerten sich die Provinzen Ost- und Westpreußen, Schlesien und Brandenburg rechts der Oder nicht, aber es gab Menschen genug, die es vorzogen, den Russen nicht in die Hände zu fallen; besser war besser und man konnte ja später eventuell zurückkehren. Da war zum Beispiel Exgauleiter Erich Koch, eine ziemlich miese NS-Ratte, der sich in der Ukraine massenhaft Dreck an seine Stiefel geklebt hatte und das Schlimmste beim Einmarsch der Sieger befürchten musste: Polen und Russen würden alles daran setzen, seiner habhaft zu werden. Auch andere Altnazis abwärts bis zum Ortsgruppenleiter dachten so, auch solche, die nur verbal agiert und alle Slawen getreu den Ansichten ihres Anführers zu Untermenschen deklariert hatten. KZ-Leiter im Ruhestand, Gestapo-Fritzen auf Halbsold, Lagerärzte im Vorruhestand und ähnliche Nazikreaturen, sie alle begannen Sachen zu packen, Gelder und Vermögen zu transferieren, Familien voraus zu schicken und, vor allem, belastende Unterlagen zu vernichten. Unter ihnen waren auch Besitzende an wertvollem Grund und Boden, teuren Ein- und Mehrfamilienhäusern, Mitmenschen also, die sich schwerer von der Heimat trennen als Habenichtse – aber dieses Mal, glaubten sie zu erkennen, würde es keine Flucht sein, sondern ein Wegziehen für immer. In diesen sauren Apfel der Erkenntnis bissen auch die Altadeligen, deren Vorfahren vor 200, 300 oder gar 500 Jahren hergezogen waren und das Land kultivierten:

„Nun fällt wohl alles an die Nachfahren derjenigen zurück, denen man es einst abgenommen.“

Der kleine und mittlere Bauernstand blieb, konnte sich nicht vorstellen, in Zukunft hier nicht mehr benötigt zu werden.

„Wenn die Russkis das hier übernehmen“, sagte ein Samlandbauer hart aber zutreffend, „ist in dreißig Jahren alles im Eimer.“

„Wenn die Polskis hier einmal Chef werden“, sagte ein Oberschlesienkumpel, „bricht eines Tages die ganze Zeche zusammen.“

Der Oberpräsident von Ostpreußen machte sich, ohne es zu wissen, Churchills Aussage zu eigen, dass, wenn die fruchtbaren Lande rechts von Oder und Weichsel nicht intensiv landwirtschaftlich genutzt würden, Hungersnöte die langanhaltende Folge sein würden. All die Deutschen, die demnächst fort mussten, kannten nicht den Drang der slawischen Völker, endlich die von Germanen in Kultur und Besitz genommenen Landstriche wieder zu erhalten. Adolf Hitler, ausgezogen zu maßlosen Eroberungen, machte nun ihre Träume wahr. Schon im Siebenjährigen Krieg hatten die Russen Ostpreußen okkupiert, durchaus auf ewig, wie sie dachten, und dann kam die Chance hierzu noch einmal im Ersten Weltkrieg: Wenn Russland zu den Siegern gehört hätte, wäre Ostpreußen schon 1919 russisch geworden.

Ein kostbarer Besitz Ostpreußens trabte langsam über aufgeweichte Wege gegen Westen oder durfte in Viehwaggons der Reichsbahn diese Reise machen: die wertvollsten Trakehner Pferde. Nur einige kranke und transportunfähige Tiere bleiben zurück und bilden später den Stamm der russischen Zucht. Namhafte Schriftsteller Ostdeutschlands haben uns berichtet, dass auch sie ihre Heimat verlassen mussten. Heute, nach Untergang von Kommunismus und Bolschewismus, geht wieder ein Aufatmen durch ehemals deutsches Land.

Ein weiterer kostbarer Besitz der Deutschen, - so sah man das damals! -, waren zwei Tote, die im Tannenberg-Denkmal zur scheinbar ewigen Ruhe beigesetzt worden waren: Paul von Hindenburg mit Ehefrau! Die Wehrmacht sorgte sich um sie. Wollte sie auf gar keinen Fall in die Hände der Sieger fallen lassen. So nahm man ihre Särge im Januar 1945 auf, transportierte sie mit dem Kreuzer Emden über Königsberg nach Pillau und von dort mit dem Passagierschiff Pretoria nach Stettin. Von da ging's vorläufig in ein Salzbergwerk in Thüringen, nach kurzem Aufenthalt in den Westen nach Marburg, wo die Beiden seitdem und nun wohl für endgültig in der Elisabeth-Kirche beigesetzt wurden – RIP!

Eine deutsche Kapitulation

Noch einmal geriet Warschau in den Mittelpunkt europäischer Geschichte. Mit gemischten Gefühlen betrat Marschall Schukow diese polnische Hauptstadt: Den Einzug hatte er sich anders vorgestellt, pompöser, martialisch, als Befreier. Nun nahm das offizielle Polen keine Notiz von ihm und vom Genossen Wyschinskij, der nirgendwo in der Welt Freunde hatte – „zu sehr", schrieb eine mutige polnische Zeitung, „wirkt er wie eine Kreuzung von Heydrich und Freisler". Die britischen Vertreter waren der uns bereits bekannte Unterstaatssekretär Cadogan und Sir Horrocks, Befehlshaber des XXX. Korps seit der Invasion in Frankreich. Die Amerikaner schickten George Patton, Eisenhowers schnellsten General, der, ginge es nach ihm, „schon Weihnachten in Berlin gewesen wäre", und George Marshall, Generalstabschef. Ihnen saßen Rommel und Tresckow gegenüber.

Wie üblich verstanden sich die Militärs ganz gut, eine Stimmung, in die sich die Zivilisten erst hineinfinden mussten. Zur Debatte standen nur die vier Punkte, welche die deutsche Regierung in den Vorverhandlungen genannt hatte. Wyschinskij ergriff das Wort und spulte nach sowjetischer Gehorsamsmanier, von Stalin eingetrichtert, dessen Programm ab, wobei er sich mehr als Ankläger denn Verhandlungspartner fühlte:

„Russland hat unter dem Großen Vaterländischen Krieg mehr gelitten als andere Nationen und kann nicht akzeptieren, dass es Vertretern von Mörderbanden und Raubrittern noch Konzessionen machen soll. Allein der Gedanke an weitere Opfer könnte es in diesen Verhandlungen bestimmen, einer Kapitulation Deutschlands unter Bedingungen zuzustimmen."

„Deswegen sitzen wir hier", sagte Patton trocken.

Er mochte Kommunisten so wenig leiden wie Nazis und befand keinen besser als den anderen. Er war der einzige prominente Amerikaner, der, sollte es in nächster Zeit Ärger mit den Russen geben, bereit gewesen wäre, „diese in einem Kriegszug sondergleichen, wo wir einmal dabei sind, aus Europa zu werfen".

„Dass Soldaten", nörgelte Wyschinskij weiter, „wo sie stehen, bei einer Kapitulation nicht Kriegsgefangene werden, können wir Russen nicht begreifen."

„Was wollen Sie mit den vielen Menschen?", warf Cadogan ein, „Sie können ja nicht einmal Ihre eigene Bevölkerung ernähren."

„Sie könnten Russland wieder aufbauen helfen", sagte Schukow.

„Sie bemängeln jene Zwangsarbeit", konterte Marshall, „die von Deutschen eingeführt wurde, und wollen sie selbst anwenden."

Die Stimmung war wenig freundlich, schon gar nicht von Kameradschaft geprägt, die Russen spürten förmlich einen bisher unbekannten Widerstand der Alliierten. Klar: Die Beute war fast erlegt, über ihre Verteilung konnte es nur, wie weltgeschichtlich üblich, Streitereien geben. Rommel und Tresckow, die durchaus ihre Rolle als Randfiguren einsahen und akzeptierten, wollten sich nicht provozieren lassen.

„Unsere Soldaten im Osten", sagte Rommel bestimmt, „werden sich nicht gefangen nehmen lassen. Das würde Sie, Marschall Schukow, eine Million Tote kosten."

Obwohl Wyschinskij schon von Stalins Entscheid in Sachen „russische Freiwillige in deutschen Diensten" wusste, wollte er Punkt 4.) der deutschen Bedingungen noch einmal durchkauen. Dabei machte er einen entscheidenden Fehler: Nämlich so zu tun, als müsse er sich mit Schukow noch einmal unter vier Augen besprechen. Die beiden verließen für eine halbe Stunde den Raum. Gelegenheit für Tresckow, nun seine Herzzehn (höchster Trumpf beim Doppelkopf) auszuspielen:

„Wenn hier und heute die Verhandlungen scheitern, werden alle Patente, Pläne und Zeichnungen unserer Geheimwaffen vernichtet."

„Und was geschähe sonst mit ihnen?", fragte Marshall, das große Geschäft witternd.

„Dann können Amerikaner oder Engländer sie bekommen. Minister Speer übergibt sie Ihnen dann in den nächsten Tagen."

„Ich kann Sie hier jetzt verhaften lassen", drohte Marshall, „und wir beschlagnahmen die Pläne sowieso."

„Unsere ersten und fertigen R-4-Raketen", drohte Tresckow unbekümmert zurück, „die startklar sind, reichen von Berlin bis New York. Viele Deutsche, vor allem Hermann Göring, schwärmen davon, sie in eure Hochhäuser knallen zu lassen."

Die deutsche Unbekümmertheit imponierte den Amerikanern und Engländern. Rommel stieß „in Afrikamanier" noch etwas nach:

„Eine Weiterentwicklung der R 4, die R 5 also, kann eine Mondrakete sein, wenn Sie wollen."

„Im übrigen", ergänzte Tresckow, „werden alle Pläne vernichtet, wenn Herrn Rommel und ich nicht unbehelligt von hier zurück kehren sollten."

Als die russischen Vertreter wieder den Raum betraten, schlugen die westlichen eine Mittagspause vor. In ihr berieten sie sich mit ihren Regierungen. Die britische winkte wegen der Raketenpläne ab, „weil für ein Großbritannien der Nachkriegszeit zu teuer", Eisenhower allerdings geriet diesmal in Ekstase und drang auf „Abschluss um fast jeden Preis":

„Präsident Truman wird zustimmen."

(Roosevelt war am 12. April verstorben.) Im neutralen Polen konnten sich Rommel und Tresckow frei bewegen, sie sollten in der Pause einigen Reportern Rede und Antwort stehen. Aber sie machten es wie Churchill: „Kein Kommentar." Polen war in Erwartung der Russen auffallend deutschfreundlich, zumal ihre Repräsentanten ahnten, dass Deutschland nach diesem Krieg nie wieder würde Großmacht spielen können.

In der Nachmittagsitzung drängten die Westalliierten auf baldigen Abschluss und die Russen glaubten eine Klimaveränderung feststellen zu können.

„Gehen wir doch", sagte Horrocks, „die vier Punkte einzeln durch. Zu 1.) hat Großbritannien keine Einwände, Punkt 2.) ist eine harte Nuss, zugegeben, sollte aber akzeptiert werden, Nummer 3.) ist für Sie, Marschall Schukow, doch kein Problem, denn Sie haben Zeit sich einzurichten, und 4.) mag Ihnen weh tun, aber die königliche Regierung würde einer Überstellung dieser Leute nur zustimmen, wenn die Sowjetunion feste Garantien über eine humane Behandlung als ganz normale Kriegsgefangene geben würde."

Schukow und Wyschinskij schwiegen hierüber.

„Die Vereinigten Staaten", sagte Patton nun, „schließen sich in Punkt 1.) Großbritannien an, stimmen Punkt 2.) aus Gründen der Vernunft und Menschlichkeit zu, Punkt 3.) ist ebenfalls keine zu hohe Forderung und bei 4.) mag die Sowjetunion bedenken, was sie sich auflastet, wenn sie Tausende Menschen aufnimmt, die in ihrem alten Vaterland nicht leben wollen."

„Wir haben verlässliche Nachrichten", fügte Marshall hinzu, „dass 20.000 bis 25.000 Männer der ehemaligen Wlassowarmee, es sind jene, die nicht an der Front gekämpft haben, nach Russland zurückzukehren wünschen."

Das wusste auch Wyschinskij, verschwieg es hier aber. Die Beratung über diese Punkte hatte länger gedauert als es hier niederzuschreiben ist, so dass eine neue Pause fällig wurde.

„Jetzt können alle Parteien", sagte Cadogan, „noch einmal beraten, damit wir am Abend zum Abschluss kommen."

In der Pause erfuhren Rommel und Tresckow durch Telefonate, dass britische Einheiten tief in die spätere russische Zone eingedrungen seien, sie standen vor Stettin. Südlich Berlin „fuhren" die Amerikaner über Dresden nach Görlitz, die gesamte Tschechei war inzwischen „amerikanisch" geworden, die „GIs" sollen mit stürmischem Jubel in Prag empfangen worden sein, die „Ostmark", jetzt wieder Österreich genannt, habe sich als selbständig deklariert und beginne mit der Auslieferung ihrer zahlreichen Nazis an die Alliierten. So standen amerikanische Truppen dicht hinter der deutschen Ostfront – eine mehr als kuriose Situation. Nicht mehr hinter hohlen Händen kursierte eine lakonische und hintersinnige Feststellung durch das untergehende Dritte Reich:

„Wenn das der Führer wüsste!"

Ja, er hatte vor Goebbels, Himmler und anderen Altkameraden davon geschwärmt, dass, sollte Deutschland den Krieg verlieren, sich „die Alliierten auf unserem Boden an die Köppe kriegen werden".

Ohne langes Palaver wurden in der folgenden Sitzung des Abends die Kapitulationsbedingungen entworfen, ohne dass Einwände zur Sprache kamen. Sie lauteten:

1.) Die deutschen Armeen der Ostfront ziehen sich durch Ostpreußen und Polen auf das Reichsgebiet zurück. Sie lassen alle schweren Waffen und alles schwere Gerät an Ort und Stelle und liefern die mitgenommenen Gewehre bei der Abmusterung in den heimatlichen Garnisonen ab. Sie werden nicht kriegsgefangen. Jeder Soldat mit amtlichem Entlassungsschein der deutschen Wehrmacht kann sich im Reichsgebiet frei bewegen und darf nach Hause heimkehren.

2.) Die Soldaten der ehemaligen so genannten Wlassowarmee werden, sofern sie nicht nach Russland heimzukehren gedenken, den Armeen der Westalliierten unterstellt, die für ihre Entwaffnung und weiteres Fortkommen sorgen. Jeder dieser Soldaten kann zu einem späteren Zeitpunkt, wenn er anderen Entschlusses geworden sein sollte, in die Sowjetunion zurückkehren. Diese verpflichtet sich, sie nicht unter Repressalien zu stellen oder sonstwie zu benachteiligen, mit Ausnahme jener, denen Kriegsverbrechen oder Verbrechen gegen die Menschlichkeit vorgeworfen werden kann.

3.) Eine Woche nach Abschluss der deutschen Kapitulation darf die Rote Armee über polnisches und deutsches Gebiet nachrücken, und zwar bis zu jener Linie, welche die alliierten Mächte Sowjetunion, Großbritannien und die Vereinigten Staaten von

Amerika unter sich bereits ausgemacht haben. Dieses Nachrücken ist kein kriegerischer Akt mehr und hat in voller Ordnung und Disziplin gegenüber der Bevölkerung zu erfolgen. Er wird vom Internationalen Roten Kreuz überwacht.

4.) Der Waffenstillstand wird am 7. Mai 1945 in Berlin unterzeichnet und tritt am folgenden Tag in Kraft.

Das wurde paraphiert, womit der Zweite Weltkrieg in Europa faktisch sein Ende fand.

Noch am Abend brachten Europas Radiostationen die Neuigkeit der Niederlage Deutschlands. Heulen und Zähneklappern herrschte eigentlich nur bei jenen russischen Überläufern, die noch vor ein paar Tagen die Fronten gewechselt hatten und sich nun der Gnade oder Ungnade Stalins ausgesetzt sahen. Über das, was die Sieger mit den Verlierern vorhatten, wurde weniger bekannt.

Erwin Rommel und Henning von Tresckow, die selbst nicht genau wussten, „sind wir Verräter oder Helden"?, verbrachten noch eine Nacht in Warschau und genossen das friedliche, wie im tiefen Frieden ruhende Land. Gewiss: Die Zerstörungen der Stadt, von den Deutschen angerichtet, waren enorm, irgend jemand würde sie bezahlen müssen, aber der Stadt war nun ein zermürbender Häuserkampf, den die Deutschen geliefert hätten, erspart geblieben. Die beiden Deutschen wurden bewacht: George Marshall mochte nichts riskieren und ging sogar soweit, sie am kommenden Tag, es war der 27. April, in Hausarrest zu nehmen. Er zwang sie dann, mit ihm in einem deutschen Militärauto, gefolgt von Jeeps der amerikanischen Militärpolizei, nach Zossen zu fahren. Er hielt die Hand auf, während General Patton sein grimmigstes Gesicht aufsetzte:

„Die versprochenen Unterlagen, her damit! Ohne sie keine Kapitulation."

Vereinbarungen hin und her: Deutsche hatten in Zukunft wenig zu bestellen, so ging man zum Safe, wo Speer alles deponiert hatte, und lieferte aus. Diese Amerikaner waren dann die ersten in Berlin und wurden entsprechend bestaunt und bewundert. Sie vergaßen aber in ihrer Siegerlaune einen Handstreich, was Folgen haben sollte. Saß doch in Berlin einer jener Kriegsverbrecher, der auf einer Anklagebank einen großen Auftritt hätte haben können...

Rommel und Tresckow erstatteten ihrer Regierung Bericht. Man war der Meinung, das Äußerste heraus geholt zu haben und besprach „die Tage danach". Würden sie alle am 8. Mai abgesetzt, gar verhaftet werden? Würden die Siegermächte eine deutsche Regierung überhaupt benötigen? Gab es einen allgemeinen alliierten Rachefeldzug? Wie dem sein mochte:

„Mehr als unsere Pflicht konnten wir nicht tun."

Inzwischen besetzten Amerikaner und Briten die letzten Winkel Deutschlands, auch Schlupfwinkel wie Berchtesgaden, und fanden keine Spuren einer Alpenfestung. „Der Ring um Berlin", Adolf Hitlers und seiner Spießgesellen Alptraum, schloss sich am 30. April. Wie froh waren alle Berliner, dass Hitler nicht, wie angstvoll befürchtet, von Ostpreußen her sein Hauptquartier in die Berliner Reichskanzlei hatte verlegen können.

Eine Ausrottung

Als Doktor Joseph Goebbels in Adolf Hitlers Dunstkreis trat und mit ihm zum Reichsminister aufstieg, - ein Titel, von niemandem an seiner Wiege gesungen -, hätte er selbst in apokalyptischen Träumen sich nicht vorstellen können, einmal zum Mörder zu werden. Da mag er in guter Gesellschaft zu seinesgleichen wie Himmler, Heydrich, Kaltenbrunner & Co. gewesen sein. Aber wir wissen ja schon: kommt Zeit – kommt Rat!

Mit wachsender Besorgnis, die von seinem Klumpfuß aufstieg wie ein Faultier auf den Baum, beobachtete Goebbels das Geschehen rundum und dann in Deutschland selbst. Diese neue Regierung: Erst beseitigte sie den größten Feldherrn aller Zeiten (Gröfaz), um, wie sie angeberisch verlauten ließ, das Vaterland zu retten, dann steuerte sie wie I-Männchen oder Lehrlinge der

Sandkastenstrategenschule auf die totale Niederlage hin. Statt des totalen Krieges, - „meine Wortschöpfung!" -, veranstaltete sie einen drolligen Krieg mit Spazierfahrten und –gängen des Feindes von West nach Ost. Zugegeben, Joseph, die neuen Waffen hat sie famos gehandhabt, alliierte Terrorflieger und fette Rotarmisten hat sie ordentlich braten lassen, und dass man in Berlin wieder nächtelang ungestört schlafen konnte, war zweifellos ein Verdienst der neuen Regierung. Aber was nützt die feinste Nachtruhe, wenn's Herzchen pocht, der Puls rattert und im Gehirn ein holzhämmernder Buntspecht tobt! Niedere Kreise des Reiches nennen so etwas „Schiss in der Hose haben".

Getreu der Weisung des Führers „Soldaten braucht die Welt" hatte Goebbels nach der Machtergreifung begonnen, eine vielköpfige Kinderschar in diese Welt zu setzen – und das alles nebenher in seinen Berufen als Gauleiter von Berlin, Minister für die Reichspropaganda, Reichsgroßmaul und Don Juan vom Dienst. Die gute Magda! Ja, sie hatte allerhand schlucken müssen, und wie's momentan aussah, ging's wohl bald dem letzten Schluck entgegen.

Was plante dieses Ehepaar? Dem Realisten Goebbels war klar, dass die Alliierten in zu packen wünschten und hängen würden; dem war zuvorzukommen. Hätte ich doch, dachte er in diesen Tagen, wie Heinrich Himmler damals im Führerhauptquartier Schluss gemacht! Aber keimte da nicht doch noch, trotz des Führers ruhmlosem Abgang, die Hoffnung auf den Endsieg? Goebbels war auch klar, dass seine Familie überleben müsste. Zwar würde sie, Magda vor allem, in den ersten Nachkriegszeiten Repressalien ausgesetzt sein, aber: Schlechte Zeiten können sich nur bessern. Doch Magda war aus anderem Holz geschnitzt als er, schon am Abend des 20. Juli 1944 hatte sie verlauten lassen:

„Ohne den Führer mag ich nicht leben."

Dass sie auch ihre Kinder meinte, offenbarte sie ihrem schon etwas konfusen Mann erst nach Abschluss der Waffenstillstandsverhandlungen:

„Es ist alles aus.“

Nun waren die ersten Amerikaner in Berlin aufgetaucht, Soldaten, denen „Greifer“ folgen würden. Klopften sie erst einmal an die Tür, dann war’s zu spät. Dr. Stumpfegger, früher Hitlers Arzt im Rastenburger Hauptquartier, Freund und medizinischer Betreuer der Familie Goebbels, kam vor ihnen ins Haus...

Als die Haushälterin in der Frühe des 1. Mai die Goebbelssche Wohnung betrat, vermisste sie das übliche helle Kinderlachen und Toben von Zimmer zu Zimmer. Und ihr Herz versagte Sekunden lang den Dienst, als sie das eheliche Schlafzimmer betrat.

„Das sind jene Bilder“, sagte sie später aus, „die man niemals vergessen kann, was auch alles das Leben noch an Schrecken und Entsetzen bringen mag.“

Das breite Luxusbett des Schlafzimmers war vollbesetzt – mit den Leichen der kompletten Familie. Blausäuregeruch hing betäubend in der Luft.

Polizei- und Krankenwagen vor Goebbels’ Villa! Da musste doch was los sein! Im Nu war ganz Berlin voller Gerüchte, doch die Zeitungen wussten am anderen Morgen nichts anderes zu berichten, als dass „die Familie Goebbels plötzlich verstorben“ und dass bis zur Klärung von Familien- und Eigentumsfragen das Grundstück gesperrt und beschlagnahmt sei. Joseph Goebbels stand natürlich auf der alliierten Suchliste der Kriegsverbrecher ganz oben hinter Hermann Göring. Nun konnte er abgehakt werden. Für ihn selbst mochte dieser Abgang die vernünftigste Alternative gewesen sein, „aber musste er Frau und Kinder mitnehmen?“, fragten sich die kinderlieben Berliner.

Dem Ende zu

„Der ruhende Krieg“ – ein neuer Begriff geisterte durch die Zeitungen. An der Ostfront trafen beide Seiten Vorbereitungen für Rück- beziehungsweise Vormarsch. Die Deutschen bauten ihr schweres Gerät in penibler Ordnung und bestem Zustand in

Reih' und Glied auf: Panzer, Artillerie, Sturmgeschütze, Flaks, Paks, Flammenwerfer und Panzerspähwagen. PKWs, Pferdegespanne, Kübel- und Kastenwagen wurden für den Rückmarsch bereit gestellt.

„Die einfachen russischen Soldaten gegenüber“, berichtete ein Wochenschaumann, „winkten, lachten, schwenkten Wodkaflaschen und luden zum Kommen ein, kamen selbst herüber und freuten sich ganz offensichtlich, nun bald ohne Kämpfe Europa erobern zu dürfen – im Gegensatz zu ihren hohen Offizieren, die im weiteren Krieg Ruhm und Ehre einzuheimsen wünschten.“

Noch hatten die Großen Drei den Kapitulationsvertrag nicht ratifiziert, so dass die Möglichkeit einer Wiederaufnahme der Kämpfe bestand. Doch damit rechnete niemand. Wie sollte das auch vor sich gehen, wenn Verbrüderungen stattfanden, Schnaps durch kriegsmüde Kehlen floss, deutsche Zigaretten nach Osten und russische Mettwürste nach Westen gingen! „Heurige“ russische Überläufer nutzten die Gelegenheit und traten schnurstracks in die Rote Armee zurück, freudig von Kameraden begrüßt – doch das bedeutete für sie wenig, denn NKWD und GPU waren dafür bekannt, sich Zeit zur Vergeltung zu lassen.

Und die deutschen hohen und höchsten Offiziere? Sie hatten ausgedient und ihren Frieden mit dieser Welt zu machen. Aus alliierter Seite sickerte durch, dass alle Offiziere vom Generalmajor aufwärts in Haft zu nehmen seien. Rundstedt und Kluge, Verteidiger des Westens, waren bereits verhaftet. Leute wie Schörner, Model und Weichs konnten froh sein, dass der bittere Kelch sowjetischer Gefangenschaft an ihnen vorüber gehen würde, falls die Westalliierten sie nicht an die Russen ausliefern würden. Karl Dönitz rief alle seine U-Boote aus der Ostsee zurück und ließ die schweren Überwassereinheiten Kurs auf Wilhelmshaven und Kiel nehmen. Am ersten Mai schwiegen auch die Waffen an der Südfront, dort war tagelang das Wetter so schön, dass alle Soldaten sich einmal richtig erholen konnten: Sowohl jene, die den italienischen Stiefel mühsam erobert als auch diejenigen, die ihn ebenso mühselig verteidigt hatten. Rumänien und Ungarn biederten sich mit der Sowjetunion an, indem sie Horthy und Antonescu zum Teufel jagten, ebenso erging es dem alten Hacha in der Slowakei. Radikale, bereits von Moskau gesandte kommunistische Kreise wollten in Prag ein Pogrom gegen verbliebene Deutsche entfachen, wurden aber von den Amerikanern grob zurechtgewiesen. Doch wurde es natürlich Zeit für die Deutschen, das Land zu verlassen. Karl Hermann Frank, Staatssekretär beim Reichsprotektor von Böhmen und Mähren, und Konrad Henlein, Reichsstatthalter des Sudentenlandes, wurden schon von den Amerikanern verhaftet. Frank wurde 1946 in Prag hingerichtet, Henlein beging in der Haft Selbstmord – ja, Mächtige wurden erniedrigt, Schwache gehoben.

Die letzte Selbstmordwelle des Dritten Reiches brach nun in voller Wucht an.

„Woher?“, fragten Journalisten, „bekamen sie alle ihre Kapseln mit Blausäure?“

Nun, Heinrich Himmler und seine Nachfolger waren sehr spendabel gewesen. Doch es waren meist durch und durch braun verseuchte Mitmenschen, so genannte hohe Funktionäre, Goldfasane, Schwarz- und Braunkittel, die der Familie Goebbels nachgingen, weil sie, wie ihre Abschiedbriefe aussagten, „für Deutschland keine Zukunft mehr sahen“. (Welch ein Irrtum!) Da fanden dann einige Nachbarn, auch Verwandte, in den Wohnungen, welche die Polizei aufbrach, folgende Szenerien: Vater lag mit Kopfschuss überm Schreibtisch, Mutter mit Blausäurevergiftung im Bett, neben sich kleine Kinder, der älteste Sohn, ehemals aktiver HJler, hing im Garten am blühenden Birnbaum. Oder: In der Garage stand noch der SS-Dienstmercedes, in ihm hockten vier Insassen, die sich mit den Abgasen des laufenden Motors vergiftet hatten – das Schicksal schlug damit auf makabre Weise zurück, denn die ersten Vergasungsversuche der SS an Juden fanden genauso statt...

Am 5. Mai lief bei der deutschen Regierung die Nachricht ein: Der Vertrag ist von allen Partnern abgesegnet, Unterzeichnung der deutschen Kapitulation wie vorgesehen am 7. Mai im Zossener Hauptquartier. Tiefes Luftholen beim Triumvirat. Zigarrenqualm verdichtete diese Luft, letzte Sektreste perlten in den Gläsern. Ehe eine Art Abschiedsfeier zelebriert wurde, saßen und hockten „unsere Drei" beisammen und dachten an Vergangenheit und Zukunft. Die Bombe!

„Ihre Bombe", sagte Manstein launig und gab damit zum ersten Mal kund, dass er den Attentäter von Anfang an gekannt habe, „Ihre Bombe, Stauffenberg, war eine Wohltat für die Menschheit."

„Ja", sagte Guderian, „ohne sie säßen wir jetzt nicht hier oder in der Nähe, aber eine Apokalypse der Vernichtung wäre über Deutschland gegangen."

Stauffenberg freilich benötigte keinen tröstenden Zuspruch. Für ihn war ab Mitte 1944, als klar wurde, nur er könne der Attentäter sein, von inneren Zweifeln oder moralischen Skrupeln keine Rede mehr gewesen, der Gedanke, entweder zu sterben oder einer hitlerlosen besseren Zeit und Zukunft entgegenzusehen, war Gewissenberuhigung und Antrieb genug. Sie durften also mit Fug und Recht ihren Sekt genießen: Selten in der Geschichte von Attentaten mag es mehr Nutzen gebracht haben.

Die Tage von Zossen waren also gezählt. Alle hier Arbeitenden, von den Stenotypistinnen bis zum Generalfeldmarschall, waren mit dem Umzug von Rastenburg zu einer Gemeinschaft verschweißt worden. Das geduckte Klima der Führerhauptquartiere mit schleichenden Bormanns und buckelnden Keitels, in dem Morde ausgeheckt und Völker verschachert wurden, war von einer „Clique des Optimismus" abgelöst worden. Hitlers unpräzise Arbeitsweise mit lähmenden Monologen und beleidigenden Beschimpfungen war pünktlichem Schaffen mit notwendigen Erholungspausen gewichen, es gab wieder Feierabend und Freizeit, wo sie angebracht schienen. Offener Blick und legerer militärischer Gruß hatten um-die-Ecke-schielen und Armverrenkungen rechts abgelöst. Auch die Ohren erholten sich wieder vom Getön zusammengeschlagener Hacken.

Zunächst verkleinerte sich der Apparat, man wusste ja nicht, wie es nach Inkrafttreten der Kapitulation weitergehen würde. Bei der Auflösung eines Hitlerschen Hauptquartiers gäbe es gewiss einige Feuerchen in Öfen und unter freiem Himmel, aber das Triumvirat beschloss, keine Akten zu vernichten sondern alles, auch Belastendes, der Nachwelt zu übergeben. Hermann Göring hatte in den letzten Tagen vor seiner Verhaftung geraten, den Siegern keine geheimen Papiere zu überlassen, war aber abgeblitzt.

Hochkarätige Militärs kamen über Berlin nach Zossen: General Dwight D. Eisenhower, Feldmarschall Montgomery, de Lattre de Tassigny, Marschall Schukow – eine Militärschau, wie sie wohl nie wieder, hofften alle Menschen, zusammentreten würde. Dazu alle Stäbe mit Offizieren, die nie eine Kugel um sich pfeifen gehört hatten: Strunzer, Angeber, Gecken und Snobs. Tassigny und Schukow klingelten und glitzerten im Glanz ihrer kiloschweren Orden, Eisenhower und Montgomery wirkten mehr durch ihre traditionelle angelsächsische Bescheidenheit.. Echte Schlichtheit boten nur Rommel und Tresckow, die alles Edel- und normale Metall in ihren Schubladen gelassen hatten und für unbedarfte Augen den Eindruck von Parkwächtern und Platzanweisern machten.

„Ich vermisse preußische Kommisstypen“, maulte ein amerikanischer Reporter.

„Ja“, stimmte ein britischer zu, „auch deutsche Arroganz fehlt, sie ist heute auf unserer Seite.“

Das galt dem Franzosen, dem zum Pfauhahn nur lange Federn fehlten. Schukow sprach russisch-martialisch, Eisenhower unsicher und unbehaglich, nur „Monty“ zeigte seine burschikos-laxe Art und freute sich auf eine „Wiederbegegnung“ mit Rommel: Es war ein langer und beschwerlicher Weg gewesen „von El

Alamein bis Berlin“, mit Umwegen und Hindernissen, deren einige Rommel selbst gelegt hatte.

Man hielt auf Etikette im großen Besprechungssaal Zossens. Die Fähnchen der Großen Drei und des kleinen Vierten wehten in Stammtischmanier in den von den Scheinwerfern der Kameraleute erwärmten Luft, als Rommel und Tresckow in den Raum gebeten wurden. Sie grüßten mit knapper Verneigung und nahmen auf den beiden angebotenen Stühlen Platz, während dann die übrigen Unterschriftsberechtigten sich ebenfalls setzten. Hauchte sie alle die Geschichte an?

„Sie machten“, schrieb der Reporter des New Yorker und meinte damit die Deutschen, „keinesfalls den Eindruck Geschlagener und Niedergedrückter und sahen überraschend sympathisch aus, der Preuße und der Schwabe. Sie trugen das Reich zu Grabe, das wussten sie, aber sie hatten nichts auf dem Gewissen und sich nichts anderes vorzuwerfen, als einem Unhold und Demagogen aufgesessen zu sein. Alles spielte sich ab wie der Vertragsabschluss unter Industriellen und Händlern, wie bei Bänkern vorzugsweise, aber das Geschäft war vorher gemacht worden, eins mit dem Teufel und nun galt es, die Zeche zu begleichen. Rommel und Tresckow lasen ruhig und besonnen die Vertragsexemplare und prüften sie auf Identität mit dem am 26. April vereinbarten. Dann unterschrieben sie, nach ihnen die Vertreter der anderen Mächte. Es war um 21 Uhr Berliner Zeit am 7. Mai 1945. Der Zweite Weltkrieg war in Europa zu Ende.“

Noch drei Stunden bis zum Inkrafttreten der Kapitulation. Die Deutschen als Noch-Gastgeber reichten Schnittchen, Bier, Wein, Sekt und Whisky. Tassigny machte sich mit seiner Begleitung bereits davon, Schukows Kopf schwoll wegen des Whiskys immer röter an, Eisenhower telefonierte und Montgomery machte sich an Rommel heran, um zu fachsimpeln. Die Alliierten erfuhren erst hier von seiner schweren Verwundung infolge eines Tieffliegerangriffs in Frankreich. Während Tresckow mit amerikanischen Fachleuten Probleme der Rückführung deutscher Soldaten aus Russland besprach, beugte sich einer seiner Adjutanten flüsternd an sein Ohr, Nicken war die Antwort, Minuten später gab Tresckow diese Neuigkeit an Rommel weiter – wir werden sie gleich kennenlernen. Zwischendurch verkündete Schukows Adjutant, es war 23 Uhr 30, dass auch Ungarn und Rumänien kapituliert hätten. Kurz vor Mitternacht brach Eisenhower mit Gefolge auf, um ins Hauptquartier abzufliegen, mit einiger Verzögerung fand sich auch Montgomery bereit, seine Schwatzhaftigkeit abzubrechen, so dass der 8. Mai gerade eine Minute alt war. Da stürmte eine Gruppe weißbehelmter und –gestutzter amerikanischer Militärpolizisten den Raum. Sie kreisten Tresckow und Rommel ein und erklärten sie als verhaftet – ein Ereignis, dass den beiden kurz vorher gesteckt worden war und sie nicht überraschte. Sie wurden abgeführt und für den Rest der Nacht im Prinz-Albrecht-Haus einquartiert, in jenes Gebäude, durch dessen Zimmer, Gänge, Flure, Gewölbe und Keller tausendfache Schreie der Angst und des Entsetzens hin und hergeflogen waren, als die Gestapo hier residierte.

Berlin war bereits besetzte Stadt, die Alliierten hatten ganze Arbeit geleistet. Abgemusterte heimwärts strebende deutsche Soldaten mischten sich mit britischen und amerikanischen Kollegen, die in die Stadt drangen. Jeeps und amerikanische Straßenschlitten, bisher in Deutschland unbekannt, wurden trotz später Stunde von halbwüchsigen und erwachsenen Berlinern bestaunt, betastet und liebedienerisch blank geputzt. Auf dem beschädigten Reichstagsgebäude wehten Sternenbanner und Union Jack, einige Männer aus Schukows Begleitung erkletterten das Brandenburger Tor und hissten Rote Fahnen, Kameramänner schossen wie wild die heißesten Fotos des Krieges. Diese und ähnliche Szenen wurden in den nächsten Tagen nachgestellt und von Wochenschauleuten nachgefilmt. Ja, mit verkaufsträchtigen Endkampffotos von Berlin war's nichts geworden...

Die Russen kommen

Eine Verhaftungswelle begann in Deutschland um sich zu greifen und auch jene zu erfassen, die kaum mit ihr gerechnet hatten. Bereits am 8. Mai befanden sich die meisten Männer, die bald auf der Nürnberger Anklagebank Platz zu nehmen hatten, in Haft: Jodl, Dönitz, Speer, Räder, Schacht, Göring, Kaltenbrunner, Sauckel, Ribbentrop und Rosenberg, nach anderen wurde intensiv gefahndet. Das Triumvirat selbst blieb unbehelligt, weil die Alliierten es noch zur Abwicklung der Kapitulation, Entwaffnung und allgemeiner Demobilisierung zu brauchen glaubte. Guderian schied aus gesundheitlichen Gründen noch am 8. Mai aus und starb am 14. Mai 1954.

„Die Russen kommen!"

Wie ein Lauffeuer ging dieser Ruf längs durch Europa von der Ostsee bis zum Schwarzen Meer. Viele Ostpreußen kannten diesen Ruf noch von 1914. Die deutschen Soldaten begannen russisches Territorium in den ersten Stunden des 8. Mai zu verlassen und zogen sich durch Ostpreußen, Polen und Schlesien ins Reich zurück. In Warschau, größeren und kleineren Städten und Dörfern säumten Tausende die Straßen, im Großen und Ganzen andachtsvoll und teilnehmend blickend. Aber auch höhnische Gesichter zeigten sich, Pfui-Rufe ertönten, es wurde gespuckt, eine Demonstration versuchte Wege zu blockieren, aber polnische Polizei sorgte für Ordnung, als wäre solch ein Ausmarsch die normalste Sache der Welt.

„Eine Straßensperre aus Wracks", sagte ein polnischer Sprecher, „kann für eine Armee, die bis ins Weichbild von Astrachan gekommen ist, kein Hindernis sein."

Gute und schlechte Wünsche begleiteten die Soldaten, denen sich mehr und mehr Zivilisten anschlossen:

„Kommt bloß nicht zurück! – Bis hinter die Oder mit euch. – Wir kriegen alles bis zur Oder. – Euer Reich ist im Eimer. – Eure Familien kommen bald nach."

Sprüche und Rufe, die von Männern zu verdauen waren, denen Adolf Hitler prophezeit und befohlen hatte:

„Wo der deutsche Soldat einmal steht, bringt ihn niemand mehr fort.“

Doch Vorstellung und Gewissheit, dass man praktisch entwaffnet war und die Russen sozusagen im Nacken hatte, trieben westwärts, für die meisten Soldaten der Heimat und Entlassung entgegen. Wie sah es zu Hause aus? Was hatten die westlichen Alliierten mit den Familien angestellt? Nörgler und Meckerer, die noch immer, hätte man nur standgehalten, den Endsieg für möglich hielten, wurden wirkungsvoll abgeschmettert:

„Dann wärste, Mann, entweder gefallen oder in russische Gefangenschaft geraten.“

Am 10. Mai war russisches Gebiet „deutschfrei“, ein Zustand, den Stalin und sein Volk seit Jahren ersehnt hatten, am 14. Mai auch das polnische – noch einmal hatte die Welt deutsches Talent in Gehorsam und Organisation bewundern dürfen. Hatten die Soldaten deutsches Reichgebiet erreicht, glaubten sie sich schon zu Hause fühlen zu können, - für einige Einheimische stimmte das ja auch -, aber nein, Halt durfte nicht gemacht werden:

„Weiter marschieren bis über die Oder!“

Die Austreibung begann bereits, hier begleiteten westalliierte Truppen die deutschen Marschkolonnen, speziell ausgebildete Offiziere musterten auf Rastplätzen intensiv die Ankömmlinge: Auf der Suche nach braunen Tätern und sonstwie zu Verhaften den. Verblüffend waren ihre Orts- und Situationskenntnisse: Sie kannten, zum Beispiel, die Wohnorte von Admiral Raeder in Berlin, vom „Seeteufel“ Graf Luckner in Halle, von Hans Frank am Schliersee und des alten Richard Strauss’ Domizil in Garmisch-Partenkirchen.

Nach einer Woche durften die Polen noch einmal Straßestehen: Die Rote Armee zog durch, den Deutschen nach. Jetzt standen jene in den vorderen Reihen, die beim Abzug der Deutschen weiter hinten geschmäht hatten. Blumen flogen, Kinder bettelten sibirische Süßigkeiten, Polinnen kokettierten beinzeigend und Kusshändchen werfend.

„Wo kommen nur?“, fragten sich nachdenkliche Polen, „die vielen Tausende roten Fähnchen her?“

Auch Beklemmung lag in der Luft:

„Werden wir sie wieder los, diese Russen?“

Waren mit ihnen nicht schon Rattenschwänze höriger Funktionäre der kommunistischen Partei eingesickert!

„Wird unsere junge Demokratie Bestand haben?“

In den schon ausgedünnten deutschen Ostgebieten lag neben Beklemmung schon großer Abschied in der Luft. Seit aus Durchsickern und Redereien Gewissheit geworden war, dass die Heimat „unter Verwaltung“ genommen werden würde, machten sich nur noch Optimisten Hoffnung. Was galten Argumente wie:

„Bessere Landwirte als uns kriegen die doch nie.“

„Keiner kann besser mit Vieh umgehen als wir.“

„Das Land ernährt viele Menschen, wir sind das Zusammenrücken gewohnt.“

„Wir sind sowieso ein altes Mischvolk aus Pruzzen, Masuren, Litauern und Deutschen.“

Alles gut und schön – aber unrealistisch. Konnte doch von einem Flüchtlingsstrom keine Rede sein, zumal die russische Zivilverwaltung moderat verfuhr, alle Soldaten hatten wohl strenge Order zum Wohlverhalten bekommen. Die deutschen Arbeiter der schlesischen Industriegebiete sympathisierten sogar mit dem Kommunismus und hofften aufs Bleiben, wenn man auch ihre Bosse und Chefs zum Teufel jagen möge. Wohin auch sollen Menschen gehen, die nichts besitzen als ihren Arbeitsplatz! Ins südliche Ostpreußen, nach Pommern und Schlesien rückten polnische Einheiten der Roten Armee auf dem Fuß nach, das Land „in Verwaltung“ zu nehmen. Die Stettiner hofften, dass die neue Grenze östlich ihrer Stadt verlaufen möge, bitter traf es die Thüringer, die sich unter amerikanischer Besatzung schon wohl zu fühlen begannen – da waren eines Morgens die Amerikaner fort und die Russen da.

Berlin belebte sich allmählich wieder. Nicht nur kehrten die vielen Bombenflüchtlinge zurück, auch Ostflüchtlinge und Ostaussiedler machten hier erst einmal Station, und dann die vielen alliierten Soldaten in vier verschiedenen Uniformen: Berlin wurde eine so genannte Viersektorenstadt. Als die Russen einzogen, hatten sich Amerikaner, Briten und Franzosen bereits etabliert, sogar Winston Churchill war da gewesen, wohl um die Arbeit seiner Bomber zu inspizieren. Was Adolf Hitler freudig erregt ersehnt hatte, traf nun in ersten Anzeichen ein: Reibereien zwischen Westalliierten und Russen. Um den Völkern der Sowjetunion und späteren unbedarften Generationen weiszumachen, die Rote Armee habe im Frühjahr 1945 „Berlin in erbitterten Straßenkämpfen erobert", rückten russische Reporter und Kameramänner an, um entsprechende Fotos zu machen und Szenen zu schießen: Grimmig dreinblickende Rotarmisten vorm Reichstag und ausgelassen lachende auf ihm, das Brandenburger Tor mit Trümmern im Vorder- und Hintergrund, Stalinorgeln vor der zertrümmerten Reichskanzlei Adolf Hitlers, Verhaftung und Abführung von Kriegsverbrechern, Versorgung hungernder Berliner aus russischen Gulaschkanonen, freundliche Sowjetsoldatinnen mit Berliner Kindern. Das alles machte sich gut in Zeitungen von Wladiwostok bis Leningrad und förderte das Ansehen des großen Helden im Kreml.

Walter Ulbricht mitsamt Genossen waren schon am 9. Mai in Berlin und begannen im Ostsektor der Stadt ihren Apparat aufzubauen. Es zeigte sich in diesen Tagen, dass Joseph Goebbels seinen Führer belogen hatte, als er Berlin „kommunistenfrei" nannte: Denn sie kamen nun zutage, Alt- und Edelkommunisten, auch neue, aus Kellerverstecken, zurück aus KZs und Haftanstalten, deren Sowjetbild noch aus den Dreißiger Jahren stammte. Sie hofften auf Teilnahme beim Aufbau eines menschlichen Kommunismus – aber sowohl Walter Ulbricht als auch der neuen Verwaltung waren diese Männer nicht geheuer, „sie werden wohl nie anpassungsfähig genug sein“.

Die Rote Armee besetzte ihre vertraglich zugesicherte Zone Deutschlands, nachdem die Westalliierten, ebenfalls den Verträgen entsprechend, die ihrigen bezogen. Alte mitteldeutsche Landschaften wie mit einem Scherenschnitt getrennt und verschiedenen politischen Systemen zugeordnet, nicht lange, und der Begriff „Eiserner Vorhang“ kam auf. Alles in allem aber konnten die Deutschen doch sagen, „mit einigen blauen Augen davongekommen zu sein“.

„Unverdient“, wie viele Hardliner bald behaupteten, nachdem erst jetzt Adolf Hitlers und seiner Helfershelfer Verbrechen voll und ganz ans Tageslicht kamen.

Ausklang

Hier ist unsere fantastische Geschichte eines politischen Attentats abgeschlossen. Alles, was in Wirklichkeit stattgefunden hat, ist um einige Grade grauenhafter und mörderischer gewesen. Widmen wir diesem Thema unser letztes Kapitel.

Da der e i n e, nämlich Adolf Hitler, nur durch Zufall und amateurhafte Hantierung mit der Bombe (den Bomben) überlebte, mussten natürlich Hunderte am Attentat Schuldige oder so genannte Mitwisser mit dem Leben büßen. Sogar Familienglieder wurden getrennt und in Haft genommen und konnten nur deshalb später wieder zusammenkommen, weil der Krieg nur zehn Monate später zu Ende war.

„Eine ganz kleine Clique verräterischer Offiziere.“

Diese Hitlerwort galt noch lange nach dem Krieg. So verwahrte sich die Familie Rommel bis in die Sechziger Jahre vehement dagegen, den Feldmarschall in irgendeiner Weise mit den Verschwörern in Verbindung zu bringen. Es dauerte lange, bis die Deutschen, zwölf Jahre seelisch und moralisch verseucht, sich eine neue Anschauung von Moral zulegten: Heute stehen die Männer des 20. Juli 1944 ehrenvoll unter uns, nur mit dem einen

Makel behaftet, zu spät und nicht professionell genug gehandelt zu haben.

Die aktiven Personen unserer Geschichte? Sie sind hier im Großen und Ganzen gut weggekommen, aber die Realität sieht anders aus. Wir zählen die wichtigsten alphabetisch auf.

Marschall Antonescu: Durch einen rumänischen Volksgerichtshof zum Tod verurteilt und bei Fort Jilava hingerichtet.

Beck, Ludwig: Noch am Abend des 20. Juli 1944 nach missglücktem Selbstmord von einem Unteroffizier erschossen.

Bormann, Martin: Tod bei Fluchtversuch Anfang Mai 1945 aus Berlin, in Nürnberg in Abwesenheit zum Tod verurteilt.

Braun, Wernher von: Arbeitete als naturalisierter Amerikaner in der amerikanischen Raketenforschung, gestorben 1977.

Dönitz, Karl: Testamentarischer Nachfolger Adolf Hitlers als Reichspräsident, leitete die deutsche Kapitulation ein. In Nürnberg zu zehn Jahren Haft verurteilt, 1956 entlassen, 1980 gestorben.

Eichmann, Adolf: Floh nach Argentinien, wo ihn der israelische Geheimdienst aufspürte und außer Landes brachte. In Israel zum Tod verurteilt und hingerichtet.

Frank, Hans: In Nürnberg zum Tod verurteilt und gehenkt.

Goebbels, Joseph: Ließ seine Kinder nach Hitlers Tod vergiften und sich selbst samt Ehefrau Magda erschießen.

Goerdeler, Karl: Nach Flucht und vorübergehendem Untertauchen von der SS gefangen genommen, verurteilt und gehenkt.

Göring, Hermann: Noch im April 1945 von Adolf Hitler aller Ämter enthoben und von den Amerikanern gefangen genommen. In Nürnberg zum Tod verurteilt, vergiftete er sich kurz vor der Hinrichtung.

Himmler, Heinrich: Von Hitler kurz vor Kriegsende wegen Kontakt mit dem Feind aller Ämter enthoben. Von den Briten in einem Gefangenenlager aufgespürt, beging er spontan Selbstmord.

Hitler, Adolf und Hitler Eva, geb. Braun: Doppelselbstmord am 30. April 1945 in der Berliner Reichskanzlei.

Horthy, Admiral: 1945 in Bayern von den Amerikanern interniert. Ging 1948 nach Portugal, starb 1957.

Jodl, Alfred: Unterschrieb am 7. Mai 1945 in Reims die deutsche Kapitulation. In Nürnberg zum Tod verurteilt und gehenkt.

Kaltenbrunner, Ernst: In Nürnberg zum Tod verurteilt und gehenkt.

Keitel, Wilhelm: Unterschrieb am 8. Mai 1945 in Berlin die deutsche Kapitulation. In Nürnberg zum Tod verurteilt und gehenkt.

Manstein: 1950 wegen Kriegsverbrechen zu 18 Jahren Haft verurteilt, 1953 aber vorzeitig entlassen. Starb 1973.

Ribbentrop, Joachim von: In Nürnberg zum Tod verurteilt und gehenkt.

Rommel, Erwin: Wurde von Hitler wegen Verwicklung in das Attentat noch 1944 zum Selbstmord gezwungen, erhielt aber zum Schein ein pompöses Staatsbegräbnis.

Rosenberg, Alfred: In Nürnberg zum Tod verurteilt und gehenkt.

Stauffenberg, von: Am Abend des 20. Juli 1944 im Hinterhof der Bendlerstraße standrechtlich erschossen, seine Familie wurde in Haft genommen.

Speer, Albert: In Nürnberg zu 20 Jahre Haft verurteilt, 1966 entlassen. Starb 1981.

Stalin: Starb 1953.

Tresckow, Henning von: Beging wenige Tage nach dem Attentat an der Front Selbstmord.

Letzte Betrachtungen

Bombardierungen und Kämpfe bis zur Kapitulation. Bis Mitte 1944 hatte Deutschland unter alliierten Bombenangriffen ungeheuer gelitten, doch stand Schlimmeres noch bevor. Bis in den April 1945 steigerten Amerikaner und Briten ihre Angriffe in einem bisher unbekannten Ausmaß. Die deutsche Luftwaffe war lahmgelegt, hatte keinen Sprit und keine Piloten mehr, die Flak war in der Luftabwehr sowieso stets in untergeordneter Bedeutung, so dass die Bomberströme bei hellem Tage, was viele unbetroffene Augenzeugen berichteten, überall in Deutschland erscheinen konnten. Viele Städte wären nicht mehr zerstört oder heimgesucht worden, wenn es Adolf Hitler erwischt hätte und der Krieg in der hier geschilderten Art fortgeführt und beendet worden wäre. Königsberg, die Hauptstadt Ostpreußens, war unversehrt und nach Meinung deutscher Experten von England aus unerreichbar, als es Ende August 1944 von zwei schweren Angriffen so heimgesucht wurde, dass die Russen sich später außerstande sahen, die Altstadt wieder aufzubauen. Dresden steht allgemein als Mahnung eines sinnlos weiter geführten Krieges, der nur das Leben des Verursachers verlängern sollte. Mit zynischer Perfektion und militärisch wirkungslos wurde die Altstadt von britischen Nacht- und amerikanischen Tagbombern in Schutt und Asche gelegt, wobei die Alliierten genau wussten, dass sich mehr Menschen als normal, nämlich Tausende Ostflüchtlinge, in der Stadt befanden. Potsdam war im April 1945, als die Russen im Weichbild standen, beinahe unversehrt. Bis heute ist der Sinn des massiven Luftangriffs auf die Innenstadt ungeklärt. Münster, Paderborn, Düren und andere Mittelstädte brannten in den letzten Kriegswochen aus, Wangerooge, ein weniger bekannter Fall, wurde wegen eines angeblich fanatischen Verteidigers in einem Tagangriff schwer bombardiert – als in den meisten Gebieten des Reiches der Krieg bereits beendet war.

Beurteilen wir die Erdkämpfe ab dem beginnenden Einmarsch der Alliierten ins Reichsgebiet, dann kommen wir zu dem zwingenden Schluss, dass eine frühere Beendigung des Krieges eine Unzahl Menschenleben und Werte gerettet hätte. Vor allem die Abwehrkämpfe der zerbrechenden Ostfront ab Mitte 1944 forderten Menschenleben in riesiger Zahl, nicht nur für Deutschland, sondern auch bei seinen Verbündeten und Gegnern. Anfang Januar 1945 starteten die Russen ihre vorletzte, im April ihre letzte Offensive mit Ziel Berlin.

Im Dezember 1944 glaubte Adolf Hitler, den Untergang vor Augen, sein Schicksal mit einer Offensive gegen die Westalliierten wenden zu können. Er ließ noch einmal alle Reserven von den übrigen Fronten zusammenkratzen und überfiel die in den Ardennen pausierenden Amerikaner: Anfangserfolge, sonst nichts, Deutsche, die noch immer die Niederlage nicht wahrhaben mochten, schöpften törichte Hoffnungen – sie seien entschuldigt, wussten sie doch nichts von der immensen materiellen Überlegenheit des Gegners. Deutsche Soldaten dort in der winterlichen Eifel, die es besser wussten, mochten in den Ruhepausen schon an zu Hause denken, nun fielen sie noch zu Tausenden und schenkten mit ihrem Opfer Adolf Hitler und vielen seiner Mittäter eine Lebensverlängerung von vier Monaten.

Die Kriegsgefangenen. Vergleichen wir die Tatsachen mit unserer Utopie, dann erkennen wir, was es bedeutet hätte, wenn es eben keine Utopie wäre. Millionen deutsche Soldaten mussten von Juli 1944 bis zum Kriegsende den Marsch in russische Gefangenschaft antreten, in Lager des Ostens, die soviel Not litten wie die ganze russische Bevölkerung, so dass es für viele Gefangene ein Marsch ohne Wiederkehr wurde. Auch die russischen Soldaten der Wlassow-Armee traf dieses Los, weil sie von den Westalliierten an Stalin ausgeliefert wurden.

Die Flüchtlinge. Die Flucht der Deutschen aus den Ostgebieten, die schon einsetzte, als Adolf Hitler noch in Rastenburg weilte, ist eines der traurigsten Kapitel der Kriegsgeschichte. Da sie von offiziellen Stellen nicht organisiert und einkalkuliert und viel zu spät gestattet wurde, mussten die Betroffenen zusehen, wie sie zurecht kamen. Gesunde starke Männer fehlten dabei, denn sie waren an der Front, gefangen oder gefallen, so dass Alte, Kranke, Mütter und Kinder diese Trecks bildeten. Winter war's, östlicher Winter, den Rheinländer zum Beispiel gar nicht kennen, die Trecks gingen durch die Kampflinien und wurden erbarmungslos von Panzern zerwalzt und von Tieffliegern beschossen. Wer, auch unter den Soldaten, den Satz zu sagen wagte,

„das alles haben wir dem Führer zu verdanken“,

war verratzt und endete am nächsten Baum. Auch Nazibonzen flüchteten, natürlich, sie hatten die höchsten Gründe dazu, aber sie benutzten Flugzeuge, Züge und Autos und versuchten auch ihre Habe, meist zusammengeraubte, in den Westen zu retten.

Dramen in der Ostsee. Zum Thema Flucht gehören auch jene Katastrophen, die nach den Namen der betroffenen Schiffe benannt sind: „Wilhelm Gustloff“ steht für alle. Dieses nach dem Namen eines ermordeten schweizerischen Nazi benannte Passagierschiff war, überladen mit vier- bis fünftausend zivilen Flüchtlingen, in der Ostsee Richtung Westen unterwegs, als es von einem russischen U-Boot torpediert wurde – eine völlig unnötige „Heldentat“ der Roten Marine.

Die Lager. Erst lange nach dem Attentat auf Adolf Hitler wurden die östlichen Vernichtungslager der SS von russischen Truppen befreit, noch im Spätsommer 1944 ließ Adolf Eichmann Juden zusammentreiben und nach Auschwitz verfrachten. Die KZ-Lager im Reich wurden beim Anrücken der Alliierten geräumt, die Häftlinge in Todesmärschen verlegt.

Die Vergewaltigungen. Durch ihren von Gräueln begleiteten Einmarsch nach Ost- und Mitteleuropa hat sich, wie selbst gestandene Kommunisten zugeben, der Kommunismus sowjetischer Prägung so in Misskredit gebracht, dass ihm im Nachkriegsdeutschland, auch in der DDR, keine Sympathien mehr entgegen gebracht werden konnten. Wenn auch deutsche Publikationen die Vergewaltigungen von Frauen durch Rotarmisten überproportional darzustellen pflegen, wenn man auch bei diesem Thema von „relativ niedrigen Prozentzahlen“, gemessen an der im Einmarschgebiet ansässigen Frauen, sprechen kann, so bleibt doch die Tatsache bestehen, dass alle diese Grausamkeiten nicht stattgefunden hätten, wäre der Krieg in der in unserer Vision geschilderten Art und Weise beendet worden wäre.

Damit sind wir am Ende unserer „Vergleiche“ und der ganzen Geschichte angekommen. Alles hier Geschilderte hätte nicht stattzufinden brauchen. Werfen wir also „zum allerletzten Vergleich“ dem Verursacher Adolf Hitler besonders eines vor, neben vielem, welches wir bereits gesagt haben und was die Reichsführung 1918 in verantwortlicher Weise besorgte: „Nicht rechtzeitig, in aussichtsloser Lage, Schluss gemacht zu haben...“

E N D E

Außerdem bald von Walther Rohdich erhältlich:

Pimpfe, Pauker und Propheten
Jugend in Deutschland 1930 bis 1948
(erscheint voraussichtlich im April 2017)